개혁주의 선교신학

개혁주의 선교신학

초판1쇄 발행 2013년 5월 30일
초판2쇄 발행 2022년 3월 15일

지은이 김성욱
펴낸이 강인구

펴낸곳 이머징북스
　등록 제 2006-6
　주소 서울시 서대문구 연희로 160 연희회관 3층 302호
　전화 02)3216-1085
　팩스 02)6008-5712
　이메일 holy-77@hanmail.net

ISBN 979-11-91715-19-4 (03230)
이머징북스는 세움북스의 신학전문 임프린트 출판사입니다.

본 서는 신저작권법에 의거하여 국내에서 보호를 받는 저작물입니다.
저자와 출판사의 서면 동의 없이 무단 전재와 복제를 엄히 금합니다.

책값은 뒤표지에 있습니다.
잘못된 책은 교환하여 드립니다.

개혁주의 선교신학

Theology of Reformed Missions

김성욱 지음

이머징북스

서문

오늘의 한국교회는 세계선교에서 미국 교회와 함께 선교사 파송에서 두 번째로 많은 선교사를 파송하는 교회가 되었다. 한국교회의 선교적 열정은 역동적인 선교사역으로 기억할 만한 것이다. 예레미야 선지자가 여호와 하나님의 역동적인 통치하심을 확신하는 이유는 "주의 성실하심이 아침마다 새롭게 하심"(애 3:22-23)이라고 증거 하였듯이, 한국교회는 이제 세계선교사역에서 역동적으로 선교사역을 이어오고 있다.

한국선교연구원(KRIM)과 한국세계선교협의회(KWMA)가 집계한 지난 한국교회의 해외선교사 파송수의 변화를 보면, 1980년에 100여명의 선교사를 파송하였으며, 그 후 10년이 지난 1990년에 1,000여명의 선교사를 파송하였고, 그리고 10년 후 2000년도에 10,000명의 선교사를 파송하였다. 그리고 지금은 24,000명이 넘는 선교사를 파송하여 선교하는 교회가 되었다.[1]

---

1) 2011년 GMS 세계선교대회(2011년 8월 29-9월2일)에서 안재은 교수는 현재 전세계적으로 파송 선교사 숫자는 463,000명이며, 미국 선교사가 46,381명으로 선교 1위 국가이며, 한국이 선교사 22,014명을 파송하여 선교 2위국으로 소개하고 있다. 아울러, 교단적으로는 미 남침례교회 선교부가 2,677명, 다음으로 GMS 선교사가 2,133명(100개국, 1,170가정)으로 보고하였다. 안재은, "국제화시대에 있어서 GMS의 과제," 『GMS 2011 세계선교대회 자료집』, (서울: 총회세계선교회, 2011), 250-259.

이제 선교사역은 모든 한국 그리스도인들의 핵심사역으로 자리 잡고 있다. "모든 사람이 갈 수는 없지만, 모든 사람들이 참여할 수는 있다"(Everybody cannot go, but all can participate)는 말이 미국 버지니아주 고속도로 휴게소에 있는 한국전쟁과 베트남전쟁 참전 기념비에 나타나 있다고 한다. "그리스도가 없는 가슴마다 선교지이고 그리스도가 계시는 가슴마다 선교사"라는 말처럼, 가는 선교사뿐만 아니라, 선교사역에 참여하는 모든 그리스도인으로서의 사명과 의식이 중요하다고 본다. 존 파이퍼(John Piper)는 "하나님께 예배드림이 없기에 선교는 존재한다."고 주장하였다.

사실 선교는 사사로운 일이 아니라 하나님의 나라를 확장하는 하나님의 일이며, 우리 자신의 작은 야망을 성취하는 일이 아니다. 선교는 참으로 세상에서 위대한 하나님의 일을 구하는 사역인 것이다. 일찍이 현대 선교의 아버지로 불리는 윌리엄 캐리(William Carey)는 1800년대 19세기의 위대한 선교의 시대(The Great Century)를 열면서 그는 다음과 같이 외쳤다: "하나님께로부터 위대한 것을 기대하라, 그리고 하나님을 위해 위대한 것을 시도하라!"(Expect great things from God, Attempt great things for God!)

본 서는 한국교회의 효과적인 선교를 위해 선교에 대한 바른 이해와, 선교신학에 대해 하나님의 말씀인 성경을 중심으로 이루어졌다. 오늘날 에큐메니칼 계열의 극단적인 선교개념의 등장과, 포스트모더니즘의 영향, 그리고 종교다원주의의 신학사상이 선교신학계에도 불어 닥치고 있는 상황에서, 본 서는 현대교회로 하여금 선교의 본질과 정통적 개혁주의 선교신학에 기초한 성경적 선교신학 수립을 통해, 21세기 세계복음화의 사명을 완수하는데 기여하고자 한다.

본 서는 필자가 미국 유학 후부터 시작된 교수사역에서 나타난 결실로서, 그 동인의 선교신학에 이루어진 학문적인 결실들을 소개하고 교실에서 학생들과 나눈 주제들이며, 오늘의 한국교회와 신학교육에서 선교신학을 통해 보다 폭넓은 이해와 효율적인 사역이 이루지기를 바라는 마음으로 기획하였다.

사실 지난 시간 동안, 필자는 선교신학계에 꼭 필요한 자료들을 번역하여 한국교회에 소개하였는데, 2010년에 스콧 모로우(Scott Moreau)외 2인이 공저한 『21세기 현대선교학 총론』(크리스찬출판사)을 번역하였으며, 2004년에는 조지 피터스(George Peters)의 『선교성경신학』(크리스찬출판사)을 한국교회에 소개하였다.

한국교회의 선교사역의 확대와 함께 거기에 걸맞은 선교신학적 발전을 기해야 하는 시기에, 선교신학을 강의하는 저자는 큰 사명감을 가지게 되었다. 이 작은 노력이 현 한국교회 선교신학의 발전과 한국교회의 지속적인 성장에 유익하기를 바라면서 본 서를 집필하였다. "만물이 주에게서 나오고 주로 말미암고 주에게로 돌아감이라"(롬 11:36)

목차

서문 _ 4

제 1 부 ● 현대 선교의 흐름

제1장 서론 _ 11
제2장 현대 서구 선교학의 동향 _ 23
제3장 존 칼빈(John Calvin)의 개혁주의 선교론 _ 33
제4장 선교와 복음전도 _ 59
제5장 현대선교학의 흐름 _ 76
제6장 신학교육에서 선교학의 위치와 역할 _ 84
제7장 선교하는 교회 _ 102

제 2 부 ● 성경과 선교

제8장 모세오경에 나타난 선교메시지 _ 123
제9장 선지서에 나타난 선교메시지 _ 148
제10장 복음서에 나타난 선교메시지 _ 180
제11장 사도행전에 나타난 선교 메시지 _ 189

제 3 부 ● 선교와 문화

제12장 선교인류학의 동향 _ 223
제13장 종교다원주의에 대한 선교변증학적 연구 _ 242
제14장 이슬람 선교전략의 이해 _ 272
제15장 결론 _ 302

BIBLIOGRAPHY _ 305

제1부
현대 **선교**의 흐름

Theology of Reformed Missions

제1장
서론

지난 2010년은 한국교회 선교역사에 있어서 뜻 깊은 해였다. 바로 100년 전에 영국 스코틀랜드 에딘버러에서 열렸던 세계선교대회를 기념하는 대형 선교대회를 한국교회가 중심이 되어 개최하였고, 다음 세기의 선교사역에 선두주자로 자리매김하였기 때문이다. 한 세기 전에 세계선교가 영국교회를 중심으로 이루어졌다면, 이제 21세기 세계선교는 한국교회와 함께 그 당시 선교지로 여겨지던 제3세계 국가 교회들로 본격적인 선교사역에 임하고 있다.

이러한 세계선교의 흐름에 대해 많은 한국교회 성도들이 참여하고 헌신하지만, 아직도 상당수의 교회와 성도들은 선교사역에 대해 소극적이고 방관적인 것도 사실이다. 변화된 선교 상황에 대해 한국교회가 받아들이면서도 보다 온전한 선교사역을 하기 위해 성경적으로, 신학적으로 정립되고 준비된 선교사역이 필요한 시점이 되었다. 사실 선교사역은 지상에서 존재하는 교회의 존재 목적 가운데 하나이다. 교회는 예배와 복음증거, 훈련과 교제를 중심으로 세계선교를 위하여 부름 받은 하나님의 백성들의 모임이다.

1. 교회의 아름다움은 복음 선교사역에 있다.

세상에 존재하는 교회의 의미는 무엇일까? 화란의 개혁주의 선교신학자인 바빙크(J. H. Bavinck)는 이 땅에 존재하는 교회는 예수님의 재림 시기까지 그 존재 목적이 오직 선교에 있다고 주장하였다. 예수님의 초림과 재림 사이의 중간기는 오직 한 가지 일, 곧 예수님의 재림을 위한 준비에 맞춰있다는 주장이다. 곧 오실 신랑 되신 예수님을 맞이하기 위한 잔치준비를 위해 사방으로 나가서 손님들을 청하는 시간이다.

교회의 존재 목적에 대한 성경적인 가르침 가운데 선교적인 목적과 관련된 말씀으로서 사도바울의 선교를 향한 교회의 존재 목적(롬 10:14-15)과, 구약에 나타난 모세의 이스라엘의 존재와 그들의 축복된 위치(신 4:6-8), 그리고 베드로의 신앙고백 후에 우리 주님께서 세우시는 교회의 신적 탁월함에 대한 말씀을 통해서(마 16:16-18), 교회의 존재에 대한 가르침을 충분히 느끼게 된다고 본다. 사실 성공적인 선교사역을 감당하려면, 먼저 교회의 존재와 그 정체성과 사명에 대한 확신을 회복하는 일이 시급하다.

사도 바울은 선교사를 보내는 교회를 참으로 아름다운 존재로 묘사하였는데(롬 10:15), 그 이유는 선교지의 사람들이 복음을 듣고 구원의 길에 참여할 수 있기 때문이라고 주장하였다. 바울은 선교사 없이 복음을 듣고 구원받을 수 없으며, 아울러 선교사를 보내는 교회가 없이는 구원의 축복에 참여할 수 없다고 밝히면서, 선교사를 보내는 교회의 존재와 그 필요성에 대해 강조한 것이다. 오늘날도 선교사역은 어느 특정한 교회의 특별한 일이 아니라, 하나님께서 세우신 교회의 핵심적인 목적으로서의 선교사역임을 보여준다.

교회가 선교사를 파송하지 않는다면, 선교지의 영혼들이 하나님의 축복에 참여하는 일은 요원하게 될 것이다.

사실 교회의 선교적 사역은 교회가 받은 축복을 확신하는 일이 먼저여야 한다. 성경은 하나님의 백성들에게 주신 언약서로서 이 땅에서 하나님의 백성이 누리는 축복과 하나님을 섬기고 알아가는 지침서이다. 특별히 구속사에서 모세오경이 차지하는 위치는 마치 신약성경의 사복음서처럼, 구약의 구약성경에서 가슴과 같은 위치에 있다. 신명기 4장 6-8절에서 모세는 이스라엘에게 이방인이 미리 거주하고 있는 가나안에 들어가기 전에 그들이 하나님의 백성으로서 받은 축복이 어떠한 것인지를 세 가지로 설명하였다.

먼저, 그들은 이방사람들이 인정하는 "참으로 지혜와 지식이 있는 큰 나라 사람"(신 4:6)으로 소개하고 있다. 선교하는 하나님의 백성들은 이방에서 이러한 하나님의 백성으로서의 정체성과 확신이 무엇보다 필요한 것임을 보여준다.

두 번째, 이스라엘은 하나님을 가까이 하는 백성으로서 기도하는 특권을 누리는 참으로 인격적인 하나님을 소유한 백성임을 강조하였다. 이 세상에서 이렇게 기도하는 백성을 곁에서 도우시는 기도에 응답하시는 인격적이신 하나님을 소유한 백성은 이스라엘 백성 외에는 없다는 것이다.

마지막으로, 모세는 이스라엘에게 그들이 이방 세계에서 담대할 것은 그들이 의와 공도의 말씀을 소유한 사실을 강조하였다. 이 말씀은 참으로 좌로나 우로 치우치지 않는 공의의 말씀으로서 영혼을 살리고 밝게 하는 진리의 말씀을 소유한 백성임을 강조하였다. 선교사역은 이처럼 하나님의 의와 진리의 말씀을 선포하는 사역이기에, 먼저 하나님의 백성이 가지는 성경의 진리를 확신하는 것이 중요함을 알 수 있게 하는 말씀이다.

마태복음 16장 18절에서 우리 주님의 말씀은 예수 그리스도께서 세우시는 교회는 참으로 이 세상에서 그 무엇도 따라올 수 없는 "탁월한 신적인 기관"임을 말씀하셨다. "내가 이 반석 위에 내 교회를 세우리니 음부의 권세가 이기지 못하리라"(마 16:18하). 오늘의 효과적인 선교사역은 이러한 교회의 성경적인 정체성을 확신하는 일이 무엇보다 중요하다고 본다.

여기 세 부분에 걸쳐 나타난 성경말씀을 통해 선교사역은 교회의 탁월함을 회복함에서 출발함을 알 수 있다(롬 10:14-15; 신 4:6-8; 마 16:18). 영국의 데이비드 왓슨(David Watson)은 그의 주저인 『나는 교회를 믿습니다』(*I Believe in the Church*)2)라는 저서를 통해, 하나님이 기획하신 교회의 바른 성경적 정체성을 회복하는 길이 현대교회로 그 어느 때보다 부흥하는 교회가 되게 할 것이라고 주장하였다.

그리고 웩(WEC) 선교회 패트릭 존스턴(Patrick Johnstone)은 그의 주저인 『교회는 당신의 생각보다 큽니다』(*The Church is bigger than You think*)3)라는 책에서, 오늘날 세계선교의 사명을 맡은 교회의 역할이 우리가 생각하는 것보다 더 크고 위대함을 선교사역의 역사를 통해 주장하였다.

사실, 오늘의 현대교회들의 위상은 낮아질대로 낮아진 상태인데, 존스톤(P. Johnstone)의 교회 위상에 대한 재고는 오늘의 교회로 하여금 세계선교의 사명을 감당하는데 강력한 도전이 된다고 본다. 에밀 브루너(Emil Brunner, 1889-1966)는 일찍이 선교사역이 교회 존재의 핵심임을 강조하면서, "마치 불은 타고 있을 때 존재하듯이, 교회는 선교할 때에 존재한다."(The Church exists by missions

---

2) David Watson, *I Believe in the Church*, (Grand Rapids: Eerdmans, 1979).
3) Patrick Johnstone, *The Church is Bigger Than You Think*, (London: WEC, 2004).

as fire exists by burning)4)는 말을 통해서 교회의 선교적 본질에 대해 주장하였다. 그것은 불이 꺼지고 나면 그 존재를 찾을 수 없는 것처럼, 교회도 선교를 포기할 때에 그 존재를 찾을 수 없다는 강력한 주장이었다.

2. 성경적 선교론의 중요성

효과적이고 온전한 선교사역을 위해 성경적 선교론은 그 어느 때보다 필요하게 되었다. 최근에 선교에 대한 성경적 연구서들이 한국에 소개되었다.5) 아서 글래서(Arthur Glasser)는 역사상에 그 어느 때보다 오늘날만큼 선교사역이 활발하였던 시대는 없을 정도이지만, 아울러 오늘날처럼 수많은 선교이론들에 의해 고난을 받았던 적도 없었다고 주장한다. 곧 진보적인 선교학자들이 주장하는 선교폐지론이나 선교축소론 등으로 지난 20세기는 혼란스러웠다고 밝힌다.6)

사실 독일의 선교학자 게오르그 비세돔(Georg F. Vicedom)은 성경에 귀를 기울여서 하나님의 선교의 진정한 뜻을 찾을 것을 강조하였다: "성경은 전체적으로 인간을 구원하도록 선교하시는 하나님의 뜻을 묘사해준다."7) 선교학자 허버트 케인(Herbert Kane)은

---

4) Charles Van Engen, *God's Missionary People: Rethinking the Purpose of the Local Church*, (Grand Rapids: Baker, 1991), 27, 재인용.
5) Christopher J. H. Wright, 『하나님의 선교: 하나님의 선교관점으로 성경내러티브를 열다』, (정옥배, 한화룡 역), (서울: IVP, 2010); Arthur Glasser, 『성경에 나타난 하나님의 선교』, (임윤택 역), (서울: 생명의 말씀사, 2006); George P. Peters, 『선교성경신학』, (김성욱 역), (서울: 크리스찬출판사, 2004).
6) Arthur Glasser, *Contemporary Theologies of Missions*, (Grand Rapids: Baker Book House, 1985), 30: "Never in history has there been so much evangelical activity seeking to make Jesus Christ known, loved, and served throughout the world. And yet the church has never been so harassed and troubled by voices calling for the reduction or abandonment of these activities - and for the reconceptualization of its message and mission in terms of social justice, international peace, racial integration, and the elimination of poverty."
7) Georg F. Vicedom, *The Mission of God*, (St. Louis: Concordia, 1965), 4,: "The Bible in its

기독교선교는 성경에 그 뿌리를 두고 있으며, 성경을 통해 선교전략과 선교의 사명에 대해 연구되어져야 함을 강조하였다.[8]

그야말로 성경 66권만이 인간이 구원에 이르게 하는 지혜가 있게 하는 말씀이다. 사실 이러한 성경의 하나님 말씀을 제쳐놓고는 어떤 선교의 의미도 없다. 하나님의 복음을 전하는 자는 먼저 성경을 이해해야 한다. 조지 피터스(George Peters)도 선교신학은 철저한 성경의 영감론을 중심으로 한 성경관에서 흘러나온다고 주장한다.[9] 그야말로 성경은 권위 있는 하나님의 말씀이요, 우리의 신앙의 기초요 근거가 된다. 성경비평가들은 성경의 역사성을 부인하지만, 우리는 성경은 하나님의 영감된 계시로서 우리 신학의 기초가 된다. 우리는 모든 것을 이러한 하나님의 말씀의 판단 아래에서 진행해야 한다. 계시의존사상(啓示依存思想)[10]이야말로 개혁파 신학자 헤르만 바빙크(Herman Bavinck)의 주장이듯이, 철저한 말씀신앙의 회복이야말로 선교신학의 기초임을 알 수 있다. 실제로 영국의 선교역사에서 살펴보듯이 그들이 성경적 영감론을 포기했을 때 성경적인

---

    totality ascribes only one intention to God: to save mankind."
8) Herbert Kane, *Christian Missions in Biblical Perspective,* (Grand Rapids: Baker, 1976), 15: "The Christian mission is rooted in the Holy Scriptures. They and they alone are able to make man 'wise unto salvation' (2 Tim 3:15). From them we derive our message, our mandate, our motivation, and our methodology. Apart from the Word of God the missionary movement has neither meaning nor sanction. Missionaries, pastors, and all who have a vital interest in the evangelization of the world have an obligation to search the Scriptures in order to come to an understanding of the biblical basis of the Christian mission."
9) George W. Peters, *A Biblical Theology of Missions,* (Chicago: Moody Press, 1984), 9: "I make no apology for accepting the Bible uncritically and authoritatively. The Bible is the basis and source of faith and not the result of faith. I am much concerned to bring everything under the judgement of the Word."
10) 개혁주의 신학 원리로서 계시의존사상에 대해서 박윤선 박사는 전세계 신학계가 인본주의적, 사변적으로 흘러가는데 비해 한국복음주의신학은 하나님 중심주의로 가야함을 강조하였다(성경과 신학:1983). 그에 의하면, "신학은 성경을 교리적으로 사색하는 학문"으로서, "성경은 성경의 원리에 의하여 해석되어야" 하며, 성경의 교훈대로 순 타율주의에서 이루어져야 함을 강조하였다. 그리고 신학자에게는 "내가 말한다"는 위치가 전혀 부여되어 있지 않으며, 그는 다만 "여호와께서 말씀하시기를"이라고 하여 하나님의 말씀을 수종 들어야 할 처지에 있을 뿐이며, 그러므로 계시의존사색만이 그의 지켜나갈 궤도임을 강조하였다.

선교학이 무너지고 교회의 사역도 감소했던 것을 우리는 역사를 통해 알고 있다.

3. 선교 이해에 있어서 기본이 되는 것은 성경적 배경이다.

성경에 나타난 하나님의 모습은 선교하시는 하나님이시다. 창세기를 시작으로 끊임없이 창조주 하나님은 온 세계가 하나님의 관심의 대상이며, 죄악된 세상을 구원하시는 하나님의 구원계획을 진전시켜 나가시는 하나님의 뜻을 성경은 보여준다. 성경 가운데 이러한 선교하시는 하나님의 모습을 구체적으로 보여주는 대표적인 네 군데 성경 구절들은(출 3:10; 렘 7:25-26; 요 20:21; 갈 4:4) 파송하시는 하나님의 모습을 잘 드러내준다.

사도바울은 먼저 하나님의 때가 됨으로 그 아들 되신 예수 그리스도를 이 땅에 보내시는 하나님의 선교사역을 분명하게 제시한다(갈 4:4): "때가 차매 하나님이 그 아들을 보내사 여자에게서 나게 하시고." 지금부터 2000년 전에 예수 그리스도께서 하나님의 보내심을 통해 이 땅에 파송되심을 증거한다. 예수님을 보내시는 하나님께서 이제는 하나님의 사람들을 세상으로 보내심을 성경은 증거 한다.

구약성경에서 하나님의 종 모세는 그의 나이가 80세가 되었을 때에 광야에서 양을 치다가 그를 부르시는 하나님을 만나게 되었다(출 3:10): "이제 내가 너를 바로에게 보내어 너로 내 백성 이스라엘 자손을 애굽에서 인도하여 내게 하리라." 하나님은 하나님의 사람 모세를 연단 가운데에서 훈련하여 준비하시고, 하나님의 때에 그를 애굽으로 보내어 놀라운 구원의 역사를 감당하게 하셨다. 사도행전에서 스데반은 모세의 일생을 세 시기로 나누어 설명한다. 모세가 태어나서 40세까지는 왕궁에서 자라나면서 고급스런 교육으로 지식과 말에 능한 자가 되었음을 기록하고, 그 다음 시대는 광야에서 40년을 보내면서 연단의 기간을 증거하고 있으며, 마지막 40년은 하나님의 부르심을 받아 영적인 지도자로서의 모세의 삶을 잘 증거하였다(cf. 행 7:20-40).

이렇게 시작된 이스라엘의 역사에서 하나님은 그분의 택하신 백성들을 위해 끊임없이 하나님의 사람들을 보내시는 열심 있는 선교의 하나님으로 증거하였다.(렘 7: 25-26): "너희 열조가 애굽 땅에서 나온 날부터 오늘까지 내가 내 종 선지자들을 너희에게 부지런히 보내었으나 너희가 나를 청종치 아니하며." 하나님의 선교적 열심이 그의 백성 이스라엘보다 앞서가심을 보여준다.

오늘도 하나님은 잃어버린 족속을 찾기 위해 부지런히 하나님의 사람들을 준비시키고 보내시는 분이시다. 하나님의 보냄을 받은 사자들이 오늘 우리 모두에게도 이러한 하나님의 복음을 전해줌으로, 이 시간까지 하나님의 은혜에 거하고 누리는 축복에 참여하는 것이다.

이런 점에서 볼 때, 최초의 선교는 하나님의 선교이심을 알 수 있다. 하나님께서 모든 선지자들과 그의 아들과 성령을 보내주셨기 때문이다. 예수께서 우리에게 부활하신 후에 제자들을 통해 말씀하시듯이, 이제 아들은 자신이 하나님의 보내심을 받은 것처럼 우리를 보내신다고 하신다(요 14:16; 15:26; 행 2:33; 요 20:21): "너희에게 평강이 있을지어다. 아버지께서 나를 보내신 것 같이 나도 너희를 보내노라."(참고, 고후 5:18-19).

4. 예수 그리스도와 선교학 강의

초대교회 선교역사는 예수님의 훈련받은 제자들에 의해 이루어졌다. 예수님의 공생애 사역의 중심은 하나님 나라를 전파함이었다. 세례요한에게서 세례 받으신 후에 첫 번째 예수님의 사역은 "회개하라 하나님의 나라가 가까이 왔느니라."(막 1장)는 것이었다. 그리고 부활하신 후 승천하시기 전에도 하나님 나라의 일을 말씀하신 예수님이셨다(행 1장).

사복음서에 나타난 예수님의 선교사역은 우리 그리스도인의 선교사역의 본이 된다. 예수님의 주요 사역은 이방인이 살고 있는 갈릴리 지역에서 일어났다. 예수님은 이러한 하나님의 나라 확장사역을 위해 제자들에게 온전한 선교교육을 통해 초대교회가 선교사역을 시작할 수 있게 하셨다.

부활하신 예수님께서 실제로 부활의 증인이 될 제자들을 만나시고 그들에게 온전한 선교사역의 본을 보여주셨다. 첫째로, 예수님의 선교사역은 무엇보다 성경을 통한 그리스도에 대한 바른 이해를 강조하셨다. 신구약 성경은 무엇보다 예수 그리스도를 증거 하는 것으로 특별히 제자들에게 성경을 가르치셨다. 사실 선교사역의 핵심은 무엇보다 예수님을 증거하여 이방인으로 하나님의 백성이 되어 주님의 제자가 되게 하고 교회로 부흥하게 하는 사역이다. 이러한 선교사역에서 가장 중요한 것은 예수 그리스도에 대한 인격적인 만남이다.

결국 선교란 성경을 통해 예수 그리스도를 믿고 아는 것에서 시작한다고 볼 수 있다(요 17:3; 눅 24:31). 그래서 예수님은 초대교회 선교사역을 위해서 성경을 가지고 제자들을 가르치셔서 선교의 일꾼으로 삼으셨던 것이다(눅 24: 27): "이에 모세와 및 모든 선지자의 글로 시작하여 모든 성경에 쓴 바 자기에 관한 것을 자세히 설명하시니라"(참고, 눅 24:44).

둘째로, 예수님의 선교교육은 제자들에게 큰 감동을 불러 일으켰던 것을 볼 수 있다(눅 24:32): "저희가 서로 말하되 길에서 우리에게 말씀하시고 우리에게 성경을 풀어주실 때에 우리 속에서 마음이 뜨겁지 아니하더냐."(Did not our heart burn within us?). 예수님의 선교강의는 제자들에게 마음에서 뜨거운 감동을 통해 귀한 선교사역을 감당하게 하였던 것이다. 오늘도 효율적인 선교사역을 위해서 하나님의 말씀과 성령의 역사로 열정적인 선교사역자가 될 수 있다.

셋째로, 예수님의 선교강의는 그들의 안목을 변화시켜서 예수님을 알아보는 시간을 가졌다.(눅 24:31): "저희 눈이 밝아져 그인줄 알아보더니." 초대교회 선교사들은 예수님의 살아있는 선교학 강의를 통해서 예수님을 만나고 그들의 삶이 달라져서, 헌신적인 선교사의 삶을 통해 그리스도의 증인의 사역을 감당하였다(눅 24:48): "너희는 이 모든 일의 증인이라."

예수님은 이렇게 훈련받은 제자들에게 "너희는 가서 모든 족속으로 제자를 삼아 가르치라"(마 28:19-20)는 대위임 명령을 주셨다. 예수님의 선교학 강의는 오늘도 우리에게 그 의미가 크다고 본다. 예수 그리스도의 가르침은 그 당시의 말씀의 전문가로 알려진 유대교의 서기관들과 달랐다고 성경은 기록한다(마 7:28-29).

예수님의 가르침에 많은 무리들이 놀라게 된 것은 참으로 진정한 권위에서 가르치셨기 때문이라고 증거 한다. 예수님의 권위 있는 가르침에 감동을 받은 제자들은 선교사역에 헌신케 되었으며, 말씀과 더불어 성령의 감동과 감격으로 사역하여 놀라운 초대교회 선교사역을 감당할 수 있었다.

5. 신약과 구약의 상관관계

성경은 하나님의 언약과 약속을 기록한 하나님의 말씀이다. 구약은 옛 언약의 기록이며, 신약은 새 언약의 기록이다. 이러한 성경의 언약에 대해 잘 설명하는 개혁주의 구약학자 팔머 로벗슨(O. Palmer Robertson)은 신구약 성경의 관계를 그의 책『계약신학과 그리스도』[11])에서 잘 밝히고 있다. 하나님의 언약은 인간의 타락 이전에 창조의 언약으로 나타났으며, 인간의 타락 이후에 구원의 언약을 통해서 하나님은 언약으로 다가오시는 분으로 성경은 묘사한다.

구원의 언약에서 아담의 언약(창 3:15-17), 그리고 보존의 언약으로 나타난 노아의 언약, 그리고 약속의 언약으로 알려진 아브라함 언약, 그리고 율법의 언약으로 알려진 모세언약, 왕국의 언약으로 알려진 다윗언약, 그리고 새 언약으로 정리하였다.

구약과 신약성경은 하나님의 언약의 말씀이며, 구속사에서 신약시대에 주시는 최고의 축복은 "성령의 민주화"(욜 2:28-29)와 "율법의 내재화"(렘 31:33-34)이다. 하나님의 말씀이 우리 속에 성령으로 말미암아 이해되고 적용되는 은혜의 생활을 경험케 하신 축복은 구약시대 성도들이 고대하던 삶이었다.

성경적 선교론을 대하면서, 우리는 먼저 성경은 하나님의 구속계획을 증거 하는 하나님의 말씀임을 기억해야 한다. 아울러, 신구약 성경은 상호간에 모순되지 아니하며 상호보완적인 말씀이다. 일찍이 어거스틴은 "구약은 신약에서 밝히 드러나고 신약은 구약에서 감추어져 있다"(The Old Testament is patent in the New Testament and the New Testament is latent in the Old Testament)고 했으며, 칼빈은 자주 이것을 주장하였다. 칼빈은 성경을 하나님의 약속과 성취, 율법과 복음 등으로 이루어져 있다고 보았다.

사실, 성경은 주전 15세기부터 A.D. 100년에 걸쳐 약 1,600년 동안에 이루어진 하나님의 말씀으로, 다양한 직업을 가진 약 50여명

---

11) O. Palmer Robertson, *The Christ of the Covenants*, (Grand Rapids: Presbyterian & Reformed Publishing Co.: 1980).

의 인간 저자들에 의해 기록된 것이다. 그리고 예수님은 하나님의 말씀, 곧 구약성경으로 제자들에게 선교의 당위성을 말씀하시고 구약을 사용하셨다(마 5:19; 요 5:39). 우리가 구약의 권위를 인정함은 예수께서 그 권위를 인정하셨기 때문이다.

초대교회 이단 가운데 영지주의자들은 구약을 악마적인 것으로 보고 구약을 경시하였으며, 19세기 말에 일어난 미국의 세대주의자들도 구약과 오늘의 교회 세대와의 차별로 말미암아 신구약성경의 연속성에 대해 많은 오해를 불러일으키기도 하였다. 우리는 칼빈의 성경관처럼 신구약성경 66권 모두를 하나님의 말씀으로 받는다: "구약성경과 신약성경은 하나님의 은혜로운 경륜의 두 가지 형태이며 여기에는 다양한 언약들로 이루어진다." (The Old Testament and the New Testament are two forms of one divine administration of grace, which includes all specific covenants). [12]

---

12) John Calvin, *Institutes of Christian Religion*, 2권, 9-11.

제2장
현대 서구 선교학의 동향

1. 현대 서구 교회의 선교

한국교회의 선교 중흥기에 참된 선교의 개념에 대한 이해가 중요하다. 교회의 성장과 아울러 우리 교회의 선교에 대한 우리의 자세는 보다 새롭게 변화된 상황에 대처할 수 있어야 한다.

오늘의 선교학에서 우리가 주의할 것은 한국교회의 선교사역이 세계 속에서 크게 성장한 점이다. 21세기를 시작하면서, 한국교회 선교는 지난 1세기 전에 영국 스코틀랜드 에딘버러에서 열렸던 선교대회처럼, 이제는 한국교회가 세계선교 사역에 선두주자로 나서게 된 것이다.

필자는 최근 10년 사이에 한국교회의 선교사역의 성장의 원인에 대해 분석할 수 있는 시간을 가진 적이 있다. 한국교회의 선교성장은 한 마디로 철저한 성경중심적인 신학을 소유했다는 것을 오늘날 한국선교사역의 부흥의 기초로 보았다. 그것은 지난 1세기 전에 활발하게 선교하던 유럽교회들이 선교사역에서 감소하게 된 것은 그들의 신학이 좌경화된 데에 있다고 보기 때문이다. 19세기 말부터 시작된 유럽의 자유주의 신학이 그 동안에 세계선교를 이끌던 유럽의 교회의 선교를 약화시켜 버린 것이다. 자유주의 신학은 정통적인 신학 사상을 부정하고 선교신학의 불필요성을 불러온 것이다.

그러나 한국교회는 1885년 초대 선교사가 들어온 이후 선교 2세기를 맞는 신생교회로서 칼빈주의적인 신학을 중심으로 개혁주의 교회의 부흥과 함께 성경적인 선교신학을 통해서 오늘의 세계선교를 선두적으로 사역하게 된 것이다. 사실 한국교회의 중심은 개혁주의 신학을 가진 장로교회가 대다수를 차지하고 있다.

필자가 몸담고 있는 총신대학교는 재학생이 5,000여명으로 세계에서 가장 큰 개혁주의 신학대학교로 나타나고 있다. 본 대학 출신의 선교사들이 한국교회 24,000여 선교사들 가운데 가장 많은 비중을 차지하고 있다. 한국교회 주요 선교 파송단체로서 모든 교단 선교부와 선교단체 가운데, 본 대학교가 소속된 예장 합동 소속 선교사가 가장 많은 2,300여명에 이른다.

유럽교회와 비교해 볼 때, 한국교회는 성경중심의 교회론과 선교신학, 그리고 헌신된 교회 성도들의 기도운동과 열정적인 전도활동이 오늘의 부흥하는 한국교회의 바탕이 된 것이다. 그러나 영국 등 유럽 교회들은 21세기에 와서 그들의 자유주의 신학과 종교다원주의 신학에 의해서 그 동안의 역사적인 선교사역을 상실하면서 선교사역도 줄어들게 되었다.

2. 서구교회의 선교열 감소의 원인

지난 세기의 유럽의 자유주의 신학은 성경의 무오성을 깨뜨렸고 선교의 무용론을 주장하면서 급격하게 유럽교회의 선교사역은 줄어들게 되었다. 오엠(OM)국제선교회 피터 메이든(Peter Maiden)

은 전 세계적으로 복음주의 기독교인이 가장 적은 지역이 유럽이며, 그 인구는 유럽 전체인구의 2.5%에 지나지 않는다면서, 마더 테레사(Mother Theresa, 1910-1997)의 다음에 나오는 말을 인용하였다: "나는 많은 가난한 사람들을 만났지만 가장 가난한 사람들을 만나지 못했다. 그들은 바로 유럽과 미국에 있는 사람들이다. 유럽은 물질적으로 모든 것을 가졌으나 삶 가운데 공허함이 있다."

실제로 오늘날 유럽은 이제 선교지가 되어 있다. 영국의 런던이나 프랑스 파리, 그리고 독일에 거주하는 무슬림들이 수백만 명에 이르고 있다는 점이다. 이것은 서구 유럽의 타종교 관용주의나 종교다원주의 같은 신학사상을 무분별하게 받아 들인데서 기인하였다고 볼 수 있다. 결국 서구신학의 몰락에서 오는 복음의 변질이 전통적 선교 이해와 방향에 혼돈과 감소를 가져왔다고 볼 수 있다. 유럽의 자유주의 신학의 대두로 성경무오성과 영혼구원의 중요성을 상실하게 된 것이다.

특히 현대사에서 세계 2차 대전 후 유럽은 그들이 가지고 있었던 제3세계의 식민지 국가들이 독립하면서, 그들의 민족주의운동으로 인하여 서양 선교사들을 추방하기에 이른 것이다. 아울러 진보신학적인 서구 교회는 영혼구원의 선교를 타문화 침략으로 알고, 전통적인 영혼구원의 선교를 중지하자는 소위 선교의 모라토리움(Moratorium)을 선언하기도 하였다.

그 외에도 서구 사회는 20세기 중반에 이르러 서구 문화의 우월감에 대한 회의와 문화적인 자학으로 인해 서구인들의 인식에 큰 변화를 가져온 것이다. 그리고 지금도 문제가 되는 인종차별, 폭력, 빈민복지문제 등이 사회의 주된 관심사가 되고 선교는 관심사가 되지 못한 것이다.

아울러 문화상대주의(Cultural Relativism)의 등장은 선교사역에 여러 가지 변화를 주었다. 문화상대주의라는 말은 모든 문화는 제각기 평등하게 다 괜찮다는 논리이며, 어떤 문화도 다른 것들에 대한 판단으로 군림하는 권리를 가질 수 없다는 주장이다(all cultures are equally good-that no culture has the right to stand in judgement over the others). 그런데 이 상대주의는 상당히 매력적이다. 그 이유는 선교사가 타문화에 대한 오해나 자민족중심주의나 미성숙한 판단을 피할 수 있기 때문이다.

그러나 문화상대주의의 단점은 진리나 판단은 미루고 각 문화의 정당성을 판단할 수 없다는 점이다. 여기서 문제가 되는 것은 진리나 도덕성에 많은 어려움이 있다는 것이다. 문화적 상대주의는 진리와 의와 같은 것들을 상실하게 되어, 결국 거기에는 복음도 필요 없고, 선교도 필요 없게 된다는 것이다.

상대주의를 극복하는 길은 어떤 인간의 사고도 가치판단으로부터 자유롭지 않다는 인식이 필요하다(There is a growing awareness that no human thought is free from value judgements). 상대주의를 어떻게 극복하여 성경을 해석할 수 있을까?

무엇보다 먼저 성경적 진리는 신적 계시로써, 모든 문화에서 선과 악이 무엇임을 판단한다는 점이다. 진리는 사람들의 생각이나 주장에 따라 의존하는 것이 아니라 진리 그 자체이기 때문이다.

성경해석 시에 우리가 편견을 가지고 있다는 것을 인정하고 수정할 여지를 갖는 것이 필요하다. 그리고 자신의 문화와 사역하는 곳의 문화가 갖는 양자의 가치관을 연구할 필요가 있다. 초문화적 성경의 진리를 바로 지키려면 단일 문화주의의 자민족중심주의적 문화관이 깨어져야만 한다. 이중문화를 깊이 인식할 때에 (bicultural people), 우리는 상대주의를 벗어날 수 있다. 문화상대주의 해결 방법으로 먼저, 모든 문화는 죄에 오염되어 있다. 그리고 하나님의 말씀은 어느 문화에도 소속 되어 있지 않은 것임을 인정한다. 그리고 하나님의 계시와 문화를 구분할 수 있어야 한다. 일부 자유주의 신학자들은 계시도 문화의 한 부분으로 주장하고 있다. 그러나 개혁주의 선교학자 하비 칸(Harvie Conn)의 저서『영원한 말씀과 변화하는 세계』(*Eternal Word - Changing World*)에서 나타난 것처럼, 우리는 하나님의 말씀은 영원하나 세상과 문화는 항상 바뀐다는 사실을 기억할 필요가 있다. 문화상대주의에서는 문화의 옳고 그름을 가릴 객관적 규준이 없기 때문에, 극단적 주관주의 사고방식으로 나타날 수 있다. 이러한 문제점들은 어떻게 극복될 수 있는가? 지나친 관용주의나 문화상대주의는 언뜻 보기에는 이상적이고 화평을 유지케 하는 것처럼 보이지만, 그것들은 선교에 많은 장애를 준다. 더 이상 서구 문화와 기독교를 동일시하는 우를 범하도록 허용해서는 안 된다. 성경과 서양 문화는 별개의 것으로 구별되어야 하며, 성경에 나타난 문화는 초월적인 계시로서 어디에나 적용되고 그곳에 전하여 비성경적인 문화의 요소들을 변형해 가는 것이 강조되어야 한다. 곧, 성경에 나타난 변화의 역사는 오늘도 이방에 요구된다. 복음만이 이방으로 그들의 인습과 죄의 문화에서 그들로 해방되게 할 수 있다(롬 1:16-17; 10:17).

3. 왜 사람들은 선교에 대해 소극적 자세를 취하는가?

해롤드 쿡(Harold R. Cook)은 그의『기독교선교개론』(*An Introduction to Christian Missions*)에서 사람들이 선교를 사치로 여기고 세계선교보다 국내에 먼저 그리스도의 사랑을 실천하자는 주장들에 대해 반박하면서, 이러한 선교에 대한 소극적인 주장들의 원인에 대해서 세 가지로 분석하였는데, 그것은 오늘 우리에게도 유용

한 것으로 본다.[13]

1) 인격적인 신앙 체험의 부족

사람들이 선교에 대하여 소극적이고 부정적인 것은, 그들이 살아계신 예수 그리스도에 대한 체험적인 신앙의 부족 때문이라고 한다. 그래서 그리스도의 지상명령에 근거한 영혼구원에 대한 열정이 없는 사람들이 선교를 반대한다는 것이다. 곧 아무런 영적 체험이 없는 기독교 후 세대들의 습관적 믿음생활은 앞서간 역사적인 복음 선교의 선진들의 선교에의 헌신과 희생의 삶을 제대로 바라보지 못하고 있다는 것이다.

최근에 휘튼 대학의 선교학 교수 스콧 모로우(Scott Moreau)는 그의 저서 『21세기 현대선교학 총론』(김성욱 역, 크리스찬출판사, 2010)에서 현재 미국교회 선교사역에서 젊은 세대들이 앞선 선배들의 선교적 헌신에 미치지 못하는 선교사역으로 말미암아 감소 추세로 나타나고 있음을 주장하였다.

2) 자기중심주의

사람들이 선교에 부정적인 이유는 바로 자기중심주의(Self-centeredness), 곧 자기의 일에만 몰두하게 되어 다른 사람들의 어려운 처지를 전혀 보지 못하는 사고들 때문이라는 것이다. 성경은 사도행전 1:8에서 "예루살렘, 유다, 사마리아, 땅 끝까지" 모두 선교의 동등한 대상임을 알지 못하는 심리가 선교에 대해 소극적이 되게 한다는 것이다.

행 1:8은 선교사역에서 어떤 시간적 우선순위를 말하는 것이

---

13) Harold Cook, *An Introduction to Christian Missions*, Chicago: Moody Press, 1954.

아니라 모든 지역이 동등한 선교의 대상임을 증거 한다. 오늘은 한국, 내일은 세계선교라는 구호는 상대적으로 선교에 대한 잘못된 소극적인 자세를 가져다 줄 수 있다. "예루살렘과 유대와 사마리아와 땅 끝"을 연결하는 연결사(and)는 동등한 선교의 대상을 나타낸다. 사실 우리 인간의 경험 환경은 국내사역을 선교사역보다 치우쳐서 집중하려는 경향이 있다. 사실 선교지는 우리와 멀리 떨어져 있어서 날마다 자각하기가 쉽지 않는 것이다. 이런 상황에서 해외선교를 사역의 중심으로 삼고 사역하는 것은 하나님의 매우 큰 은총이다.

3) 세계에 대한 이해의 부족

사람들이 선교에 대해 소극적인 이유는 바로 세계에 대한 이해 부족이 그것이다. 세계화와 글로벌시대에 세계에 대한 이해의 부족이라는 것이 과연 합당한가? 그것은 하나님의 관점에서 세계를 선교의 대상으로 보고 끊임없는 기도와 선교활동을 유지하는 자세의 부족이라고 볼 수 있다. 사실 그리스도인은 부름을 받은 시간부터 마 28:18-20에 나타난 것처럼 "너희는 모든 족속을 제자 삼으라."는 명령을 수행하는 그리스도의 사람들이다. 예수님은 처음부터 "세계적"인 관점에서 제자들을 가르쳤다. 참으로 그리스도인들은 처음부터 그리스도의 초청에 따라 세계적인 그리스도인 또는 "세계를 품은 그리스도인"(World Christian)으로 선교사역을 위해 부름 받은 것이다.

4) 자문화중심주의

선교학 용어로 자문화중심주의(Ethnocentrism)[14]는 감정적

---
14) Paul Hiebert, *Anthropological Insights for Missionaries*, (Grand Rapids: Baker, 1991), 97.

수준에서 타문화와의 접촉에서 나타나는 감정으로서, 대개 자신의 문화는 문명화된 것으로 여기고, 상대방의 문화는 원시적이고 퇴보한 것이라고 여기는 것이다. 이것의 문제는 그것이 실제적인 이해와는 상관이 없는(without understandings) 태도에 있다.

자문화중심주의는 타문화에 대한 우월주의(a feeling of cultural superiority)인데, 사실 어느 문화 속에 있는 사람들도 누구나 자신의 문화를 사랑한다는 점을 간과한 데서 온다고 본다.[15] 신학교육에 종사하는 사람들의 선교에 대한 소극적인 자세는 어떤 면에서 이러한 자문화중심주의에서 기인한다고 볼 수 있다.

선교사가 타문화권에서 사역을 시작할 때, 인식적 차원에서의 타문화권에 대한 오해(Misunderstanding)를 불러일으키지만, 감정적 차원에서도 "자문화중심주의"(Ethnocentrism)를 야기한다. 그런데 이것은 사람들이 다른 문화권을 처음 대하게 될 때에 갖게 되는 정상적인 감정반응이다. 이러한 자문화중심주의는 어디에서나 발생한다. 심지어, 한 사회 속에 있을 수 있는 자민족중심주의로서 부모와 자녀사이에도 일어난다.

그러면 자문화중심주의를 해결할 수 있는가? 폴 히버트(Paul Hiebert)는 네 가지 해결책을 제시한다. (1) 감정이입(Empathy)으로, 다른 문화와 그들의 방식을 존중하는 것이다. (2) 학습자가 되라(to be learners in the culture). 자기중심주의는 보통 다른 사람에 대한 무지가 원인이다(Our self-centeredness is often rooted in our ignorance of others). 겸손한 동역자의 입장에 서야한다는 것이다. (3) 다른 문화에 대한 고정 관념적 자세를 피하고 그들을 우리와 같은 인간으로 보고 대하자. 그들과 우리사이에 공통점이 있음을 인

---

15) Ibid.

정하는 것이 타문화권 사역에 중요한 것이다. 그리고 (4) 모든 사람은 자신의 문화를 사랑하는 경향을 가진다는 것을 기억하자(People love their own cultures).

5) 숙명론적인 신학

선교사역은 하나님의 일이어서 사람이 나서지 않아도 하나님께서 다 알아서 하실 것이기 때문에, 사람이 나서서 선교할 필요가 없다는 숙명론적인 주장이 소위 하이퍼-칼비니즘(Hyper-Calvinism)이라고 에드윈 팔머(Edwin Palmer) 교수는 지적한다. 그러나 이러한 과장된 주장도 알미니안주의처럼 선교의 책임을 부정하는 인간의 합리주의에서 나온 것이다.

"하이퍼 칼빈주의"(Hyper-Calvinism)는 극단적 형태로 하나님의 주권을 강조하여 사람은 단지 꼭두각시에 불과하다고 하면서, 실제로 현대 선교의 아버지로 불리던 윌리엄 캐리가 선교를 위해 사역을 시작할 때, 그 주변에서 그를 만류하던 지난 18세기 영국의 목회자들이 "하나님께서 이방인들을 회심시키고자 하시면 그 분은 당신의 도움이나 나의 도움 없이도 능히 그 일을 하실 것이오!" 라고 하면서 만류하였던 것이다.

하이퍼 칼빈주의자들은 불신자들을 접근하기 위해서 전도나 선교를 금하는 신학을 주장한다. 그러나 이 견해의 옹호자들은 하나님의 주권적 은총에 의한 구원과 또한 죄인들에게 열정적인 복음의 선포와 죄인들이 예수 그리스도를 개인의 구세주로 영접하도록 초대하는 결과로 얻어진다는 사실을 모르는 사람들이다. 에드윈 팔머(Edwin H. Palmer)는 이들의 주장을 이렇게 세분하여 설명한다:

하이퍼-칼빈주의자는 알미니안주의자들처럼, 문제를 해결할 때 한쪽 변은 부성하고 오직 합리주의적인 방법으로 해결하고자 한다. 알미니안은 하나님의 주권을 부정하지만, 하이퍼-칼빈주의자들은 인간의 책임을 부정하는 주장을 한다. . . 이렇게 이 두 가지 주장들은 겉모습은 달라 보이지만, 실제로 그들의 공통점은 합리주의를 지지한다는 점에 있다.[16]

---

16) Edwin H. Palmer, *Five Points of Calvinism*, Grand Rapids: Baker, 1992, p. 85: "Like the Arminian, he solves the problem in a rationalistic way by denying one side of the problem. Whereas the Arminian denies the sovereignty of God, the hyper-Calvinist denies the responsibility of man... Thus the Arminian and hyper-Calvinist, although poles apart, are really very together in their rationalism."

제3장
존 칼빈(John Calvin)의 개혁주의선교론

1. 서론

21세기를 열어가는 시간에 현대신학계에서 개혁주의 신학적인 위상을 돌아보고 정립하는 것은 중요하다고 본다. 특히 개혁주의 신학의 보루로서 총신의 신학적 정체성을 분명히 하는 것은 더욱 필요하다. 필자가 총신에 처음 발을 들여놓았던 70년대 말에, 개강예배 시에 들었던, 총신의 정체성으로서 "청교도적 개혁주의 보수신앙" 이라는 말은 작금의 현실에서 더욱 실감나게 한다. 최근에 기독신문에서 신학교에서 '칼빈주의를 가르쳐야 한다.' 는 말과 '그 과목이 선택과목이 되어서는 안 된다.' 는 주장들이 제기될 정도로, 현재의 신학도 들에게 칼빈주의는 그렇게 큰 관심의 대상이 되지 않은 주제로 나타나 있다.

특히 지난 19세기부터 현재까지 이끌어온 선교단체들이 가지는 칼빈의 선교에 대한 견해를 살펴보면 천편일률적으로 칼빈에게 선교가 없었다는 식의 논리를 가지고 개혁주의 선교에 대해 의구심을 가지고 있는 것을 볼 수 있다. 칼빈주의가 무슨 선교를 가지느냐에 대해 기존의 선교역사서나 선교기관들이 가지는 오해들은 반드시 시정되어야 한다. 그들은 칼빈주의와 예정론에 대해서 피상적으로 바라보면서, 칼빈주의자들은 선교신학이 있을 수 없다고 그들의 논리를 주장하지만, 사실 이러한 그들의 주장들은 칼빈주의에 대한 잘못된 자세이다.

    필자는 본 장에서 오늘날의 상황에서 우리가 칼빈을 어떻게 조명하고 그의 선교신학적인 연구를 통해서 개혁신학의 선교론을 살펴보고자 한다. 첫째로, 칼빈의 생애를 통해 칼빈의 사역과 삶에 대해서, 둘째로, 칼빈의 선교에 대한 오해들에 대해서, 셋째로, 칼빈의 선교에 대한 구체적인 자료들을 분석하고, 마지막으로 칼빈주의 개혁주의 선교신학의 원리를 고찰하고자 한다.

2. 칼빈의 생애와 사역

1) 칼빈주의 신학

    20세기 초반과 중반까지만 해도 칼빈주의 신학은 신학적 자유주의에 대한 보수주의 신학을 지칭하는 말로 사용되었다. 그 이유는 보수주의로서 칼빈주의 신학은 19세기 서구의 계몽주의사상에서 나타난 자유주의신학에 대비된 이름이다.

    어떻게 "칼빈주의"라는 말이 유래되었는가에 대해서, 먼저 역사적으로 이 말은 로마 가톨릭에서 신교도들을 박해할 때, 가톨릭 교회에서 개혁자들을 빈정거리며 욕할 때 사용했던 말이다. 로마 가톨릭은 개신교도들을 강제로 마리아 숭배와 십자가상에 절하도록 했고 이에 불복했을 때 사형, 추방, 투옥 등을 행했다. 이런 점에서 칼빈주의란 말은 개혁주의 신앙을 박해했던 사람들이 박해할 목적으로 사용했던 오명이 굳어져서 된 말이다.

그러므로 칼빈주의가 마치 칼빈 개인의 우상화나 칼빈사상의 절대성을 지지하거나, 칼빈의 인격에다 신앙사상의 성패를 거는 듯한 인상을 가질 필요도 없고 또 그렇게 가져서도 안 된다. 칼빈주의에 대한 오해의 예로서, 정성구 교수는 이 용어를 쓸 때 칼빈을 마치 어느 종파의 교주인양 쓰는 것은 대단히 잘못된 인식이며, 칼빈이란 이름을 붙이지 않더라도 칼빈주의 사상체계를 성경에서 발견할 수 있다고 주장한다. 칼빈주의는 "성경의 진리를 체계화시키고 가장 완벽한 세계관과 인생관을 담은 사상체계"로 정리할 수 있다.17) 칼빈주의라는 말은 성경을 중심으로 신학과 신앙의 삶을 추구하는 것으로 하나님의 말씀을 따라서 항상 개혁되는 성경중심의 신학이다. 종교개혁자들의 모토로 널리 알려진 "개혁교회는 항상 교회를 개혁해야만 한다"(Ecclesia reformata est semper reformanda)는 말은 현대교회도 개혁된 교회일 뿐 만 아니라, "개혁하는 교회"(Reforming Church)여야 함을 제시하고 있다.

요약하면 칼빈주의라는 말은 칼빈 개인의 우상화가 아니라, 칼빈 이전에도 있었던 성경중심의 신학과 신앙의 삶을 이르는 말이다. 정성구 교수는 헨리 미터(Henry Meeter)가 주장한대로 칼빈주의를 하나의 "통일된 포괄적인 사상체계"(a unified all-comprehensive system of thought)로 보면서, 칼빈주의는 "신학과 신앙뿐 아니라 하나님 중심 사상의 세계관과 인생관을 포함하고, 정치, 경제, 사회, 문화, 예술 등 삶의 전 영역을 포함하는 포괄적 사상체계이다"18).

---

17) 정성구, 『칼빈주의사상대계』, (서울: 총신대학교 출판부, 1995), 43.
18) Ibid., 43.

2) 칼빈의 생애와 사역

A. M. 렌위크(A. M. Renwick)는 역사상 그 누구보다 칼빈만큼 세상에 잘못 알려진 인물도 없다고 주장한다. "존 칼빈만큼 무식한 비방으로 말미암아 고통을 많이 받은 사람도 흔하지 않다"[19]. 그러나 영국의 저술가이며 정치가인 존 몰리(John Morley)는 "서양발달사에서 칼빈을 제외하는 것은 마치 한 눈을 감고 역사책을 읽는 것과 같다."[20]고 하면서, 칼빈의 현대역사 속에서의 위치를 주장하였다.

칼빈은 그야말로 개혁주의 신학의 선구자로서, 종교개혁 당시에 마틴 루터도 칼빈의 저술을 읽고서 자신보다 한 세대나 어린 칼빈을 가리켜 "학식과 경건을 겸전한 인물"[21]로 평가하였다. 무엇보다 칼빈은 말씀의 신학자였다. 개혁주의 교리와 신학의 기초를 놓은 학자로서 칼빈은 그의 『기독교강요』에서 그의 성경관을 제시하고 있다.

"성경은 성령의 학교다. 여기서는 알아서 필요 없는 것, 유익하지 않는 것은 다 제거되어 있다. 그리하여 알아서 이롭지 못한 것은 한 가지도 가르치고 있지 않다... 기독신자가 명심할 것은 하나님께서 그에게 말씀하시는 모든 말씀에 마음을 열고 귀를 기울여야 하지만 성령이 한 번 입을 다물 때에는 그는 모든 질문을 그만 두어야 한다는 것이다. 우리가 배움에 있어서 하나님의 인도하심을 따를 뿐만 아니라 그가 우리에게 가르치시기를 그만둘 때, 즉시 배우려하는 욕망을 버리는 것이 성실한 태도를 지키는 좋은 길이다."[22]

---

[19] A. M. Renwick, *The Story of the Church*, 『간추린 교회사』, (서울: 생명의 말씀사, 1980), 128.
[20] Lewis W. Spitz, *The Reformation*, 『종교개혁사』, (서영일역), (서울: 기독교문서선교회, 1983), 197.
[21] Ibid. 198.
[22] John Calvin, *Institutes of Christian Religion*, 3: 21: 3; "For Scripture is the school of the Holy Spirit, in which, as nothing is omitted that is both necessary and useful to know, so nothing

16세기 종교개혁사 속에 칼빈은 위대한 개혁가들 곧, 쯔빙글리(Ulrich Zwingli 1484-1531)와 마틴 루터(Martin Luther 1483-1546), 그리고 스코틀랜드의 존 낙스(John Knox, 1505-1572) 등과 함께 종교개혁시대의 뛰어난 지도자로 나타난다.

요한 칼빈(John Calvin, 1509-1564)은 1509년 6월 10일 프랑스 피카르디 노용(Picardy Noyon)에서 출생하였으며, 성장하여 프랑스 오르레앙 대학의 법학을 연구하면서, Latin어와 히브리어, 헬라어와 법학을 공부하였다. 칼빈은 Wolmar의 지도와 도움으로 희랍어를 배웠는데, 훗날 그는 월마(Wolmar) 선생으로부터 받은 은혜를 생각하여 고린도전서의 주해서를 월마 선생에게 증정함으로서 선생에 대한 감사의 뜻을 표시했다.[23]

칼빈은 우수한 성적으로 졸업하고 브르제대학에서 계속 법학을 공부했다. 여기서 히브리어와 고전연구를 통한 인문주의적 교양과 지식의 습득은 훗날 그의 위대한 신학적 저술에 반영되어 타인의 추종을 불가능하게 했던 것이다. 그의 수학내용을 보면, 라틴어 문장력과 불어산문(French Prose)에 대한 실력을 키우고, 수사학적(Rhetoric) 방법을 수학했는데, 이것은 그의 주저인 『기독교강요』 저술 시에 유용하게 사용되었다.

칼빈의 생애에서 어떻게 주님을 알게 되었는지에 대해서 그의 몇 가지 글 중에서 살펴보면 다음과 같이 나타난다. 그의 시편주석 서문에서 나타난 그의 회심에 대해서는 다음과 같이 나타나 있다.

---

is taught but what is expedient to know. Therefore, we must guard against depriving believers of anything disclosed about predestination in Scripture, lest we seem either wickedly to defraud them of the blessing of their God or to accuse and scoff at the Holy Spirit for having published what it is in any way profitable to suppress.. ..when the Lord closes his holy lips, he also shall at once close the way to inquiry."

23) Theodore Beza, "The Life of John Calvin," Translated by H. Beveridge, (Edinburgh, 1884), 23.

"너무나 완고하게 이 로마교의 미신에 몸과 마음을 바쳤기 때문에 그 깊은 수렁에서 빠져 나오기란 실로 불가능한 일이었다. 그러나 하나님께서는 갑작스런 회개를 통하여 마음이 완악하기로는 누구보다 더 강하였던 나의 모든 생애를 정복하여 복음을 가르치는 마음이 불붙게 하였다." 24)

"나는 오랫동안 자기반성을 하고 있었는데 진리의 빛이 갑자기 임해서 내가 이전에 갖고 있던 온갖 거짓과 죄악을 보게 되었다. 나는 자신의 불쌍한 상태와 내 앞에 놓인 재앙을 자각했을 때에 전율을 느꼈던 것이다." 25)

칼빈은 개종직후부터 성경을 연구하기 시작해서 그 당시에 성경 교수의 권위자로 사역하였고, 칼빈은 26세 때 바젤에서 『기독교강요』(The Institutes of the Christian Religion, 1536년)를 6장으로 저술하였으며, 나중에 칼빈은 이것을 1559년 4권, 80장으로 확대하여 출간하였다.

이러한 칼빈의 사역은 제네바와 스트라스부르그 두 곳을 중심으로 펼쳐졌다. 먼저 제네바시는 정치적으로 복잡한 도시로서 칼빈이 바젤(Basel)로 가던 도중 제네바에 하룻밤을 머물고 떠나기로 했으나, 제네바교회의 개혁주의 지도자 화렐(Guillaume Farel)과 1533년 10월 만남을 통해 개혁가로서의 칼빈의 삶을 시작하게 되었다. 화렐은 그의 요구를 사양하는 칼빈에게 강력하게 함께 사역하기를 권하였다. "그대는 쉬는 것밖에는 생각지 않는군요. 요나의 이야기를 모르나요? 그대가 만약에 하나님의 일보다 고요한 생활로 독서나 즐기는 일을 한다면 하나님 반드시 그대를 저주하리라."라는

---

24) 존 칼빈, 『시편주석』, 1949, XL.
25) Ibid.

권고에 따라서 그의 제네바 사역은 시작된 것이다.

칼빈은 1535년 8월 21일에 화렐과 함께 제네바시민 총회의 결의를 거쳐 시 전체가 "복음주의적 신앙"을 따르기로 결정케 만들었다. 사실 칼빈은 처음에 제네바시에 대해서 아무런 생각이나 관심조차 없었지만, 얼마 후 하나님의 섭리에 따라서 제네바에 정착하게 되었다. 거기서 성 베드로 교회당에서 사역하며 바울서신을 강해하고, 여러 가지 저술을 하였는데 그 가운데,『신앙고백』(*Confession de la foi*, 1536),『교회규약』(*Articuli de regimine ecclesiae*, 1537),『신앙문답서』(1537)등을 작성하였다.

그러던 가운데 제네바의회의 반대파의 위협에 의해 화렐과 함께 추방령을 받았는데, 그는 스트라스부르그의 개혁운동가 마틴 부처(Martin Butzer, 1491-1551)로부터 초청 받아 거기 머물면서 칼빈은 몇 가지 놀라운 발전을 이루게 되었다. 학자들은 여기서 칼빈다운 모습을 지니게 되는 계기가 되었다고 평가한다.

제네바에서 추방당한 후 칼빈은 1538년 9월부터 1541년 여름까지 스트라스버그에서 체재했다. 거기서 성 니콜라스 교회 목사로 추천 받고 사역하며 새로운 풍토의 신학적 사색과 새로운 자극을 받아 종교개혁운동의 시야를 넓혔다. 스트라스버그에서 제일 중요한 체험은 "독일종교개혁을 직접 목격한 사실"이다. 그 곳의 지도자 마틴 부처와 루터의 제자인 멜랑흐톤(Melanchthon)을 통해서 독일종교개혁을 체험했던 것이다. 칼빈이 불링거에게 보내는 편지 중에 마틴 루터에 대한 표현으로 "그리스도 교회의 위대한 목사 마틴 루터 박사에게 나의 가장 존경하는 사부에게"라고 부르면서, "비록 루터 선생이 나를 악마라고 외칠 지라도 나는 그를 존경하고 하나님의 뛰

어난 종으로 부르겠다"고 하면서 루터를 항상 변호하였다.[26]

역사학자들에게 칼빈의 스트라스버그는 종교개혁의 중심지로서, "종교개혁의 안디옥"과 "서부독일의 비텐베르그"로 불릴 정도이다. 여기서 칼빈은 여러 권의 책을 저술하였다. 칼빈의『로마서 주해』(1541)가 이때 나왔는데, 루이스 벌코프(L. Berkhof)는 "만일 칼빈이『기독교강요』를 쓰면서 동시에 하나님의 말씀(로마서)을 열심히 연구하지 않았던들『기독교강요』의 개정판은 쓸 수가 없었을 것이다"라고 하면서 그의 성경연구와 로마서 주석은 완성된『기독교강요』의 원동력이 되었던 것이다. 그리고『기독교강요 재판』(1939)이 라틴어로 나왔는데, 구전에 의하면 마틴 루터가 이것을 읽고 매우 기뻐하였다고 한다. 그 후 프랑스어 판으로 1541년에 다시 출간되었다.

칼빈은『기독교강요』에서 "자기 자신에 관하여 알지 못하고는 하나님을 알 수 없고, 하나님을 알지 못하고는 자기 자신이 어떤 존재인지 알 수 없다"[27]고 시작한다. 기독교강요 전 4권의 내용으로서 제1권은 "하나님은 누구신가"에 대해서, 제2권은 "예수 그리스도는 누구신가", 그리고 제3권은 "인간은 어떻게 구원을 받는가"에 대해서 실제로 성령론을 다루고 있으며, 제4권에서는 교회론을 언급하고 참다운 신앙생활은 어떻게 하며, 구체적으로 그리스도인의 기도, 전도, 그리고 성도의 교제에 대해서 기술하였다.

칼빈은 이외에도『기도서』,『성찬론』등을 집필하였다. 이러한 칼빈의 저술에 활발한 모습에 대해서 테오도르 베자는 일찍 일어나고

---

26) Lewis W. Spitz, Op. cit. 199.
27) John Calvin, *Institutes of the Christian Religion*, (Philadelphia: Westminster Press, 1967), 35-38. "The knowledge of God and that of ourselves are connected. How they are interrelated . . . Without knowledge of self there is no knowledge of God. . . Without knowledge of God there is no knowledge of self."

늦게까지 깨어서 명상하고 연구하는 모습을 가지고 있는 칼빈이야말로 "서적들과 씨름하기 위해서 태어난 인물"이라고 묘사하였다.[28]

이후 1541년 9월 13일 파렐과 부처의 강권에 못 이겨 칼빈은 다시 제네바로 와서 개혁가로써 제2기의 제네바사역을 시작하게 되었다. 이 때, 그는 제네바를 "하나님의 도성"으로, 성경의 원리가 적용되는 사회의 건설을 위해서, 교회와 국가의 분리를 주장하였으며, 『교회법규』(1541)를 제정하여 정부가 교회와 함께 성경에 합치된 방향으로 정책을 펴 나갈 것에 대하여 합의를 보았다. 그리고 교회 안에 직분론을 가르치며 장로직을 통해서 목사들과 함께 교회를 다스리고, 성찬의 순결을 보호하고 징계권을 행사하는 것으로, 그리고 집사직은 재정업무와 구제품의 분배사역으로 규정하였다. 교회의 교사의 직분은 성경을 가르치는 것으로, 목사직은 장로로서 징계권과 말씀선포, 성례식 집행 등의 사역을 실시하였다.

그리고 제네바 아카데미(Geneva Academy)의 설립을 허가받아(1559) 데오도르 베자(Theodore Beza)가 원장을 맡았으며, 여기서 칼빈주의 지도자를 많이 배출하였다. 칼빈의 말년은 출혈증, 궤양증, 관절염, 천식, 폐병으로 투병하였으며, 그런 와중에도 연 200회의 강의와 200회의 설교, 『기독교강요』 재편집, 성경 각 권의 주석을 집필하였으며, 1564년 5월 27일에 소천 하였다. 데오도르 베자는 칼빈이야말로 진정 위대한 용기와 완전한 헌신을 소유한 인물이었음을 기록하였다: "나는 칼빈의 생활을 16년간 옆에서 지켜보았다. 그 결과 말할 수 있는 것은 이 사람이야말로 그리스도인의 생애와 죽음의 원형을 보여주었다는 것이다. 더 이상 첨가할 수도, 감할 수도 없는 참된 그리스도인이었다".[29]

---

28) Lewis W. Spitz, op. cit., 206.
29) Lewis Spitz, op. cit., 228.

3. 칼빈의 선교론에 대한 일부 선교학자들의 오해들

이제 칼빈의 생애에 대한 바른 인식과 함께 우리에게 요구되는 것은 칼빈의 신학에서 선교가 있는가에 대한 여러 선교기관들이나 선교학자들의 주장에 대해서 살펴보고 칼빈의 선교신학의 중요성에 대해 언급하고자 한다. 지난 선교역사에서 많은 선교단체들이 효과적인 선교사역을 감당한 것은 사실이지만, 또 한편으로 그들이 간과하고 있는 신학적인 오해들은 안타까운 심정이다.

대부분의 선교기관들은 초교파적인 배경에서 선교를 수행하여 왔기 때문에, 그들의 신학적인 기초들은 어떤 특별한 기준이 없는 단체들의 것이었다. 그 중에는 개혁주의 신학에 대한 반감으로 칼빈의 사상에 선교가 없다는 논리를 제시하였을 것이다. 필자는 여기서 먼저 칼빈에게 선교사상이 없다고 주장하는 여러 학자들의 주장을 살펴보고자 한다. 그런데 그들의 칼빈주의에 대한 오해는 그 동안에 개혁주의 교회의 선교활동에 대한 편견과 오해를 가지게 만든 원인이라고 본다.

1) 구스타프 바르넥(Gustav Warneck)의 주장

먼저, 20세기 초의 독일의 선교학자 구스타프 바르넥(Gustav Warneck)은 칼빈과 다른 종교개혁자들의 사상에는 선교가 결여되어 있다고 주장하는데[30], 그것은 두 가지 이유로서 첫째는, 종교개혁 당시 개신교가 정치적으로 해외선교에 가담할 수 없었던 이유로 스페인이나 포르투갈과 같은 가톨릭 국가가 선교를 위해서 밖으로 나가는 모든 해상로를 독점하였기 때문이라고 주장한다. 둘째로, 종교적으로 신교도들은 가톨릭교의 위협 속에서 해외선교보다는 그들

---
30) Gustav Warneck : *Outline of a History of Protestant Mission*, George Roberson, ed., translated by J. Mitchell and C. Macleroy, (Edinburgh: Morrison & Gibbs, 1901), 8-9.

의 생존이 더 급선무였기 때문에 선교에는 관심을 가질 수가 없었다고 주장한다.

2) 라투렛(K. S. Latourette)의 주장

미국 예일대의 선교역사학자였던 라투렛(K. S. Latourette)은 그의 『교회사』(*A History of the Expansion of Christianity*)에서 칼빈은 현대적 의미에서 선교사상에 아무런 공헌이 없었다고 주장하면서 몇 가지 이유를 제시하였다.[31]

첫째로, 세계선교 임무는 사도시대에 속한 것으로 이 책무는 모두 끝이 났기 때문이라고 주장하였다. 둘째로, 가톨릭교회와의 갈등사이에 개신교회는 자신의 신학적 정체성 확립에 총력을 기울여야 했다. 셋째로, 일반 행정관리들이 해외선교의 방안을 찾지 않았기 때문이다. 넷째로, 가톨릭의 선교 수단인 수도원을 부정하고 자체의 선교기관이 없었기 때문이다. 마지막으로, 지리적인 이유로 가톨릭의 군주국인 스페인과 포르투갈의 해상 장악 때문에 개신교도들은 해외선교가 불가능했기 때문이라고 주장한다.

선교의 사명이 사도시대에 국한된 것으로 현대교회와 상관이 없는 것으로 주장하는데 대해서 그 누구보다 분명하게 성경적인 진리를 밝힌 학자는 바로 현대선교의 아버지 윌리엄 캐리(Willam Carey)이다. 마 28:20에서 세상 끝날까지 함께하시는 주님은 세계선교의 사명까지도 마지막 날까지 주시는 지상명령임을 가리킨다고 윌리엄 캐리는 주장하였다. 이와 비슷한 경우로써, 실제로 방언의 은사에 대해서도 개혁파 학자들 간에도 다양한 견해를 주장하기도 한다. 박윤선 박사는 지난 한국교회에서 방언의 은사는 초대교회

---

31) K. S. Latourette, *A History of the Expansion of Christianity*, (New York: Harper & Brothers, 1939), 25-26.

에 나타난 계시적 방언과 구별하여 개인의 영적인 기도생활의 유익을 위하여 오늘날도 일어날 수 있다고 본다.

3) 스티븐 니일(Stephen Neill)의 주장

영국의 선교역사가 스티븐 니일(Stephen Neill)도 그의 저서 『기독교선교사』(*A History of Christian Missions*)를 통해 종교개혁기의 개혁자들의 선교관에 대해서 부정적으로 제시하고 있다. 스티븐 니일(S. Neill)은 말하기를 그 당시 종교개혁자들은 선교에 대해 생각할 만한 여유가 없이 맹목적인 신학적인 분쟁으로 그들의 정력을 낭비하였다고 주장한다.

그에 따르면, 종교개혁기의 개혁가들은 " '우리는 선교해야한다. 하나님이 문을 열어주시기만 하면 곧 선교를 할 것이다' 라고 말하는 대신에 '선교는 의무적인 것도 바람직한 것도 아니다. 선교적 열심이 결핍했다고 해서 우리가 맹목적이고 불충실한 사람으로 비난될 수는 없다' 고 말하려는 경향을 가지고 있었다."[32] 스티븐 니일은 17세기 말의 로마 가톨릭의 로버트 벨라르민(Robert Bellarmine)의 개신교를 비방하는 문서를 인용하여 그 당시의 개혁가들의 선교에 대한 무관심과 선교신학의 부재를 증명하려고 하였다:

이단들이[개신교 신자들] 이교도들이나 유대인들을 그리스도교 신앙으로 개종시켰다는 말은 들어보지 못했다. 그들의 한 일은 단지 그리

---

32) Stephen Neill, *A History of Christian Missions*, (London: Penguin Books, 1986), 187-189: "In the Protestant world, during the period of the Reformation, there was little time for thought of missions" (187) ". . . the Protestants tended to say 'Missions are neither obligatory nor desirable, and our lack of them cannot be held against us as blindness or unfaithfulness'. Naturally the Reformers were not unaware of the non-Christian world around them. . . Yet, when everything favourable has been said that can be said, and when all possible evidences from the writings of the Reformers have been collected, it all amounts to exceedingly little" (189).

스도인들을 유혹한 것 뿐이었다. 그러나 금세기에만 하여도 가톨릭은 신대륙에서 수만 명의 이교도들을 개종시켰다. 해마다 상당수의 유대인들이 로마의 감독에게 충성스러운 가톨릭교도들에 의하여 로마에서 개심하고 세례를 받고 있다. 로마와 다른 지역에서 개심하고 있는 사람들 중에는 투르크 인들도 있다. 루터교도들은 자신들과 전도자들을 비교한다. 그러나 독일에 상당수의 유대인들이 거주하고 폴란드와 헝가리는 투르크인들을 그 이웃으로 삼고 살고 있지만 단 한줌의 사람마저도 그들은 개종시키지 못했다.[33]

4) 루스 터커(Ruth A. Tucker)의 주장

미국 트리니티신학교에서 선교역사를 가르치는 루스 터커(Ruth A Tucker)도 역시 종교개혁자들이 선교에 적극적이지 못함에 대해서 다음과 같이 주장하였다. 16세기 개신교는 "로마 가톨릭의 적극적인 정치적, 군사적, 교리적 공세를 막아내고 유럽에서의 발판을 마련하기에 급급했을 따름이며, 또 해외선교에 헌신하려는 인물도 이를 시도할 시간적 여유도 없었다. 게다가 당시 해외 식민지를 가지고 있는 나라들은 대부분 로마 가톨릭 국가였기 때문에 개신교들은 해외선교의 기회를 갖기도 어려웠고 안전한 여행을 하기도 힘들었다. 일찍이 개신교가 강하게 세력을 구축했던 독일이나 스위스는 육지에 둘러싸여 있어서 해외 선교를 위한 식민지를 제공해 주지 못하였다. 그리고 개신교는 로마 가톨릭의 수도원이나 수도사 선교회들처럼 해외선교를 추진할 만한 강력한 선교단체나 기구도 없었다."[34]

루스 터커는 16세기 개혁가들의 신학자체도 로마 가톨릭에

---

33) Ibid., 188-189; R. Bellarminus, *Controversiae*, Book IV; quoted in C. Mirft, Quellen Zur Geschichte, des papsttums und des Romischen Katholizismus, (3rd ed. 1911).
34) Ruth A Tucker, *From Jerusalem To Irian Jaya*, 『선교사열전』, (박해근역), (서울: 크리스챤다이제스트, 1999), 80-81.

비해서 약점이 있다고 주장한다. "마틴 루터(Martin Luther)는 회개의 절박성만을 강조하였을 뿐 해외선교의 중요성은 간과하였다. 심지어 지상명령에 대한 책임은 신약시대의 사도들에게만 해당되는 것으로 그들은 그들이 알고 있던 모든 세계에 이미 복음을 다 전하였으니 후세대인 우리에겐 지상명령에 대한 책임이 없다고까지 말하면서 자신의 입장을 옹호하였다." 35)

루스 터커는 칼빈주의자들에 대해서도 부정적으로 선교사상을 주장하였다: "칼빈의 신학노선 역시 이와 비슷하였다. 칼빈주의자들은 선택의 교리에 의하여 하나님께서 구원받을 사람들은 미리 예정해 놓으셨으므로 구태여 선교할 필요가 없다고 주장하였다." 36)

그러나 루스 터커는 후대의 칼빈주의자와는 달리 칼빈 자신은 누구와도 비교할 수 없는 탁월한 선교관을 소유했다고 구별하여 언급한다: "다만 칼빈 자신만은 그 당시 개혁자들 가운데 선교의식을 가장 강하게 갖고 있던 사람이었다. 칼빈은 수십 명의 복음전파자들을 조국인 프랑스로 보냈을 뿐 아니라 프랑스의 위그노파 선교사들과 연합하여 브라질의 인디언들을 위한 선교사를 파송하였다." 37)

5) 허버트 케인(Herbert Kane)의 주장

20세기 중반에 선교학자로서 다양한 저술을 한 허버트 케인

---

35) Ibid., pp. 80-81; Stephen Neill도 역시 Ruth Tucker처럼 Martin Luther의 선교관은 긍정적이지 못함을 주장한다:"Luther has many things, and sometimes surprisingly kind things, to say about both Jews and Turks. It is clear that the idea of the steady progress of the preaching of the Gospel through the world is not foreign to his thought. Yet, when everything favourable has been said that can be said, and when all possible evidences from the writings of the Reformers have been collected, it all amounts to exceedingly little." S. Neill, A History of Christian Missions, 189.
36) Ibid., 81.
37) Ibid., 81.

(Herbert Kane)도 그가 쓴 『세계선교역사』(*A Concise History of the Christian World Mission*)에서 이러한 종교개혁기의 개혁가들의 사상 속에 선교가 결여되어 있음을 세 가지로 주장하였다.[38]

첫째로, 종교 개혁가들의 신학문제로서 그들은 지상명령이 오직 열두 사도에게만 주어졌다고 생각하여 사도들이 당시에 알려진 복음을 세상 끝날까지 전함으로써 그리스도의 지상명령을 완수했다고 가르쳤다. 케인(Kane)은 칼빈주의를 "인간의 책임을 배제하고 하나님의 주권만 강조하는 예정론자들"로 지적하면서 선교가 그들의 신학에 부재함을 주장하고, 실제로 칼빈의 말을 인용하고 있다: "우리는 그리스도의 왕국이 인간의 노력으로 발전되거나 유지되는 것이 아니라 오직 하나님의 일일뿐이라고 배웠다."

둘째로, 개신교가 정치적으로나 규모면에서 가톨릭교회에 비해 약소하기 때문에 살아남기 위해서 개신교회는 세계선교에 대한 비전이나 필요성을 느낄 수 있는 여력이 없었다고 보아야 한다고 허버트 케인은 주장한다. 그들은 교권싸움으로 서로 물고 뜯는 싸움으로 갈기갈기 찢겨서 선교활동을 잘 할 수 없었다는 것이다. 루터파 교인들은 칼빈주의자들이 기독교 신자라는 사실조차 부인하였다고 기록한다.

셋째로, 모든 선교지가 유럽의 개신교에게는 다가갈 수 없는 곳이었다고 밝힌다. 아시아, 아프리카, 신대륙의 선교지로부터 개신교의 유럽의 나라들은 고립되어 있었다는 것이다. 그 당시 로마 가톨릭 국가들이었던 스페인과 포르투갈은 종교개혁 후 완전히 해상을 장악하여 탐험과 식민 활동을 독점하였던 것이다.

넷째로, 로마 가톨릭처럼 선교회가 조직되어 있지 않아서 세

---

[38] Herbert Kane, *A Concise History of the Christian World Mission*, (Grand Rapids: Baker, 1978), 73-75.

계적인 선교활동을 할 수 없었다. 예수회와 같은 군대적인 조직과 철저한 훈련의 선교단체가 존재하지 않은 점이 그 당시 개신교가 선교에 약할 수밖에 없었다는 이유이다.

위에 언급한 학자들은 사실 현재 선교역사학계에서 그들의 저서들이 중심적으로 다루어져 오고 있는 실정이어서 칼빈주의와 개혁주의 신학에서 선교관에 있어서 무엇인가 약점이 있는 것처럼 여겨져 왔다. 사실은 칼빈주의에 대한 편견과 오해에서 비롯된 것으로서 성경적인 칼빈주의 신학에서 선교는 초대교회 이후로 지금까지 세계선교의 역사를 감당하여 온 것이다.

칼빈주의 신학자 에드윈 팔머(Edwin Palmer)는 극단적인 인본주의적인 학설에 대해서 "하이퍼 칼빈주의"(Hyper-Calvinism)로 부르면서, 이것 또한 극단적 인본주의의 한 형태로 분류하면서, 하나님의 주권을 강조하여 사람은 단지 꼭두각시에 불과하다고 보는 사상으로 평가한다. "하나님께서 이방인들을 회심시키고자 하시면 그 분은 당신의 도움이나 나의 도움 없이도 능히 그 일을 하실 것이오!"라고 말하면서, 하이퍼 칼빈주의자들은 불신자들을 접근하기 위해서 전도나 선교를 금하는 사상을 가진다고 분석한다. 그러나 이 견해의 옹호자들은 하나님의 주권적 은총에 의한 구원과 또한 죄인들에게 열정적인 복음의 선포와 죄인들이 예수 그리스도를 개인의 구세주로 영접하도록 초대하는 결과로 얻어진다는 사실을 모르는 사람들이다. Edwin H. Palmer는 이런 부류의 사람들은 알미니안주의와 같은 인간의 이성을 추구하는 합리주의에 근거한 인본주의의 한 부류라고 비판하였다.[39]

---

[39] Edwin H. Palmer, *Five Points of Calvinism*, (Grand Rapids: Baker, 1992), 85: "Like the Arminian, he solves the problem in a rationalistic way by denying one side of the problem. Whereas the Arminian denies the sovereignty of God, the hyper-Calvinist denies the responsibility of man.... Thus the Arminian and hyper-Calvinist, although poles apart, are

결론적으로, 칼빈과 개혁자들이 선교사상을 가졌는가에 대해서 선교단체의 지도자들이나 선교역사가들의 주장에서 본다면, 칼빈과 개혁주의 신학에 대해서 많은 오해와 편견이 있음을 알 수 있다. 칼빈의 선교적 관심에 대해서 사무엘 즈웨머(Samuel Zwemer)는 칼빈의 사상이야말로 현대선교의 원천이 되었다고 주장한다.[40] 사무엘 즈웨머(Samuel Zwemer)는 칼빈이 비록 19세기 선교의 세기에 살지 않았기 때문에, 윌리엄 캐리처럼 현대적인 선교나 세계관과 세계에 대한 비전은 없다 할지라도, 칼빈은 이방세계와 그들의 영적인 필요에 대해 항상 열려있었다고 주장한다.[41] 카이퍼(R. B. Kuiper)는 칼빈의 "예정론이 전도를 무용지물화 하지 않고, 오히려 선택은 전도를 요구한다."라고 주장한다.[42] 칼빈은 이렇게 강조했다:

"우리는 누가 예정의 수효 안에 속하는가, 혹은 속하지 않는가를 모르기 때문에 모든 사람이 구원을 얻도록 마음을 쓰지 않으면 안 된다. 따라서 우리는 만나는 모든 사람이 우리의 평안에 함께 참여하는 자가 되도록 노력하는 일이 필요하다."[43]

4. 칼빈의 선교론

그러면 칼빈에게 선교사상은 없었는가? 칼 크로밍가(Carl Kromminga)는 초대교회의 교부 존 크리소스톰(John Chrysostom,

---

really very together in their rationalism."
40) Samuel Zwemer, "Calvinism and Missionary Enterprise", *Theology Today* VII, 1959, 206-216.
41) Samuel Zwemer, *Calvinism and the Missionary Enterprise*, 207: "John Calvin lived in the sixteenth century, net in the nineteenth. We cannot expect of him a world-view and world vision like that of William Carey, but he was not blind or deaf to the heathen world and its needs."
42) R. B. Kuiper, *God Centered Evangelism*, Edinburgh: The Banner of Truth Trust, 1961, 38.
43) John Calvin, 『기독교강요 III』, 23:14, 김문제 역,(서울: 세종문화사, 1976), 716.

344(354)-407) 이후로 칼빈만큼 기독교복음을 선교해야 함을 강조한 사람은 없었다고 말하면서 칼빈이야말로 불신 이웃들에게 교회가 복음을 전하여야 함을 거듭 강조하였다고 주장한다.44)

데이비드 칼혼(David B. Calhoun)은 칼빈이 선교사역에서 어떤 역할을 한 것인가에 대한 소논문을 통해 칼빈의 주요한 선교관을 피력하였다.45) 먼저 칼빈은 선교를 복음전파를 통해 그의 나라를 확장하시는 하나님의 일로 정의하면서,46) 칼빈에게 있어서 자주 언급되는 주제로서 하나님께서 그의 나라를 전 세계적으로 확장시키시고 종국적으로 승리하심을 강조하고 있다.47)

칼빈은 선교가 사람의 일이 아니라 하나님의 일이며, 인간은 하나님의 선교의 도구임을 강조하고,48) 우리 신자는 날마다 하나님께서 전 세계에 걸쳐 모든 교회들이 주께로 나아오기를 위해 열망하여야 하며, 특히 그리스도인 공동체는 이방인들의 개종을 위해 기도해야한다고 강조하였다.49) 그리고 복음을 선포하는 것은 우리 그리스도인의 의무이며, 우리의 책임으로서 모든 나라에 하나님의 선하심을 전파해야 한다고 강조하였다.50)

우리가 칼빈의 선교사상을 살피기 위해서는 먼저 그의 기독

---

44) Carl Kromminga, *Communication of Gospel through Neighboring*, 65. "Since the days of Chrysostom no one has spoken out more clearly than John Calvin on the whole matter of lay communication of the Christian faith. Calvin repeatedly calls on believers to show concern for their unbelieving neighbors."
45) David B. Calhoun, "John Calvin: Missionary Hero or Missionary Failure?", *Covenant Seminary Review*, Vols. 5-7: 1(1979-81), St. Louis, Missouri, 16-33.
46) Ibid., 16: "Calvin defines what we call missions as the work of God in extending His kingdom through the preaching of the gospel".
47) Ibid., 17: "The idea of the victory and future universality of Christ's kingdom throughout the world is a frequently repeated themes in Calvin."
48) Ibid., 18: "Missions is God's work -not ours- but God uses us as His instruments."
49) Ibid., 19: "We must daily desire that God gather churches unto himself from all parts of the earth... The Christian community is to pray for the conversion of the heathen."
50) Ibid., p. 20: "It is our responsibility and duty to preach the gospel... It is our duty to proclaim the goodness of God to every nation."

교강요와 그의 설교집과 주석 등을 가지고 연구해야 한다. 먼저 『기독교강요』에서 나타나는 그의 선교론은 다음과 같다.

1) 칼빈의 『기독교강요』에 나타난 선교

『기독교강요』에 나타난 칼빈의 선교사상은 먼저 앞서 언급했던 초교파적인 선교단체나 선교학자들이 가지는 부정적인 선교관이 아니라, 오히려 칼빈주의 신학이 선교에 열려있는 신학체계임을 보여준다.

칼 크로밍가(Carl Kromminga)는 예정론과 선교의 상관관계에 대해서 설명하면서, 칼빈이 가르친 하나님의 구원은 오직 택한 사람들에게 주시는 하나님의 선물이라는 사상이 결코 많은 사람들이 주께 나아오게 하는데 지장을 주지 않는다고 설명한다.[51] 칼빈은 그의 사53:12의 설교 중에서 이렇게 주장 한다: "하나님은 그에게 나아오는 모든 사람들을 구원하기에 충분하신 분이시기 때문에 우리는 우리 이웃들에게 가서 전도함으로 많은 사람들이 주께 나아오게 하여야 한다".[52]

칼빈의 『기독교강요』 가운데 제 3권은 구원론의 보고로서, 인간의 마음 속에서의 성령의 역사를 잘 설명하고 있는데, 곧, 믿음, 회개, 성도의 삶, 믿음에 의한 칭의, 성도의 자유, 기도, 예정, 그리고 최후의 부활 등에 대해서 나타나 있다. 칼빈의 신학 가운데 영혼을 구원함에 대한 하나님의 진리를 우수하게 상술함으로 복음선교에 대한 그의 관심을 볼 수 있다. 그리고 제 4권에서 칼빈은 교회론

---

51) Kromminga, op. cit., 66: "Calvin uncompromisingly taught that salvation is God's gift only to His elect, yet this does not keep him from insisting that the members of the church should try to bring great numbers to Christ."
52) John Calvin, *Sermons on Isaiah's Prophecy of the Passion and Death of Christ*, (London: J. Clarke Co,, 1956), 144: "Let us not fear to come to Him in great numbers, and each one of us bring his neighbors, seeing that He is sufficient to save all."

을 취급하면서 교회의 선교에 대해서 다음과 같이 주장 한다: "주님 께서는 이 복음의 보화를 교회에 맡기셨다"[53]. "교회는 두 가지 표지를 가집니다. 그것은 말씀을 순수하게 전파하는 것과 성례전을 합당하게 집례 하는 것입니다." 그리고 "양의 우리 밖에 많은 양들이 있고, 양의 우리 안에 많은 이리가 있습니다."[54]라고 언급하면서 선교의 필요성을 제시한다. 하나님의 비밀스러운 구원의 역사를 놓고서 교회는 복음전파를 힘써야 함을 강조한다:

우리는 하나님의 비밀스런 선택과 그의 내적 부르심을 생각해야 한다. 왜냐하면 누가 하나님의 자녀인지는 하나님만 아시기 때문이다. 많은 무리 가운데 아주 적은 숫자의 선택된 사람들이 있으며 소수의 알곡이 많은 쭉정이들로 덮여 있기 때문에 우리는 하나님만이 그의 교회에 속하는 사람이 누구인지 아신다는 사실을 인정해야 한다. 교회의 기초는 하나님의 비밀스런 선택이다.[55]

또한 칼빈은 교회의 역할이 부족한 성도들을 위한 어머니와 같은 역할로서 전도와 양육을 감당하는 기관으로 제시 한다: "하나님은 교회의 품속으로 그의 자녀들을 모으시기를 기뻐하시고 이들이 유아와 어린이로 있을 동안 교회의 도움과 목회로서 양육시키시고 이들이 장성하여 신앙의 목표에 도달할 때까지 교회의 어머니다운 돌봄으로 인도하신다."[56]

선교에 대한 칼빈의 관심 또한 다양하게 나타나 있다. 칼빈은 그리스도인의 복음증거에 대한 거부는 하나님의 주권과 그리스도의 권세를 제한하는 일이라 반박한다. 칼빈은 주 예수께서 육신을 입으시고 고통당해 죽으시고 부활 승천하신 후에 하나님과 우리 사이에

---

[53] Institutes, IV, I, 1.
[54] Institutes, IV, 1. 8.
[55] Institutes, IV, I, 2.
[56] Institutes, IV, I, 1.

중보자가 되시고 우리가 하나님께 나아가는 길이 되셨다. 그러므로 성도가 이웃에게 이러한 놀라운 구원의 길을 불신자들에게 전하지 않는 것은 하나님의 영광을 가리는 것이요, 하나님 나라의 권세를 감소시킴으로, 주께서 이 온 땅의 통치자가 되지 못하게 하는 결과를 가져오며 성부하나님이 주신 주 예수님의 권세와 십자가의 죽음과 덕을 어둡게 만드는 것이라고 선교하지 않음에 대해서 경고한다.[57]

2) 칼빈의 설교에 나타난 선교사상

그의 딤후 1:8-9을 가지고 행한 설교인 "선교에로의 부름" (The Call to Witness)에서 칼빈은 세계선교의 중요성에 대해서 다음과 같이 선포하였다: "복음에서 하나님의 영광과 위엄을 나타내 보이시지만 인간들은 감사치 아니한다. 하나님께서는 모든 피조물들이 그를 경배하기를 요구하신다. 만약 복음이 선포되지 않는다면 예수 그리스도는 죽어 장사되어 무덤 속에 아직도 있는 것이 됩니다."[58] 칼빈은 성도의 선교적인 열정이 많은 사람의 구원으로 나타남을 강조하였다:

"만일 우리가 하나님이 귀하게 여기는 자들을 경멸한다면, 그것은 마치 우리가 하나님 자신을 경멸하는 것이나 다름없다. 하나님은 하나님나라로부터 쫓겨난 자 곧 불신자들의 구원을 위해

---

[57] John Calvin, *The Mystery of Godliness and Other Selected Sermons*, (Grand Rapids: Eerdmans, 1950), 199: "Our Lord Jesus was made like unto us, and suffered death, that He might become an advocate and mediator between God and us, and open a way whereby we may come to God. Those who do not endeavor to bring their neighbor unbelievers to the way of salvation plainly show that they make no account of God's honor, and that they try to diminish the mighty power of His empire, and set Him bounds that He may not rule and govern all the world; they likewise darken the virtue and death of our Lord Jesus Christ, and lessen the dignity given Him by the Father."

[58] John Calvin, *A Selected of the Most Celebrated Sermons of John Calvin*, (New York: S & D. A. Forbes Printings, 1830), 25-35.

서 우리가 얼마나 간구하며 선교적으로 노력하는 바로 그 만큼에 비례해서 세상 모두 구원 얻게 하시는 분이라는 것이 바울의 논리이다." 59)

칼빈은 예수 그리스도의 오심이 이방인에 대한 장벽을 제거하였으며, 선교의 기초가 됨을 주장한다: "예수 그리스도의 오심으로 말미암아 벽이 무너져 내리고 유대민족과 다른 민족의 구분이 없어졌다. 하나님은 유대 민족과 다른 민족들을 구분하셨지만 예수 그리스도는 세상의 구원을 위하여 오셨기 때문에 유대인과 이방인 사이의 구원을 전제로 한 차별은 철저히 제거하셨다." 60) 하나님의 복음전파로 말미암아 전 세계에 흩어진 사람들이 구원에 참여하게 될 것을 다음과 같이 설명하였다: "하나님의 뜻은 복음이 모든 세상에 전파되어야 한다는 것으로 보아 이것은 구원이 모든 자에게 적용된다는 표시이다. 그래서 사도 바울은 모든 사람이 구원받는 것이 하나님의 뜻임을 강조했다. 61) 그것을 위해서 칼빈은 주님께서 사도들을 임명하시고 그들에게 그의 이름을 유대인들에게만 선포하라고 명령하시지 않고, 그의 지상명령은 예루살렘과 사마리아와 땅 끝까지 증거되는 것으로, 즉 모든 피조물에게 선포되기 위해서 제자들에게 주어졌다고 강조하였다. 62)

---

59) Ibid., 97.
60) Ibid., 98.
61) Ibid., 99: "Through the will of God the gospel should be preached to all the world, there is token that salvation is common to all. Thus St. Paul proveth that God's will is that all men should be saved."
62) Ibid., 99: "He hath not appointed His apostles to proclaim His name only among the Jews, for we know that the commission was given them to preach to all creatures; to be witnesses of Jesus Christ from Jerusalem to Samaria, and from thence throughout all the world."

3) 칼빈의 목회와 선교활동

실제로 칼빈의 제네바 목회에서 행한 그의 선교목회는 스탠포드 리드(W. Stanford Reid)의 논문에 의해 잘 나타나고 있다.[63] 리드(W. S. Reid)는 칼빈이야말로 제네바교회가 선교적인 활동을 전개하도록 감독하고 자극을 주었던 바로 그 인물이라고 주장하였다.[64] 그리고 제네바 목회 중에 칼빈에 의해 설립된 제네바 아카데미는 더더욱 복음을 프랑스와 유럽에 전파하고 선교하는데 많은 사람들을 훈련하게 하였다.[65]

유럽에 많은 칼빈주의 교회가 세워진 것도 이러한 칼빈의 신학교를 통한 훈련으로 가능하였다. 제네바 아카데미를 졸업한 사역자들이 프랑스만이 아니라 유럽의 본토에까지 가서 복음을 전파하였다는 점이다. 그리고 멀리 남미 브라질연안까지 선교사들 파송하여 활동케 한 점은 특히 주목할 만한 현상이다.[66] 비록 그들이 브라질로 가서 큰 성과는 없었다 할지라도 제네바 목회에서 칼빈이 선교에 힘쓴 구체적인 사역을 보여준다.[67] 피어스 비버(Pierce Beaver)는 "제네바교회가 선교의 사역을 시작할 때에 분명히 칼빈의 후원과 격려 속에서 이루어진 것임에 틀림없다"고[68] 주장하면서, 칼빈

---

[63] W. Stanford Reid, "Calvin's Geneva: A Missionary Centre", *The Reformed Theological Review*, Vol. XLII: No. 3(1983), 65-74.
[64] Ibid., 73: "John Calvin was the person who was the stimulus and the director of the missionary endeavours of the Genevan church."
[65] Ibid., 69: "Once the academy was established more men were trained and dispatched to France to preach the Gospel."
[66] Ibid., 70: "The Genevan mission to France was not limited, however, to the mainland, for after the French seized an island off the Brazilian coast the Genevan pastors decided to send two missionaries with the French settlers to bring the Gospel to the Indians."
[67] 칼빈의 브라질선교에 대해서는 아래의 논문들을 참조하라: R. Pierce Beaver의 논문, 『제네바교회의 브라질선교』("The Genevan Mission to Brazil")과 Baez-Camargo의 "The Earliest Protestant Missionary Venture in Latin America," *Church History*, XXI (1952), 135-145. W. Stanford Reid, "Calvin's Geneva: A Missionary Centre," *The Reformed Theological Review*, XLII (1983), 65-74.
[68] Pierce Beaver, "*The Genevan Mission to Brazil*," 20.

의 제네바는 선교적인 열심을 가지고 선교의 중심지로서 나타남을 알 수 있다.

이처럼 제네바에서 목회와 제네바 아카데미를 통해 선교적인 활동에 주력한 점은 칼빈의 선교에 대한 관심과 열정을 증명하고도 남는다. 사실, 칼빈 문하에서 아카데미를 수학한 스코틀랜드 출신의 존 낙스(John Knox)는 이 제네바 아카데미에 대해서 "가장 온전한 기독교학교"라고 부를 정도였으며, 실제로 많은 영국의 지도자들이 제네바 아카데미에서 개혁주의 신학과 삶을 훈련받았다.[69]

결론적으로 칼빈에게 제네바는 그의 전세계를 향한 역동적인 선교열정의 심장부였다고 볼 수 있다.[70] 칼혼(David B. Calhoun)에 따르면 존 칼빈은 선교의 가슴을 가지고 땅끝 까지 주 예수 그리스도의 왕국의 확장을 위해 힘쓴 목회자로서 16세기라는 제한된 그런 시대 속에서도 선교적 관심과 이해를 신실하게 추구하였다고 주장한다.[71]

4) 칼빈의 목회와 평신도 사역자

칼빈은 종교개혁사상에 그가 강조한 것은 교회 행정에 평신도를 참여시킨 것이다.[72] 평신도가 교회행정에 참여한 것은 초대교

---

[69] Ibid., 71.: "In Geneva, which Knox termed 'the most perfect school of Christ', the English congregation was trained in the Reformed doctrines and practices."

[70] Philip E. Hughes, "John Calvin: Director of Missions," *The Heritage of John Calvin*, ed., John H. Bratt (Grand Rapids: Eerdmans, 1973), 45: "Under Calvin Geneva was a dynamic center or nucleus from which the vital missionary energy it generated out into the world beyond."

[71] David B. Colhoun, "Calvin: Missionary hero or Failure?", *Covenant Seminary Review*(1979), Vol.5, 16-33: "Calvin possessed a considerable missionary interest but that interest was focused and limited by the realities of the sixteenth century" (32). "It is abundantly clear that John Calvin had a heart for missions - for the extension of the Kingdom of our Lord Jesus Christ to the ends of earth" (33).

[72] John Calvin, *Institutes of Christian Religion*, Book 2, Ch.15, 6 ver:"Now, Christ plays the priestly role, not only to render the Father favorable and propitious toward us by and

회 때였는데, 그 후 1400년 동안 오직 성직자에 의해 다스려지다가 종교개혁의 물결에 의해서 평신도도 참여케 되었다. 칼빈은 평신도들 가운데 장로를 선택케 하여, 장로는 교회정치를, 집사는 회계와 자선의 일을 관장케 하였다.

    칼빈의 제네바 목회는 평신도에게 많은 사역에 참여케 하였다. 그는 제네바를 하나님이 다스리는 공동체로 구현하기 위해서 성직자 혼자의 힘으로는 안 되며, 여기에 평신도의 참여가 반드시 필요하다는 사실을 알고 실천하였다. "예수 그리스도를 주로 고백하는 자는 누구든지 와서 함께 살 수 있는 나라로서의 제네바는 장관이 다스리는 것이 아니요, 하나님이며, 성직자나 장관이나 장로 또는 일반 평신도는 봉사자로서 충성을 다할 때만이 이루어질 수 있다."73)

5. 결론

    21세기 선교를 위해서 지금까지 칼빈의 생애와 칼빈주의 신학, 그리고 칼빈의 목회와 선교론 등을 살펴보았다. 일찍이 한국교회는 초창기에 그 기초를 놓을 때에 개혁주의 보수적인 신학을 소유한 선교사들에 의해 성경중심적인 교회와 신학을 그 특징으로 시작하였다. 이러한 기초는 이제 21세기를 맞아 그 꽃을 피우고, 전 세계에 선교사들을 파송하여 그 역할을 감당해야 할 시대를 맞게 한다. 그런 면에서, 칼빈주의와 개혁주의 신학의 전통을 계승하고 바로 정립함은 중요하다. 일부 선교단체나 기관종사자들이 지금까지 가지고 있던 칼빈주의 교회의 선교관에 대한 부정적인 견해들을 바로잡

---

    eternal law of reconciliation, but also to receive us as his companions in this great office [Rev.1:6]. For we who are defied in ourselves, yet are priests in him, offer ourselves and our all to God, and freely enter the heavenly sanctuary that the sacrifices of prayers and praise that we bring may be acceptable and sweet-smelling before God", (Philadelphia: Westminster Press, 1979), 502.

73) John McNeill, *The History and Character of Calvinism*, (Oxford University, 1975), 187.

고 개혁주의적인 바른 선교관을 세우는 것도 중요하다고 본다. 아울러 현대 신학계는 칼빈주의 신학의 발전을 통해 전 세계에 준비된 선교사들을 파송하여 성경적인 교회와 건전한 신학적인 열매를 거두는 시점에 와있다.

마지막으로, 칼빈주의의 중심을 요약해 보았다. 무엇보다 칼빈주의의 중심사상은 위대한 하나님 주권에 대한 사상이다. 롬 11:36에서 "만물이 주에게서 나오고 주로 말미암고 주에게로 돌아감이라" 는 말씀대로 하나님의 영광을 추구한다(고전 10:31). 그리고 칼빈주의는 성경적 사상과 삶의 체계이다. 칼빈주의의 사상적 기초는 자기 사색에서 나온 결론이 아니요, 성경의 사상에서 나온 것이다. 만약 성경이 없다면 칼빈주의도 없는 것이다. 그러므로 칼빈주의는 성경적 세계관이며 성경적 인생관이라고 할 수 있다.

칼빈주의는 성경이 가는 곳까지 가고 성경이 멈추는 곳에서 멈춘다. 일찍이 박윤선박사는 칼빈주의 신학의 원리로서 화란의 칼빈주의신학자 헤르만 바빙크(Hermann Bavinck)의 "계시의존신앙"을 강조한 바 있다(행 17:11). 신앙적 사색은 성경의 일부만이 아니라 그 전체를 상고하는 신앙으로, 신앙은 항상 이성을 초월하며, 심지어 이성에 대립한다.

차영배 교수는 다음과 같이 칼빈주의 신학의 원리를 정리한다:"십자가의 도는 사람의 지혜로는 이해할 수 없으나, 오직 성령의 내적 증거에 의하여, 자기를 부인하되, 날마다 부인하고, 선지자들과 사도들에게 주신 말씀에, 오늘도 이 성경과 더불어, 성경을 가지고, 날마다 말씀하시는 하나님의 계시의 역사에 의존하는 신앙이 신학의 원리가 될 때, 건전한 신학이 수립된다."[74]

---

74) 차영배,『H. Bavinck의 신학의 방법과 원리』, (서울: 총신대학출판부, 1983), 473.

제4장
선교와 복음전도

    본 장은 그리스도인들이 복음전달자로서 다양한 계층의 사람들과 만나 복음을 제시할 때의 효과적인 대인접근법을 성경을 통해 연구하여 변화 많은 세상에서 그리스도의 탁월한 전도자의 삶에 대해 논하고자 한다. 핵심성구로는 마 7:12 "그러므로 무엇이든지 남에게 대접을 받고자 하는 대로 너희도 남을 대접하라 이것이 율법이요 선지자니라," 그리고 고전 9:19-22로서 "유대인에게는 내가 유대인과 같이 된 것은 유대인들을 얻고자 함이요 율법아래 있는 자들에게는 내가 율법아래 있지 아니하나 율법아래 있는 자같이 된 것은 율법아래 있는 자들을 얻고자 함이요 율법 없는 자에게는 내가 하나님께는 율법 없는 자가 아니요 도리어 그리스도의 율법아래 있는 자나 율법 없는 자와 같이 된 것은 율법 없는 자들을 얻고자 함이라 약한 자들에게는 내가 약한 자와 같이 된 것은 약한 자들을 얻고자 함이요 여러 사람에게 내가 여러 모양이 된 것은 아무쪼록 몇몇 사람들을 구원코자 함이니" 라는 말씀이다.

1. 효과적인 복음전도

지하철에서 불신자들을 향해 외치는 전도자들을 목격할 때가 있다. 그들 중에는 친절한 모습으로 승객을 배려하며 복음을 전하는 사람들도 있지만, 위협적인 어투로 저주의 말을 하는 사람들도 있다. 이러한 접근법은 많은 토론의 대상이 되기도 했다. 물론 각자의 성품과 은사에 따라 전도하는 것이 익숙하겠지만, 보다 효과적인 전도접근 전략은 반드시 필요하다고 본다.

엘머 타운즈에 의해 조사된 '불신자들이 어떤 경로를 통해 교회에 나오게 되었는가'에 대한 통계를 보면, 86%가 친척이나 친구 등과의 좋은 인간관계를 통해서이고, 6%가 교회의 전도프로그램을 통해서, 6%가 그 지역의 목회자 때문에, 그리고 2%는 교회광고를 통해서 나오게 되었다고 한다. 이 통계는 복음전도 시에 대인관계가 얼마나 큰 영향을 주는가를 단적으로 보여준다. 본 장에서는 복음전도 시에 우리가 합당하게 가져야 할 대인접근법을 성경을 통하여 살펴보고자 한다.

예수님은 세리와 죄인들, 거리에 떠도는 사람들과 만나 교제하시면서 가르치셨다. 성경은 우리에게 복음이 어떻게 전달되는지를 알려주는 훌륭한 교과서이다. 마 7:12절 "그러므로 무엇이든지 남에게 대접을 받고자 하는 대로 너희도 남을 대접하라 이것이 율법이요 선지자니라" 라는 말씀과 마 22:39 "네 이웃을 네 몸과 같이 사랑하라" 는 말씀은 우리가 어떻게 대인관계를 형성해 가야 하는지를 잘 보여준다. 프랜시스 쉐퍼(Francis A. Schaeffer)는 "참된 기독교는 진리뿐만 아니라 아름다움, 특히 인간관계의 영역에서 아름다움을 창조해낸다"고 주장한다.

2. 성경적 전도방법의 예들

1) 사마리아 여인에게 전하시는 예수님(요 4:1-26)

　예수님은 우리에게 복음전도자의 모범이 되신다. 예수님은 복음서를 통해 다양한 사람들에게 다양한 접근방법으로 말씀하신다. 물고기 잡는 어부들에게 다가가시는 모습(눅 5:1-11), 산 위에서 천국복음을 가르치시는 모습(마 5-7장), 세관에 앉아 있는 세리 마태를 찾아가셔서 제자로 부르시는 모습(마 9:9), 그리고 혼인예식이 벌어지는 잔치 자리에 가셔서 말씀하시는 모습(요 2:1-10) 등에서 주님은 생활의 현장이 바로 복음증거의 장소임을 몸소 증거 하셨다.

　본문에서 우리는 예수님께서 어떻게 접근하시고 복음을 전하시는가를 단적으로 볼 수 있다. 본문은 예수님께서 유대를 떠나 사마리아를 경유하여 갈릴리로 복음 전도하는 여정 가운데 사마리아에서 행하신 복음전도의 현장을 보여준다. 사마리아인은 유대인과 상종하지 않는 족속으로서 유대인들과는 구분된 지역에서 살았다. 그들은 주전 722년 북이스라엘이 앗수르의 포로가 되었을 때, 앗수르의 피정복민 혼혈정책으로 그 땅에 이주해 온 이방인들과 결혼하여 생긴 혼혈민족으로, 그들의 혈통과 신앙이 문란해졌으므로(왕하 17:24) 유대인들은 그들을 미워하여 교제하지 않았다.

　행로에 피곤하신 예수님께서 우물가에 물 길러 나온 여인과 대화를 시작하셨다. 이때는 유대인의 시계로 정오를 가리키는 상황에 육신을 가지신 예수님께서 "물 좀 달라" 하시면서 주님의 복음사역을 열어가셨다. 유대인과 사마리아인과의 관계가 전혀 없었던 문화적 배경을 넘어서서 평안한 모습으로 대화를 시작하시며 무시당했던 이방인에게 구원의 소식을 제시하셨다. 이때 사마리아 여인은 놀라면서 유대인으로서 어떻게 사마리아인에게 물을 달리 할 수 있는지 의아해 한다. 예수님은 여인에게 마셔도 만족이 없는 우물물과 대조되는 영생하도록 솟아나는 샘물에 대해 말씀하시며 새 생명의 역사를 증거하셨다. 이 말씀을 들은 여인은 목마르지 않는 샘물에 대해 질문을 한다. 주님의 대답은 가서 네 남편을 불러오라는 말씀과 함께 여인으로 하여금 예수님을 선지자로 인정하게 만드셨다. 그리고 예수님은 사마리아인들이 가지고 있는 부분적인 지식에 대해 교정해 주셨다. 참 예배와 메시야에 대해 말씀으로 이 여인은 사마리아 동네로 가서 메시야를 전하게 되었다.

본문에서 보여주는 전도전략은 우선 예수님을 만나기 전의 사마리아 여인처럼 오늘날 모든 불신자들도 참 만족을 얻고자 하지만 결코 만족함이 없는 삶을 살고 있음을 보여주는 것이다. 사마리아 여인은 남편을 다섯이나 가지고 있었지만 항상 문제 가운데 있었듯이, 오늘날에도 현대인들은 형식적인 종교 활동이나 세상적인 것으로 갈증을 채우고자 한다. 명예와 돈, 행복을 추구하고 최신 유행이나 쾌락의 노예가 되어 만족을 모른 채 살아가는 것이다. 참으로 우리는 우리의 복음전도의 대상들에 대해 바른 이해가 필요하다.

또한 이 본문에서 우리에게 보여주는 또 다른 전도전략은 예수님의 접근방법이다. 우물가에서 마실 물을 접촉점으로 하여 자연스럽게 복음을 전하는 예수님의 모습은 복음전도 시의 대인접근 방법에 대해 많은 것을 제시해 준다. 사마리아인으로서 유대인이 상종치 않는 사람에게, 그리고 그 당시 유대인의 속담에 "거리에서 여자와 얘기하지 말 것이며, 심지어 자기 아내와도 얘기하지 말라"는 유대인의 풍속에도 불구하고, 사회 관습적으로 소외되는 경멸의 대상이었던 여인을 예수님은 오히려 편안하게 만나주시며 생명의 말씀을 전해주셨다.

하나님을 떠난 영혼은 세상에서 참 만족을 얻지 못하고 목말라 하며 끊임없이 방황하고 있다. 석학 니고데모, 죄 많은 사마리아 여인은 타락한 인류의 대표로서 영혼의 갈증을 채우기 위해 무엇인가를 열심히 찾고 있음을 볼 수 있다. 예수님은 이러한 영혼을 찾아 구원하러 오셨다. 그렇다면 우리는 이러한 방황하는 영혼들에게 어떻게 복음을 전할 수 있는가? 예수님이 사마리아 여인을 만나 복음을 전하시는 모습에서 매우 중요한 지혜를 얻을 수 있다.

1단계는 공통점을 찾아 마음과 마음이 접촉되도록 하는 것이다. 자연스럽게 호의를 베풀거나 받음으로써 공통 관심사를 찾아 나누는 것이다. 2단계는 육적 관심에서 영적 관심을 갖도록 돕는 것이다. 세상에서 얻는 것은 일시적인 것이며 결코 내적 소원을 채워주지 못함을 깨닫게 하고, 영적인 것을 구하고자 하는 소원을 불러 일으켜야 한다. 3단계는 죄를 인정하고 드러내도록 하는 것이다. 그럴 때 사람들은 메시야를 갈망하게 되며 하나님 앞으로 나아 갈 수 있는 것이다.

예수님을 만난 후 변화된 사마리아 여인은 자신의 부끄러운 과거를 씻어버리고 자기를 향해 손가락질하던 동네 사람들에게 나아가 그리스도를 증거하며 "와보라"고 외쳤다. 주님 안에서 자신에게 소망이 있고, 주님을 통해 다른 사람들을 볼 때 그 누구라도 소망이 있음을 발견하게 된다. 이처럼 주님은 한 사람을 통해 가정과 교회, 민족과 세계가 변화될 것을 내다보신다. 예수님의 양식(요 4:34)과 제자들의 양식이 다르다고 말씀하신 것은, 우리가 양식을 반드시 취하는 것처럼, 예수님에게 있어서의 양식은 주님께서 반드시 취하시고 의존하시는 것이 그분의 양식인 것이다. 예수님은 자신의 양식을 하나님의 뜻을 행하며 그의 일을 온전히 이루는 것이라고 말씀하시며 우리에게 온전한 헌신을 요구하신다. 곧 모든 힘을 다해 복음 전도에 나서야 함의 당위성을 말씀하신다. 그리고 "눈을 들어 밭을 보라"는 말씀은 주님께서 우리에게 새로운 기쁨만이 아니라 새로운 일과 비전을 주심을 보여준다. 한 사람의 변화를 통해 희어져 추수하게 된 밭을 보라고 하신다. 영적인 추수는 때가 따로 없음을 말씀하신다.

2) 바울의 복음전도 접근방법 (고전 9:19-22)

사도바울은 누구보다도 복음전도에 대한 구체적이고 다양한 접근법을 제시하였다. 본문에서 바울은 복음증거 시에 겪는 다양한 문화적 차이나 사회적인 장애들을 어떻게 극복하여 효과적으로 복음을 전하는가를 보여준다. 고전 9장에서 복음을 전파하기 위해 바울은 물질적인 도움을 얻을 권리를 포기했을 뿐만 아니라 다양한 부류의 사람들과 접촉하기 위해 종처럼 개인의 모든 기본 권리까지 포기했다. 그의 의도는 더 많은 사람에게 복음을 전하려는 데 있었다. 복음전도는 그의 삶 전체를 지배하였다.

바울은 16절에서 그의 복음전도의 사명에 대해 이렇게 증거한다. "내가 복음을 전할 지라도 자랑할 것이 없음은 내가 부득불할일임이라 만일 복음을 전하지 아니하면 내게 화가 있을 것임이로라." 20세기 중반 라틴 아메리카 선교협의회(LAM)를 힘 있게 사역했던 로버트 스트라찬(Robert Kenneth Strachan, 1910-1965)은 그의 저서인『피할 수 없는 소명』(*Inescapable Calling*, 1968)을 통해서 우리 모든 그리스도인을 복음전도의 명령에서 피할 수 없는 소명을 지닌 자로 묘사하면서, 복음전도하지 못한 그리스도인은 누구나 죄책감에 빠져 있다고 주장하였다(We Christians can never escape a continuous sense of concern for the task of personal witness and word evangelism, which, we believe, has been divinely committed to us . . . Most Christians have a guilty conscience because of their failure as witnesses, 1 Cor. 9:16).

19절에서 "내가 모든 사람에게 자유 하였으나 스스로 모든 사람에게 종이 된 것은 더 많은 사람을 얻고자 함이라"는 말은 바울의 복음전도적 열정을 보여준다. 여기서 나타난 "얻다"라는 말은 22절에서 "구원하다"라는 말과 연관되어 나타난다. 바울은 복음의 종이 되어 그것을 듣는 많은 사람들의 다양한 욕구와 성향에 깊은 관심을 가지고 섬긴다(cf. 막 10:43-44). 바울이 복음 전도하다가 감옥에 있을 때에 기술한 편지에도 그의 복음적 열정은 드러난다. 바울은 복음의 진보만 이룰 수 있다면 기뻐하리라고 증거 한다(빌 1:16-17).

20-22절까지에서 바울은 그가 만난 여러 부류의 사람들에게 접근하는 방법에 대해 자세히 보여준다. "유대인에게는 내가 유대인과 같이 된 것은 유대인들을 얻고자 함이요 율법아래 있는 자들에게는 내가 율법아래 있지 아니하나 율법아래 있는 자같이 된 것은 율법아래 있는 자들을 얻고자 함이요 율법 없는 자에게는 내가 하나님께는 율법 없는 자가 아니요 도리어 그리스도의 율법아래 있는 자나 율법 없는 자와 같이 된 것은 율법 없는 자들을 얻고자 함이라 약한 자들에게는 내가 약한 자와 같이 된 것은 약한 자들을 얻고자 함이요 여러 사람에게 내가 여러 모양이 된 것은 아무쪼록 몇몇 사람들을 구원코자 함이니."

여기에 나타난 여러 부류의 사람들로서 "율법아래 있는 자들"은 구약의 율법에 매여 있는 유대인들을 의미하고, 바울은 그들을 전도하기 위하여 율법을 지켰다(행 16:3; 18:18; 21:26). "율법 없는 자들"은 구약의 율법을 모르고 자라난 이방인들로서, 바울은 이방인들을 구원하기 위하여 그리스도의 계명에 어긋나지 않는 한 이방인의 문화에 적응하여 행동하려고 하였다. 그리고 "약한 자들"은 그리스도인이면서도 양심이 약하여 그리스도인의 자유 함을 누리지 못하는 자들을 의미하고, 바울은 이 약한 자들을 위하여 우상의 제물을 먹을 수 있는 그리스도인의 자유를 포기하였다(고전 8:9, 13).

　　바울은 복음전도를 위하여 모든 것을 추구하였다. 가능한 한 넓게 그리고 더 멀리 복음의 능력과 실체를 나누기 위해서 그렇게 살았다. 바울은 결코 어떤 한 가지 방법에도 매이지 아니하고, 언제나 각각의 새로운 상황에서 하나님의 아이디어를 경청하는 대단히 융통성 있는 사람이었다.

3. 초대교회 성공적인 복음전도자의 모범 사례

　　초대교회는 우리에게 복음전도 시에 가장 중요한 접근법은 전도자의 변화된 인격과 삶인 것을 잘 보여준다. 마이클 그린은 그의 저서 『초대교회 복음전도』에서 효과적인 복음전도는 전하는 자의 수준 높은 인격적인 삶이라고 주장한다. 전도 시에 우리 자신이 먼저 "좋은 소식"이 되어야 한다. 결국 가장 중요한 전도 접근 전략은 "전도자 자신"이다. 오늘날 그리스도인들은 마치 유리 집에 살고 있는 것과 같다고 할 수 있다. 불신자들과의 만남 속에서 생겨나는 인상적인 접근은 결국 우리의 자세에 달려 있다.

　　초대교회가 현대교회에 주는 가장 강력한 전도생활의 교훈은 바로 그들이 그리스도를 만나 체험한 은혜의 삶이다. 마이클 그린(Michael Green)은 그들의 변화된 삶이 이방인들에게 산 표본으로 나타나 복음전도에 매우 효과적인 역할을 하였다고 주장한다. 초대교회 성도에게 있어서 전도는 모든 신자들의 혈액처럼 움직이는 곳마다 복음을 증거하고 날마다 모이기를 힘씀으로써 성장하는 교회를 만들었으며, 그들은 예루살렘을 복음전파의 중심기지로 삼고 그들이 가는 모든 곳에서 자신들에게 있는 기쁨, 자유, 그리고 새 생명의 복음을 전파하였다(Michael Green, 1991, 280).

효과적인 복음전도에서 가장 중요한 점은 전하는 자가 타인에게 어떤 모습, 곧 어떤 대인관계를 가지는가와 연관된다. 그린(Green)은 특히 초대교회에서 바른 대인관계를 성공적인 복음전도 원리로 제시한다. 즉 그는 복음전도와 선행은 서로 깊은 상관관계를 갖는다고 주장하며, 이 둘이 서로 일치하지 않으면 심각한 결과를 초래한다고 본다(This connection between belief and behavior runs right through Christian literature. The two cannot be separated without disastrous results, among them the end of effective evangelism).

초대교회를 기록한 역사가로서 아돌프 하르낙(Adolf Harnack)은 효과적인 초대교회 전도 방법으로 그들의 높은 수준의 도덕적인 삶이 복음전파에 큰 기여를 했다고 한다. 그에 의하면 초대교회 성도들은 예수님의 말씀, 곧 "이같이 너희 빛을 사람 앞에 비취게 하여 저희로 너희 착한 행실을 보고 하늘에 계신 너희 아버지께 영광을 돌리게 하라"(마5:16)는 성경말씀대로 생활함으로써 많은 사람들에게 그들의 삶의 모습을 통해 복음을 평범하면서도 담대하게 전할 수 있었다(Harnack 1962, 48).

오늘날 현대교회 신자들과 초대교회 성도들 사이에 차이가 있다면 그것은 바로 복음의 능력에 대한 확신에 있다고 본다(롬 1:16-17; 렘 23:28). 복음의 능력은 불과 같이 듣는 자에게 성령께서 역사하시며 구원을 얻게 하는 능력이 있음을 위대한 사역자들은 확신하고 있었다. 김홍전박사가 "복음이란 무엇인가"라는 책에서 강조하였듯이 "복음이란 항상 들어도 기쁜 소식"임을 확신하고 증거하는 것이 초대교회 전도활동의 원인이었다고 본다. 초기 복음전도자들은 자신들이 체험한 순전한 기쁨을 가지고 있었으며, 이는 예수 그리스도에 대한 그들의 절대적인 선포를 더욱 강화시켰다(Green, 342). 그들은 항상 기뻐하면서 어디서나 복음을 전하였던 것이다. 전도자는 그 누구에 의해서도 빼앗길 수 없는 하늘의 기쁨을(요 10:28-29) 소유한 자들이었다.

마이클 그린(Michael Green)은 그들이 전한 복음의 내용과 그들의 삶이 일치되었기에 설득력이 있었다고 한다. 즉 그들은 항상 삶이 수반된 증거를 통해 효과적인 복음전도의 열매를 거두었던 것이다(Life and lip went together in commending the Christian cause).

이것은 오늘 우리에게 기독교복음이 전파되기 위해서는 삶과 입술이 동반되어야 한다는 원리를 보여준다. 사도 바울의 예가 그 본보기가 되며, 거룩한 삶과 효과적인 전도활동사이의 연관성이 매우 중요하게 대두된다(cf. 살전 1:7-8; 2:1-15; 빌 4:9). 바울은 경건한 삶, 자기희생, 그리고 청중들을 향한 관심 등으로 접근하여 그 당시의 사람들에게 모범이 되었기 때문에, 모든 신자들은 이러한 모범적인 신앙의 선배를 따라 살기로 다짐함으로써, 복음전파는 매우 효과적으로 나타나게 되었다(Green, 178).

이처럼 오늘날 현대교회가 복음전도의 사역에서 성공적이 되려면, 복음증거와 삶의 일치성(the consistency of their lives with what they professed)이 있어야 함을 볼 수 있다(고후 4:1-5). 이것은 초대교회에서 성공적인 복음전도의 원리를 보여준다. 곧 복음전파와 성결 된 삶이 함께하는 일관성이 강조되어야 한다는 점이다.

그린(Green)이 제시하는 모범적인 초대교회 기독교인의 도덕적인 삶은 그 당시 이교도들 사이에서 팽배하던 살인적인 잔혹함이 아니라, 온유함과 자제력을 가지고 일상생활에 임하며, 일부일처제나 이웃에게 자비를 행하고 그들을 의로 인도하는 것 등이다. 그리고 초대교회 성도의 변화된 삶은 가장 효과적인 전도전략으로서 그들이 가지는 자비심, 죄에 대한 증오심, 준법정신, 선한 시민의식, 건전한 과세의식, 그리고 순결한 삶과 헌신된 사랑과 놀라운 용기 등을 그 예로 제시한다.

사실 우리 한국교회는 선교 초창기에 이미 평양신학교를 통해 효과적인 복음사역자의 자질을 강조하여 왔다. 초기 한국 선교사들이 세운 평양신학교의 교훈은 먼저 신자가 되라고 강조하면서, 학자가 되라, 성자가 되라, 전도자가 되라, 그리고 목회자가 되라고 강조하였다.

예수 그리스도께서는 복음증거자의 삶이 우선되어야 좋은 열매를 맺을 수 있다며(마 7:17-18)에서 열매보다 먼저 나무가 되라고 말씀하신다. 그러므로 우리는 초대교회 성도들처럼 예수 그리스도를 먼저 배움으로(마 11:29)써, 그 인격과 삶이 변화되는 것이 효과적인 복음전파의 원리가 됨을 알 수 있다. 초대교회 성도들은 변화된 삶, 곧 예수님을 닮은 자로서의(빌 2:5-8) 복음사역자가 효과적인 열매를 맺었다는 사실을 잊지 말아야 한다. 사실 예수 그리스도의 권세 있는 가르침의 비결은 그 당시 서기관과 바리새인과는 차별화된 삶이 함께하였기 때문이다(마 7:27-28).

오늘날 한국교회 복음전파가 부흥하려면, 이 원리를 적용하여야 가능하다고 본다(고전 10:31-33). 변화된 성품(Transformed Characters)을 통한 삶의 복음증거원리는 오늘날에도 강조되어야 한다. 성령으로 변화되어 그리스도를 닮아가는 삶이 많은 영혼을 얻는 복음증거의 핵심인 것이다.

초대교회 복음전도 사역에 크게 기여한 져스틴 마터(Justin Martyr)는 초대교회 복음증거자의 특징으로 구체적인 변화의 삶을 들었다: "전에는 간음을 즐겼던 우리가 이제는 오직 순결만을 지킵니다. 전에는 마술을 사용했던 우리가 이제는 선하시고 영원하신 하나님께만 헌신을 합니다. 전에는 다른 어떤 것보다도 부의 축적에만 가치를 두었던 우리가 이제는 공동의 필요를 따라서 모든 사람들이 쓸 수 있도록 우리의 소유를 내놓습니다. 전에는 서로 다른 종족과는 함께 살지도 않으면서 생활방식이 다른 자들을 증오하고 파멸시켰던 우리가 이제는 그리스도의 오심으로 말미암아 그들과 행복하게 함께 살면서 우리의 원수들을 위하여 기도하고 우리를 부당하게 증오하는 자들도 그리스도의 선하심을 따라 사는 자들이 되도록 설득합니다. 그리하여 그들도 우리와 함께 만물의 지배자이신 하나님으로부터의 보상인 기쁨의 소망을 나눌 수 있도록 하기 위해서 말입니다" (cf, I Apology, p. 14).

새로운 기독교 공동체는 그들의 순수한 삶을 통해 그리고 선행을 통해 그 당시의 사회 속에서 복음을 증거 한 것으로 나타났다. 초대교회 신자들도 우리와 같이 평범한 일상생활을 살아가던 남녀 신자들로서 모든 유혹에 항상 노출되어 있던 사람들이었다. 그리고 그 때에 그리스도인이 된다는 말은 그 사회 속에서 다른 사람이 된다는 것을 의미하였다(In those days to be a Christian meant something): 수많은 이방인들 가운데 그들은 수준 높은 고상한 삶을 통해 복음을 증거 하였는데, 그들은 항상 스스로 성령의 전(殿)인 사실을 확인하며 실천하며 살았던 것이다.

4세기경에 로마황제 율리아누스(Julianus: 332-63)가 남긴 그 당시의 그리스도인에 대한 증거는 다음과 같다: "기독교인들은 이방인들에게 다가가 그들을 보살피고 그들의 죽은 자들을 위해 장례에도 협력을 하고 있다. 이들 가운데 구걸하는 자가 하나도 없지만, 이들은 자신들의 가난한 자들을 도와줄 뿐만 아니라 우리가 돌봐야 할 로마시민들 가운데 가난한 자들까지 돌보아 주고 있다."

마이클 그린(Machael Green)은 이러한 초대교회의 선행을 통한 복음전도의 삶에 대해 아테나고라스(Athenagoras)의 글을 인용한다: "초대교회 성도들은 높은 학문은 아니지만 진실함으로 설득력 있게 표현합니다. 목소리가 높지 않아도 선행을 실천합니다. 그들은 말을 통해서가 아니라 선행을 통해서 진리를 주장하고, 그들은 공격을 받아도 공격하지 아니하며, 도둑을 당하여도 법에 호소하지 않으며, 부탁받은 일을 거절하지 않고 이웃을 자신처럼 사랑합니다."

4. 효과적인 접근을 통한 실제적인 전도 접근 방법

1) 복음 전도자로서 가져야 할 자세

사도 바울은 롬 1:16-17에서 복음의 능력(렘 23:28)에 대해 강한 확신을 표시하였다. "내가 복음을 부끄러워하지 아니하노니 이 복음은 모든 믿는 자에게 구원을 주시는 하나님의 능력이 됨이라." 선지자 예레미야는 하나님의 말씀은 불과 같고 반석을 쳐서 부수는 망치(한국어 번역은 방망이로 되어 있지만, 모든 영어 번역은 hammer임)임을 확신하고 담대하게 말씀을 증거 하였다. 이처럼 복음 전도자는 복음의 능력에 대한 확신 속에서 효과적으로 복음을 전달 할 수 있다.

첫째로, 전도자는 우선 기죽지 말아야 한다. 바울은 "내가 복음을 부끄러워하지 아니하노니"라고 선언하였다. 우리는 하나님의 자녀이며(롬 8:14-17), 그리고 주님이 나와 항상 함께하신다(마 28:19-20)는 믿음과, 축복의 통로가 되는 특권을 가지고 있음을 기억하여야 한다(마 10:13-14).

둘째로, 우리는 자신감을 가지고 나가야 한다(민 13:30). 여호수아와 갈렙과 같이 가나안을 하나님이 주신 우리의 사역지임을 믿고 올라가 취하라는 명령에 순종하자(민 13:30). 그들은 "너희는 내 밥이다"라고 여기고 올라갔던 것이다(민 14:9). 우리는 항상 기본적으로 전도는 내가 하는 것이 아니고, 내 안에 계시는 주님이 하신다는 확신이 있어야 한다.

셋째로, 복음증거 시에 기본적인 그리스도인의 확신을 간직하라. 하나님의 백성들이 약속의 땅 첫 성 여리고에 이르렀을 때에, 기생 라합의 증언은 우리가 누구이며 세상 사람들이 어떻게 하나님의 백성들을 바라보는가를 보여준다(수 1:9-11). 여리고 성 사람들은 하나님의 백성들을 보자 정신을 잃어버렸으며 간담이 녹아버렸다고 고백하였다. 하나님의 종 모세는 이스라엘 백성들이 받은 축복이 얼마나 큰 것인가를 다음과 같이 증거 하였다: "이스라엘이여 너는 행복자로다 여호와의 구원을 너같이 얻은 백성이 누구뇨"(신 33:29). "이 큰 나라 사람은 과연 지혜와 지식이 있는 백성이로다 우리 하나님 여호와께서 우리가 그에게 기도할 때마다 우리에게 가까이 하심과 같이 그 신의 가까이 함을 얻은 나라가 어디 있느냐 오늘 내가 너희에게 선포하는 이 율법과 같이 그 규례와 법도가 공의로운 큰 나라가 어디 있느냐"(신 4:6-8).

사실 우리 주님은 이 세상에서 교회가 가지는 아름다움에 대해서 강하게 말씀하셨다. 사람들이 어떻게 생각하느냐와 상관없는 우리 교회에 대한 예수님의 선언이다(마 16:18): "내가 이 반석위에 내 교회를 세우리니 음부의 권세가 이기지 못하리라." 최근에 WEC 선교회 총무 패트릭 존스톤(Patrick Johnston)이 저술한 책『교회는 당신의 생각보다 큽니다』(*Church is bigger than you think*)라는 말은 우리에게 교회와 그리스도인의 정체성에 대해 강한 도전을 준다. 사실 오늘날 복음전도자로서 우리 자신에 대해 어떤 자세를 갖는가는 매우 중요한 부분이다. 이를 위해서 구원의 즐거움과 영적인 행복감이 넘쳐야 하며 교회에 대한 자부심을 가지고 교회와 지도자를 자랑스럽게 생각해야 한다. 확신과 기쁨이 넘치는 삶은 복음전도 시 상대방에 대한 접근에서 매우 큰 역할을 한다.

2) 실제적인 전도방법

대학생 선교회(CCC)의 4영리는 복음전도의 영적 원리를 통해 효과적인 자세를 가지고 복음을 제시하는데 유익하다. 우리가 대상자들에게 접근할 때에 그리스도의 마음을 품고 하나님의 심장으로 그들을 대하는 자세가 절실히 요구된다. 현대의 영혼들은 지치고 무거운 짐을 지고 살아간다. 하나님의 축복과 구원의 선물을 전달하는 자로서의 확신과 기쁨을 가지고 나아가자(빌 1:6; 엡 2:10; 요 3:16). 4영리는 내용이 짧지만 여기 기록된 4가지 영적 진리를 함께 나누면 자연스럽게 복음을 전하는 매우 효율적인 도구가 된다.

제1원리: 하나님은 당신을 사랑하시며, 당신을 위한 놀라운 계획을 가지고 계십니다. 제2원리: 사람은 죄에 빠져 하나님으로부터 떠나 있습니다. 그러므로 하나님의 사람과 계획을 알 수 없고 또 그것을 체험할 수 없습니다. 제3원리: 예수 그리스도만이 사람의 죄를 해결할 수 있는 유일한 길입니다. 당신은 그를 통하여 당신에 대한 하나님의 사랑과 계획을 알게 되며 또 그것을 체험하게 됩니다. 제4원리: 우리 각 사람은 예수 그리스도를 "나의 구주, 나의 하나님"으로 영접해야 합니다. 그러면 우리는 우리 각 사람에 대한 하나님의 사랑과 계획을 알게 되며, 또 그것을 체험하게 됩니다.

우리가 실제적으로 복음 증거 시에 가져야 할 대인관계의 원리는 다음과 같다:

첫째로, 만남의 신비와 축복을 이해하라. 둘째로, 우리 한 사람 한 사람은 하나님의 독특한 작품들이다. 셋째로, 무엇보다 긴게

가 우선이다. 넷째로, 현대인의 위로자로 살아가라(사 40:1). 다섯째로, 대화의 기술을 계발하라. 여섯째로, 인정하고 칭찬해주라(요 3:16). 마지막으로, 상호 멘토링 관계로 인생을 함께 하라.

그리고 상대방의 마음을 열어주는 인격은 1) 정답고 따사롭게 하는 친근성, 2) 맑고 진실되게 하는 투명성, 그리고 3) 상큼하고 향기롭게 하는 섬김의 마음이다. 인격의 아름다움으로 사람의 마음을 터치하는 것이라 할 수 있다.

전도자로서 기본적인 생활영성은 1)미소짓기, 2)인사하기, 3)대화하기, 그리고 4)칭찬하기 등이다. 보다 효과적인 복음전달을 위해 변화된 인격적 삶은 구체적인 헌신을 동반한다. 우리 주님은 아름다운 나무가 아름다운 열매를 맺는다고 강조하신다(눅6:44). 오늘의 현대인들은 우리가 전하는 말보다 우리의 삶과 표정을 먼저 바라보고 있다는 사실을 기억하자.

다음에 나타나는 주장은 인간관계 확대를 위한 제안들이다:

1) 교회에서 모르는 사람을 아는 체하기
2) 인사하지 않아도 되는 사람에게 인사하기
3) 상대방의 이야기를 끝까지 경청하기
4) 이름을 기억하고 불러주기
5) 각종 MT 모임에 참가하기
6) Thank You 카드 열심히 보내기
7) 연말연시에 성탄카드와 연하장 열심히 쓰기
8) 일보다는 관계를 우선하기
9) 지속적인 만남을 통해 신뢰감을 구축하기
10) 늘 새로움을 추구하기
11) 온 마음으로 대화하기

12) 한 사람 한 사람에게 최선을 다하기

13) 약점이 아닌 장점을 가지고 교제하기

14) 전도대상자와 같이 2박 3일 동안 여행 떠나기

15) 모든 사람들을 특별하게 대우하기

5. 결론

우리에게 주신 복음은 참으로 귀한 생명을 살리는 능력이 있다. 주님은 이것을 만민에게 전파할 것을 우리에게 명령하셨다. 아직도 수많은 영혼들이 이 복음의 메시지를 수용하지 못하여 불신앙 가운데 살고 있다. 복음전달자로서의 우리 자신의 삶을 돌아보자. 먼저 나는 복음이 주는 참 기쁨을 소유하고 그것에 따라 변화된 삶을 통해 주변의 불신자들에게 얼마나 영향을 주고 있는가? 현대인들은 우리들의 전하는 말보다 우리들의 삶에 더 큰 관심을 가지고 있다. 성령 충만한 그리스도인은 무엇보다 효과적인 복음전도자가 될 수 있다(행1:8). 이를 위하여 예수 그리스도의 사랑의 전도와 사도 바울의 모든 계층의 사람들에게 다가가는 전도자의 삶을 기억하자. 그리고 삶과 복음전도가 함께 하는 생활이 되도록 날마다 주님과 함께 하는 생활을 영위하자. 변화된 그리스도인의 존재가 이 사회에 미치는 영향력을 기대하고 기도하자(창12:3; 마5:16; 마4:15-17). 주님! 이 시대에 복음에 단절된 가운데 살아가는 저들에게 그리스도의 마음을 품고 다가가도록 도우소서! 이 땅에서 빛과 소금으로 축복의 통로가 되게 하소서!

제5장
현대 선교학의 흐름

1. 서론

　한국교회의 세계선교에서의 위치는 그야말로 놀라운 부흥과 성장을 가져왔다. 현재까지 한국선교협의회 통계에 나타난 한국선교사 수는 세계전역에 24,000여명의 선교사를 파송하였으며, 이 통계는 계속해서 증가하고 있다. 한국의 세계 10위권의 경제성장과 함께 한국교회의 세계선교의 역할이 이제 선교현장에서 선두그룹으로 나타나고 있다. 세계 170여개 이상의 선교지에 한국선교사가 들어가 사역하고 있다. 한국교회 선교는 미국교회와 함께 21세기 세계복음화의 영광스러운 선교사역을 이끌고 있다.

　이런 시점에 향후 한국교회의 세계선교의 효율적인 전략과 지속적인 사역을 위해서 우리는 신학교육에서 선교학의 위치와 그 의의에 대해 연구할 필요가 있다. 많은 선교학자들은 아직도 선교학은 현대 신학교육에서 그 정당한 위치를 찾지 못하고 있으며, 선교에 대한 시각이 온전치 않음을 지적하였다.[75] 스코틀랜드의 에딘버러 대학의 선교학 교수 알렉산더 더프(Alexander Duff, 1806-1878)는 한 세기 앞서 선교가 교회의 핵심적인 존재 목적이기 때문에, "선교학이 신학교 커리큐럼의 변두리가 아니라 중심에 있어야 한다"고 강조하였다.[76] 데이비드 보쉬는 선교적 실천을 버린 신학교육은 차라리 "신학이 아니라 죽은 정통"이라고 비판하였다.[77]

사실 아직도 한국의 유수한 신학교에서 선교학 교과목이 필수과목으로 가르쳐지지 않고 있으며, 선교학 전공교수도 임용하지 않는 큰 교단의 신학교를 쉽게 볼 수 있는 상황이다. 왜 이러한 일들이 아직도 한국교회 신학교육안에서 일어나고 있는 것일까? 그것은 신학교의 커리큘럼 작성에서 선교학의 의의와 그 중요성에 대해 알지 못하고 있는 현실을 반영한다고 볼 수 있다. 실제로 선교학 관련자 외에 선교학의 중요성을 제대로 인지하고 협력하는 모습도 그렇게 쉽게 찾을 수 없는 실정이다.

그런 점에서 신학교육에 있어서 나타나는 선교학에 대한 바른 이해가 절실히 필요하다고 본다. 세계 선교에 대한 비전이 없이 어찌 온전한 신학교육이 이루어 질 수 있는가? 신학교육에서 선교학에 대한 기존의 편견과 무지에서 벗어나고, 21세기 한국교회의 배가된 세계선교사역을 이루기 위해 선교학에 대한 새로운 시각이 절

---

75) Andrew F. Walls, "Missiology in Contemporary Theological Education: A Factual Survey," *Mission Studies* 12, 1989, 146; J. Andrew Kirk, *What is Mission?: Theological Exploration*, (Minneapolis: Fortress Press, 2000); Wilbert R. Shenk, "North American Evangelical Mission Since 1945: A Bibliographic Survey," In *Earthen Vessels: American Evangelicals and Foreign Missions, 1880-1940*, eds., Joel A. Carpenter and Wilbert R. Shenk, (Grand Rapids: Eerdmans, 1990),319: "Missiology, the scholarly study of Christian Mission, has had an uncertain status in academia since its introduction in the nineteenth century."
76) Walls, op. cit. 14.
77) David Bosch, Witness to the World: *The Christian Mission in Theological Perspective*, (Atlanta: John Knox Press, 1980), 25.

실하다고 본다. 필자는 본 장에서 이러한 선교학에 대한 온전한 이해를 돕기 위해 그 동안에 나타난 선교학에 대한 역사적 변천과정과 신학교육 속에서 선교학이 가지는 역할과 그 유용함에 대해 살펴보고자 한다.

2. 선교학의 주제와 정의에 대한 연구

2000년의 교회 역사에서 신학교육의 다른 주제들에 비해서 선교학이란 이름은 다양하게 불렸다. 오늘의 선교학이란 학문의 명칭이 정착되기까지 유럽과 미국의 선교학자들에 의해 여러 가지로 변화되어 왔다. 독일에서 선교학을 강의한 구스타프 바르넥(Gustav Warneck, 1834-1930)은 선교학을 체계적인 학문으로서 "선교의 이론"(Missionslehre)으로 소개하였으며,[78] 로버트 스피어(Robert Speer)는 역시 선교학을 "선교원리"(Missionary Principle)로 설명하였다.

화란 개혁주의 선교신학자 요하네스 바빙크(J. H. Bavinck)는 선교학을 "선교의 과학"(Science of Missions)으로 부르면서, 선교에 대한 체계적이고 학문적인 학문임을 강조하였다.[79] 피어스 비버(R. Pierce Beaver)나 혹켄다이크(J. C. Hocendyk)는 선교학을 "사도의 신학"(Theology of the Apostolate) 또는 사도적 임무의 신학으로 소개하면서 하나님의 보냄을 받은 자의 소명으로 소개하였다. 도드(J. I. Doedes)는 마4:19절에 나타난 예수께서 베드로를 부르시면서 주신 말씀을 따라 선교학을 "사람을 낚는 것"으로 소개하기도 하

---

78) David Hesselgrave, *Today's Choices for Tomorrow's Mission: An Evangelical Perspective on Trends and Issues in Mission*, (Grand Rapids: Zondervan, 1988). 135: "He was the first to produce a massive (five-volume) systematic treatment of the subject"; J. H. Bavinck, *An Introduction to the Science of Missions*, (Phillipsburg: Presbyterian and Reformed Printing Co.). 1960. xiv.

79) Ibid.

였다.80) 주께서 고기 잡는 어부 베드로에게 고기보다 사람을 사랑하고 살리는 사역에 부름같이, 오늘의 선교는 그 어떤 것보다 영혼을 살리는 사역의 중요성을 여기서 볼 수 있다.

화란의 칼빈주의자 아브라함 카이퍼(Abraham Kuyper)는 선교학을 초대교회가 날마다 더하는 교회로 성장하는 "증가학"(Prosthetics)으로 소개하였다. 사도들의 복음증거로 초대교회 공동체가 하루에 삼천 명에서 오천 명으로 증가하고, 급속도로 복음전파가 확산되는 것을 연구하는 학문으로 선교학을 설명하였다(행2:41, 5:14; 11:24).

20세기 미국 풀러신학교를 설립하고 세계선교를 위한 학문적이고 전략적인 기초를 놓았던 도날드 맥가브란(Donald McGavran)은 선교학이 단순히 복음증거로 끝나는 것이 아니라, 선교지에서 복음을 전하고 그 결과 그곳에 교회가 설립되고 그리고 그 교회에서 성도들이 책임있는 사역자, 곧 예수의 제자가 되게 하고 그들로 교회가 성장하게 하는 모든 과정을 강조하였다. 그래서 그는 특별히 선교학을 "교회성장학"이라고 불렀다.81) 사실 그의 이러한 노력은 선교학을 이수한 많은 선교학도들이 실제로 선교지에서 그리고 목회현장에서 크게 효과적으로 교회성장하는 것을 통해서 그의 주장은 설득력을 가진다고 볼 수 있다.

화란의 자유대학교의 선교학 교수인 요하네스 버카일(J. Verkuyl)은 선교연구를 오늘의 표현으로 제시하여 "선교학"(Missiology)이라고 분명하게 주장하였다.82) 선교학(Missiology)라

---

80) J. I. Doedes, *Encyclopedia of Christian Theology*, 1876.
81) Donald McGavran, *Understanding Church Growth*, Grand Rapids: Zondervan, 1991.
82) J. Verkuyl, 『현대 선교신학 개론』, (최정만역), (서울: 기독교문서선교회, 1991), 15. 버카일은 자신이 이렇게 선교학(Missiology)이란 용어를 사용하는 이유에 대해 이렇게 주장하였다. 개인적으로 나는 국제적으로 용인된 '선교학'(Missiology)이란 용어를 택하겠다. 비록 그것이 '시도적 임무의 신학'과 의미에 있어서 근본적으로 차이가 없지만, 그럼에도 불구하고 관심의 초

는 말은 아직도 영어 사전에 신조어로 나타나고 있는 신생용어임에 분명하다.

선교학에 대한 다양한 학자들의 연구를 통하여, 선교학에 대한 깊은 이해를 가지게 된다. 화란의 개혁파 선교신학자 요하네스 바빙크(J. H. Bavinck)는 그의 선교학개론에서 개혁파 선교신학의 중심을 잘 포함하여 정의하고 있다. 그는 선교학이 하나님의 주권적인 역사로서 교회를 통하여 이루어지는 복음전파사역임을 강조하였다. 그는 무엇보다 선교는 하나님의 일로서 교회는 하나님의 선교를 위한 수단임을 강조한다. 바빙크에 의하면, 개혁파 선교신학의 핵심을 두 가지로 설명하였다.

첫째로, 선교학은 성경에 나타난 선교의 개념(Concept of Missions)과 또한 교회의 사역(Task of the Church)에 대해 이론적으로 연구한다. 그는 교회야말로 선교적인 의무를 지닌 실체로서 그리스도의 손에 들려진 도구이며, 전세계에 복음을 전파하는 기관임을 강조하였다. 둘째로, 바빙크는 이러한 교회의 선교가 실제로 역사 속에서 어떻게 실천되고 구현되었는가에 대해서 역사적으로 연구하는 학문이 선교학이라고 강조하였다. 결국 그의 선교학의 이론의 핵심은 먼저 교회가 받은 선교에 대한 신적인 소명과 사명에 대한 것과, 두 번째는 역사 속에서 그 소명이 어떻게 실현되어 왔는가를 연구하는 것이라고 할 수 있다.[83]

미국의 풀러신학교 알랜 티펫(Alan Tippet)의 선교학에 대한 정의는 오늘날 21세기 현대 선교학의 학문적인 발전을 한 눈에 볼 수 있게 한다. 그의 선교학에 대한 정의는 오늘의 미국 풀러 선교신

점이 일차적으로 메시지의 내용에 있는 것이 아니라, 하나님과 그의 명령에 따른 남자와 여자들의 선교활동에 있다는 것을 모든 사람에게 명확하게 해주는 것이다. 더군다나, 가능하면 우리는 언어와 용어상의 일치를 이루어가도록 해야 한다고 믿는다."
83) J. H. Bavinck, op. cit., xviii - xix.

학을 대변한다고 볼 수 있다. 알렌 티펫(Alan Tiffet)은 선교학이 먼저 선교에 대한 학문적이고 체계적인 학문임을 강조하면서 선교학의 신학교육에서의 분명한 학문적 위상을 강조하였다. 아울러 그의 선교학의 정의를 살펴보면, 선교학이 단순한 선교이론이 아니라, 신학교육에서 전반적으로 다루어지는 모든 신학적인 주제들을 두루 연구하여 그것을 선교사역에 적용하는 학문이라고 소개하고 있다. 선교학에 대해 부정적인 시각이 아직도 팽배한 상황에서, 그의 선교학의 자세한 내용과 분석을 참으로 오늘의 선교학 이해에 큰 도움을 주고도 남는다. 그의 의하면 선교학은 "기독교선교에 관한 성경적 자료, 역사, 문화인류학적 원리들과 기술, 그리고 신학적 토대에 연관되는 재료를 연구하고, 기록하고, 적용하는 학문적 훈련(academic discipline), 혹은 과학" 이다.[84]

여기서 두드러지는 강조점은 선교학이 학문적이고 체계적인 연구로서의 그 정체성과 그것을 이루기 위해 다양한 신학적인 자료들을 찾고 분석하고, 그리고 그 자료들을 해석하고 기록함으로 선교학의 학문적인 발전을 도모하는 것으로 제시하는 점이다. 특히 선교학이 다양한 신학적 기초뿐만 아니라 문화인류학에 대한 제반적인 연구의 중요성에 대해 학문적으로, 그리고 사회과학적 연구의 중요성을 제시하고 있다. 선교사로서 고향교회를 떠나서 타문화권으로 가서 복음을 전달하기 위해 반드시 준비해야하는 것이 다른 문화에 대한 참된 이해가 전제되어야만 한다는 점이다.

오늘 한국교회의 세계선교 과제는 바로 여기서 찾아야 할 것

---

84) Alan Tippet, *Missiology*, (Pasadena: William Carey Library, 1987), xiii: "Missiology is defined as the academic discipline or science which researches, records and applies data relating to the biblical origin, the history(including the use of documentary materials), the anthropological principles and techniques and the theological base of the Christian mission."

이다. 선교지 문화이해와 함께 그리고 선교지 문화의 핵심인 언어습득은 무엇보다 선교사역에서 우선적인 것으로 볼 수 있다. 필자가 오늘의 신학교 상황에서 선교학에 대한 오해는 한국민족의 특징으로서 단일민족으로서 타민족에 대한 접촉 경험의 부재와 그리고 외국어의 실천적 필요성을 느끼지 못하는 환경에서 기인했다고 진단해 본다. 우리가 타문화에 대한 기본적인 감각만 소유한다면, 선교학에 대한 보다 깊은 공감과 협력을 가질 수 있다고 본다.

바빙크의 후임으로 자유대학교에서 선교학을 가르쳤던 요하네스 버카일(Johannes Verkuyl)은 특별히 그의 현대선교신학개론에서 선교학을 삼위일체적 관점에서, 그리고 하나님의 나라의 관점에서 소개하였다. 그는 선교학을 성부 하나님, 성자 예수 그리스도, 그리고 성령의 주도하에 전 세계에 걸쳐 이뤄지는 구속적인 제반 활동들로서 하나님의 나라가 실현되도록 준비하는 것으로 정의하였다.[85]

그리고 버카일은 선교와 하나님 나라와의 긴밀한 연관관계를 강조하여 선교학을 정의하였는데, 곧 선교학이란 하나님의 나라를 점점 더 보게 만드는 것이며, 그리고 하나님의 나라라는 주제는 모든 선교사역이 일어나게 만드는 중추적인 역할을 하는 것임을 강조하였다.[86] 그는 이어서 선교학의 구체적인 주제들로서 "모든 시대의 선교학의 임무는 교회들이 그들의 명령을 이행하는 전제(Presuppositions), 동기(Motives), 구조(Structures), 방법(Methods), 협력의 방식들(Patterns of Cooperation), 그리고 리더쉽(Leadership)을 과학적이고도 비판적으로 연구하는 것이다."[87]

---

85) J. Verkuyl, *Contemporary Missiology: An Introduction*, (Grand Rapids: Eerdmans, 1978), 5. "Missiology is the study of the salvation activities of the Father, Son, and Holy Spirit throughout the world geared toward bringing the kingdom of God into existence."
86) Ibid. "Missiology is more and more coming to see the kingdom of God as the hub around which all of mission work revolves."
87) Ibid., 5.

이처럼 20세기 구미 선교학자들의 선교학에 대한 다양한 전개와 연구를 통하여 오늘날 선교에 대한 체계적이고 학문적인 정의와 학문의 주제들이 나타나게 되었다. 미국 복음주의 선교학자들(American Society of Missiology, 1973 설립)은 이러한 선교학의 학문적인 내용을 종합하여 다음과 같이 선교학의 정의를 제시하였다: "선교학이란 기독교선교의 이론과 실천에 대한 과학적이고 체계적인 연구로서 다음과 같은 주제들은 통합하고 있다. 곧 문화인류학, 타문화 전달이론, 교회일치운동, 선교역사, 비교문화연구, 전략, 타종교연구, 그리고 신학적인 연구 등이다." [88]

---

88) *Missiology: An International Review*, 1986, back cover: "Missiology, the science, is the systematic study of the theory and practice of Christian missions, combining such disciplines as anthropology, cross-cultural communication theory, ecumenics, history, intercultural studies, methodology, religious encounter and theology."

제6장
신학교육에서 선교학의 위치와 역할

1. 서론

오늘날 신학교육의 커리큘럼은 주로 성경신학, 조직신학, 역사신학, 그리고 실천신학으로 분류되어 신학교육이 이루어지고 있다. 에드워드 팔리(Edward Farley)에 의하면, 이러한 신학교육의 신학체계는 지난 18세기 후반부터 서구에서 신학교육과정으로 형성되었다고 주장한다.[89] 엘리아스 메데이로스(Elias Medeiros)는 지금도 이러한 4중적 신학체계가 유럽과 미국뿐만 아니라, 아시아, 그리고 남미 신학교에서도 받아들여지고 있다고 주장하였다.[90]

이러한 4중적 신학교육 과정에서 선교학은 어느 과정에 편성되는가에 대해 그 동안에 많은 의견이 제시되어 왔다. 신학교육에 있어서 선교학이 어떤 분명한 위치를 찾지 못하고 있었기 때문에, 선교학의 자리매김에 대해 다양한 주장들이 나왔다. 미국 현대 선교

---

89) Edward Farley, *Theologia: The Fragmentation and Unity of Theological Education*, (Philadelphia: Fortress, 1983), 49.
90) Elias dos Santos Medeiros, *Missiology as an Academic Discipline in Theological Education*, Doctoral Dissertation Reformed Theological Seminary, 1992, 12.

역사를 논하면서 윌버트 쉔크(Wilbert R. Shenk) 이렇게 말하였다. "선교학이 기독교선교에 대한 학문적인 연구로서 지난 19세기부터 소개되고 강조되어 왔지만, 아직도 미국의 신학교 커리큐럼에서 아직도 그것의 학문적인 정당한 위치를 찾지 못하고 있다."[91]

지난 교회 역사 속에서 신학교육의 범주에서 선교학의 위치에 대한 학자들의 주장을 살펴보면, 선교학의 영역으로 실천신학과 역사신학, 그리고 조직신학을 주장하였다.

첫째로, 선교학이 실천신학에 속한다고 주장한 학자들은 슐라이엘마허, 카이퍼, 그리고 바빙크 등이다. 독일 신학자 슐라이엘마허(Friedrich D. Schleiermacher)는 신학교육을 주경신학, 조직신학, 역사신학, 그리고 실천신학으로 나누면서, 선교학을 광의의 신학영역에 두어야 함을 강조하고 실천신학의 부분에 덧붙일 수 있다고 주장하였다.[92] 아브라함 카이퍼(Abraham Kuyper)와 바빙크(J. H. Bavinck)도 선교학을 실천신학의 한 부분으로 여겼으며, 특히 카이퍼(Kuyper)는 선교학을 증가학으로 정의하고 설교자들의 위한 과목으로 여기고, 증가학의 목표를 "그리스도밖에 있는 지역들과 사람들을 기독교화하는 하나님이 명하신 가장 유용한 방법들에 관한 연구"라고 밝힌다.[93]

둘째로, 선교학이 역사신학에 속한다고 주장하는 학자들은 독일의 구스타프 바르넥(Gustaf Warneck)과 미르츠(C. Mirbt), 미국

---

[91] Wilbert R. Shenk, "North American Evangelical Mission Since 1945: A Bibliographic Survey," In *Earthen Vessels: American Evangelicals and Foreign Missions, 1880-1980*, eds., Joel A. Carpenter and Wilbert R. Shenk, (Grand Rapids: Eerdmans, 1990), 319: "Missiology, the scholarly study of Christian Mission, has had an uncertain status in academia since its introduction in the nineteenth century."

[92] F. D. Schleiermacher, *Kurze Darstellung des theologischen Studiums zum Beruf einleitender Vorlesungen*, (Hildesheim: Olms, 1985), 298.

[93] Abraham Kuyper, *Encyclopaedie der heilige Godgeleerdheid*, 3 vols., (Amsterdam: J.A. Wormser, 1894), 520.

예일대의 역사가 케네스 라투렛(Kenneth S. Latourette)과 영국의 선교역사가인 존 포스터(John Foster) 등이다. 화란과 스웨덴의 신학교에서 선교학을 교회사에 편성하여 가르쳐 왔다.[94]

세 번째 선교학의 영역으로 조직신학을 주장하는 학자들 가운데, H. Diem은 선교학을 조직신학, 특히 삼위일체와 종말론의 교리에 관한 과목 내에 두어야 한다고 주장하였다.[95] 그는 마 28장의 선교명령은 종말론적 사건이므로 종말론의 교리 가운데 둘 것을 주장하였다. 사실 요하네스 바빙크의 "선교적 변증학"은[96] 타종교에 대한 개혁주의적 변증서로서 선교학의 교의학적인 기능과 역할을 보여준다고 본다.

이러한 주장들을 통해서 선교학에 대한 각국 신학교의 커리큐럼 안에서 선교학의 불안전한 위치를 보여주지만, 한편으로 선교학이 가지는 폭넓은 기능과 역할 그리고 선교학에 대한 다양한 관심과 방향을 볼 수 있다. 선교학과 타 신학과목과의 관계에서 상호 보완적인 관계가 절실하다고 보며,[97] 아울러 선교학이 신학교육에 가져다주는 장점 등을 바르게 적용하는 연구가 필요하다고 본다. J. Verkuyl은 이러한 선교학과 다른 신학과목과의 관계를 상호보완적 관계로 설명하고 있다.[98]

최근의 학자들은 선교학이 신학교육에서 가지는 핵심적인 역할을 강조하여 왔다. 앤드류 월스(A. W. Walls)는 "현대의 신학은 선교학으로 새로워질 필요가 있다. 오늘의 신학은 그 동안의 선교

---

94) Verkuyl, op., cit. 24.
95) H. Diem, "Der Ort der Mission in der systematischen Theologie," *Evangelische Missions Magazin* III, (1967), 29-42.
96) J, Bavinck, *The Church Between Temple and Mosque: A Study of the Relationship Between the Christian Faith and Other Religions*, (Grand Rapids: Eerdmans, 1983).
97) Harvie Conn, "The Missionary Task of Theology: A Love or Hate Relationship," *Missiology*, Vol. 10, No. 1, 1982, 13-14.
98) J. Verkuyl. op. cit, 9.

연구가 가져온 지식, 훈련, 기술, 자료들을 필요로 하고 있다"고 주장하였다.[99] 데이비드 보쉬(David Bosch)는 그의 『변화하는 선교』(1991)에서 현대 선교신학의 특징으로 "변화"(Paradigm shifts in theology of mission)를 들면서, 선교학이 신학교육에서 차지하는 위치를 "신학의 어머니"(The Mother of Theology)로 소개하고, "선교학의 시작은 기독교 신학의 시작"[100]이라고 주장하였다. 오늘의 선교가 교회적, 신학적 중요성으로 인하여 선교학은 활발한 연구가 이루어지고 있다고 주장한다. 현재 미국 선교신학계는 선교학을 모든 신학교의 신학들의 통합하는(Integration) 기능으로 정의하고 있다.

오늘날 선교학은 국내외의 유수한 신학교에서 선교전문대학원 형태로 운영되고 있으며, 선교학이 대내외적으로 큰 학문적인 발전을 이룩하였다. 선교학에서 다루는 학문적인 주제로 선교신학, 선교역사, 선교전략, 문화인류학, 교회성장학, 리더쉽, 평신도선교학, 그리고 타문화권상담학 등이 개설되어 그 어느 때보다 학문적인 활동을 펼치고 있다.

리폼드 신학교의 선교학 교수 메데이로스 엘리아스(Medeiros Elias)는 선교학이 신학교육에서 가지는 유익과 그 영향에 대하여 많은 연구를 다음과 같이 주장하였다.[101] 첫째로, 선교학은 먼저 선교사 지원자들에게 필요한 선교사역의 도구들과 성경적 선교전략들을 제공한다. 둘째로, 선교학은 신학교육이 전 세계를 향한 열린 교육이 되게 하여, 신학교육과 교회들이 편협주의(parochialism)과 지역주의(provincialism)를 벗어나게 만들어 준다. 셋째로, 선교학은 신

---

99) A. W. Walls, "Missiology in Contemporary Theological Education: A Factual Survey," *Mission Studies* 12, (1989),146.
100) David Bosch, *Transforming Missions*, (New York : Maryknoll, 1991), 16: "Mission theology is a beginning of theology."
101) Elias Medeiros, *Missiology as an Academic Discipline in Theological Education*, Reformed Theological Seminary, Doctoral Dissertation, 1992. 92-93.

학교육에 있어서 선교적인 안목을 가져다준다. 넷째로, 선교학은 각 지교회의 선교위원회와 선교지도자들에게 효과적인 교육을 제공한다. 다섯째, 선교학은 신학과정을 영향을 주어 통합하는 기능을 가진다. 여섯째, 선교학은 오늘의 선교 상황에서 나오는 문제에 대한 분명한 성경적 신학 이해를 준다. 마지막으로, 선교학은 변화를 통해 새로운 교회역사를 이룩하게 만들어 간다.

이처럼 선교학의 학문적인 위치와 그것이 차지하는 신학교육에서 역할을 보면, 선교학은 여러 가지로 다른 신학과목에 공헌하고 있음을 볼 수 있다. 바빙크(J. H. Bavinck)는 구속사에서 이제 마지막 구원의 완성은 선교로 가능하며, 초림과 재림 사이에 교회의 존재 목적은 선교에 있으며, 선교학은 신학교육에서 구속사에서 시대적으로 중요한 위치를 가진다고 주장하였다.[102]

2. 선교학의 역사적 발전과정

주 예수께서 승천하시면서 주신 선교명령을 따라 초대교회는 예루살렘과 온 유대와 사마리아와 땅 끝까지 복음을 전하면서 기독교선교에 대한 역사적 발전은 계속되었다고 볼 수 있다. 사도 바울 이후의 선교활동들 가운데 나타난 수없이 많은 선교사들과 그들의 저서들을 통해 선교학의 역사적인 과정을 살펴 볼 수 있다. 특히 초대교회의 선교활동의 역사는 사도행전이라고 볼 수 있다. 사도 베드로와 예루살렘교회가 총회(행 15장)를 통하여 이방인에게도 복음이 선포됨을 깨달아 알게 되었으며, 특별히 사도바울은 이방인을 위한 사도로 부름 받아(행 9:15), 그를 통하여 지중해 연안과 유럽 복음화

---

102) Bavinck, op., cit. 36: "Missions thus occupies an increasingly important place in teaching of the gospels. The full realization of the great salvation waits as it were upon that moment when the task of missions shall be brought to completion."

의 기초가 놓였음을 볼 수 있다. 그가 기록한 서신들 역시 선교학의 중요한 자료인데, 대부분이 선교지의 교회들을 위한 메시지와 선교전략, 그리고 지속적인 관심과 후원, 그리고 기도를 통한 교제를 담고 있다.

사도들 이후에 초대교회는 영지주의와 같은 이단들과 대치상황 속에서 복음 선교 사역을 감당하였으며, 교부들이 남긴 저작들은 선교학적으로 탁월한 자료들이다. 특히 순교자 져스틴(Justin Martyr)의 『변증서』와 『이단반박문』은 그 당시 이교도들에게 기독교복음 진리의 우월함을 제시하는 선교학의 자료이다. 중세 시대 토마스 아퀴나스(Thomas Aquinas)가 남긴 『이교도반박』(異敎徒 反駁, *Summa Contra Gentiles*)은 역사적으로 학자들은 그것을 선교학의 탁월한 작품으로 평가하였다. 13세기 후반에서 14세기 초반에 이슬람선교를 위해 헌신한 레이몬드 럴(Lamond Lull)은 효과적인 선교를 위해 아랍어 연구를 위한 학교를 마조르카(Majorca)에 세워 사역하였으며, 그는 무슬림선교를 위해 책을 저술하는 선교를 역설하여 무슬림인에게 학문적으로 기독교진리의 정당성을 펼칠 것을 강조하였다.[103]

종교개혁기의 스위스 제네바를 중심으로 유럽선교와 브라질선교를 감당한 존 칼빈(John Calvin)은 선교의 메시지인 하나님의 말씀을 발견하여 선교신학의 이론적 기초를 정립하였으며, 제네바를 선교센터로 전 세계선교를 위한 사역을 수행하였다. 요하네스 버카일(J. Verkuyl)은 16-17세기경에 화란 선교학자들로 하드리아누스 사라비아(Hadrianus Saravia, 1531-1613)의 『주님께서 세우신 복음전도자의 여러 분류』와 J. 유르니우스(Justus Heurnius, 1587-1651)

---

103) Stephen Neill, *A History of Christian Missions*, (London: Penguin Books, 1986), 115-117.

의 『인도를 얻는 복음의 사신』, 이 책은 성경의 선교적 기초와 선교 방법론을 소개하였으며, 그 후 세대인 윌리엄 캐리(William Carey)에게 영향력을 주었다. 그리고 G. 히스베르트 푸치우스(Gisbertus Voetius, 1589-1676)는 우트레흐트 대학 교수로서 『교회의 설립』 강의안을 남기고 있으며, 로마 가톨릭 선교문헌에 능통한 학자로 선교에 관한 논문들을 저술하였는데, 그는 선교의 세 가지 목적으로 이교도들의 개종, 교회설립, 그리고 하나님의 영광을 제시하였다.[104] 이러한 선교학은 18-19세기를 통하여 크게 발전하여 유럽과 미국교회를 통하여 발전하였다.

3. 유럽의 선교신학

유럽가운데 화란과 독일, 그리고 영국을 통하여 선교학의 역사적인 발전을 계속하여 왔다. 먼저 화란의 선교신학자로서 무엇보다 요하네스 바빙크(J. H. Bavinck, 1895-1964)를 들 수 있다. 그는 개혁파 신학자 헤르만 바빙크(Herman Bavinck)의 조카로서 일찍이 인도네시아에 있는 화란교회들을 위한 목사로 사역하였으며(1919-1926), 그 후에 힘쉬테드, 솔로, 조그자카르타 사역(1926-1939) 후에, 캄펜신학교와 자유대학교에서 선교학 교수로 사역하였다(1939-1964). 그의 『선교학개론』(*An Introduction of Science of Missions*)과 『선교적변증학』(*The Church Between Temple and Mosque*)은 오늘도 개혁주의 선교학의 교과서로 사랑받고 있다. 그는 성경적 선교신학을 강조하여 성경을 통해 선교의 이론과 전략을 찾고 선교사역을 수행하여야함을 강조한다.

바빙크는 선교학을 크게 세 가지로 나누어 설명하였다. 첫째

---

[104] J. Verkuyl, op. cit., 20-21.

로, 선교이론(The theory of missions)으로 선교의 성경적 기초와 교회와 선교의 관계에 대한 것이며, 둘째로, 선교변증학(Elentics)으로 "비기독교적인 타종교에 대한 탐지, 바른 평가와 파악은 기독교 선교의 필수로 제시하였다.105) 마지막으로 바빙크는 선교 역사(The history of missions)를 강조하면서, 선교역사의 중심은 선교사 개인의 업적이 아니라 그들을 선교의 수단으로 사용하시는 하나님께 있음을 강조하였다. 곧 역사의 의의는 특정시대에 하나님께서 사람들을 사용하신다는 데에 그 중요성이 있다는 것이다.106)

화란 자유대학교의 선교학 교수 요하네스 버카일(Johaness Verkuyl)은 『현대선교신학』(*Contemporary Missiology*)을 통해서 선교학의 주제들과 학문적인 발전 등을 제시하였다. 그 외에도 헨드릭 크레이머(H. Kraemer, 1888-1965)는 어릴 때 가정 사정으로 고아원출신이지만 국제선교위원회(IMC)지도자 올드햄(J. H. Oldham)을 만나 변화되고, 그 후에 학생운동지도자 존 모트(John R. Mott)와 교제하면서 선교지도자로 성장하였다. 그는 인도네시아에서 두 차례에 걸쳐 사역하였으며(1922-28, 1930-35), 그는 『비기독교 세계에서의 기독교 메시지』(*The Christian Message in the Non-Christian World*, 1937)와 『평신도 신학』(*A Theology of the Laity*, 1958)을 남겼다.

그리고 혹켄다이크(J. C. Hoekendijk)은 화란선교회 총무로

---

105) J. H. Bavinck, op. cit. xxi: Elentics is "the ascertainment of a view of non-Christian religions which is responsible from the biblical point of view. Such a study is so indispensible for a proper view of non-Christian religions that missionary science cannot possibly do without it. For a theory of missions is incomplete unless it can be properly evaluate non-Christian religions."
106) J. H. Bavinck, op. cit.275: "They deserve a place in the history of missions only because at a certain moment God took them in his hands and used them as instruments by which he accomplished something. The emphasis does not fall, therefore, upon what they did, but upon what God has done by their instrumentality."

우트레흐트 대학교교수로 재직하면서 『흩어지는 교회』(*The Church Inside Out*)를 통해서, 에큐메니칼의 미시오 데이(Missio Dei)의 사상인 선교의 목적을 영혼구원이 아니라 이 땅 위에 평화의 건설로 보면서, "하나님은 더 이상 교회에 역사하지 아니하고, 세상에 역사하기 때문에 신자는 선교지가 아닌 세상으로 파송되어야 한다"고 주장하였다.107) 그리고 요하네스 블라우(Johannes Blauw) 신구약 성경에 나타난 주요한 선교사상을 중심으로 『교회의 선교적 本質』(*The Missionary Nature of the Church*)을 저술하였다.

독일에서 일어난 지난 17세기 경건주의 운동은 필립 스패너(Phillip J. Spener)와 어거스트 프랑케(August H. Franke), 그리고 니콜라스 진젠돌프(Nicolaus Ludwig von Zinzendorf, 1700-1760) 등을 통한 할레대학과 모라비안 선교회의 선교활동과 저술활동은 현대선교와 교회사역에 큰 영향을 주었다.

근대 선교학의 주창자 구스타프 바르넥(Gustav Warneck, 1834-1919)은 독일 할레대학에서 선교학을 강의하였으며, 그의 강의안으로 『기독교 변증학』(1870), 『대학에서의 선교연구』(1877), 『현대선교와 문화』(1879), 『복음주의 선교학 강의』(1897-1903), 『현대선교와 문화의 대응관계, 개신교 선교 역사』(1882-1910) 등을 남겼다. 그의 『복음주의 선교학 강의』중에서 기독교는 "완전한 하나님의 최종계시이고 절대적 종교"이기 때문에 선교의 토대를 설정할 수 있다고 했다. 모든 인간들은 "죄를 범하였고 그러므로 구원이 필요하며 인간본성이 하나님을 닮았기 때문에 아직도 구속받을 여지가 있다." "오직 기독교만이 교회를 가지며 그것에게 세계선교라는 고유한 임무를 부여한다." 그리고 교회란 "모든 인간을 치유하는 기

---

107) J. C. Hoekendijk, *The Church Inside Out*, London: SCM Press, 1967.

관이다. 교회는 그 자체의 목적을 위해 선교에 참여해야 한다. 선교는 교회의 생명이다. 만일 교회가 이를 포기하면, 그 자신의 생명줄이 잘리게 되는 셈이다. 선교사들은 "민족적 관습과 태도들에 대해 마땅한 주의를 기울여야 할 것이다." [108]

발터 프라이타그(Walter Freytag, 1899-1959)는 함부르그 대학의 최초 선교학 교수로서『선교학 총론』,『세상을 위한 말씀』,『오스틴의 움부르크에서의 기독교의 발흥』등을 저술하였다. 독일에서 복음주의 입장에서 성경중심의 선교신학을 강조한 학자인 피터 바이엘 하우스(Peter Beyerhaus)는 튀빙겐 대학교수로 활동하면서, 미국의 도널드 맥가브란(Donald McGavran)과 함께 로잔 세계복음화 대회와 "프랑크푸르트 선언"을 통해 그의 보수적인 선교신학을 피력하였으며,『선교정책원론』(Mission: Which Way)과 『흔들리는 기초』(Shaken Foundation)를 저술하였다.

영국의 선교신학연구는 1792년 근대선교의 아버지로 알려진 윌리엄 캐리(William Carey)에서부터 살펴볼 수 있다. 그는 저술한 『이방인을 회심시키기 위하여 수단을 사용해야 할 신자의 의무에 관한 연구』(An Enquiry into the Obligation of the Christians to Use Means for the Conversion of the Heathen)는 선교신학에서 독특한 위치를 차지한다. 그는 거기서 마 28:16-20의 선교 대사명을 사도들에게만 국한시키는 종교개혁자들의 주장은 오류임을 지적하고, 선교의 의무는 모든 시대, 모든 교회의 사명임을 역설하였다. J. S. 데니스(J. S. Dennis)는 그의 역할에 대해 다음과 같이 주장하였다: "캐리(Carey)의 연구는 기독교 역사에서 분명한 출발점을 표시한다. 그것은 선교의 기초를 기독인들의 임무 뿐 아니라 정확한 정보, 사려

---
108) Verkuyl, op. cit. 28.

깊은 생각, 수단의 현명한 사용에 두었다."

선교역사에서 소위 삼자원리(Three-Self Formula)는 영국의 헨리 밴(Henry Venn, 1796-1873)과 미국의 루프스 앤더슨(Rufus Anderson)에 의해 나타난 것이다. 헨리 밴은 32년간 선교회 총무(Church Missionary Society)로서 1867년에 3자 원칙의 선교정책을 발표하였다. 삼자원리로서 선교지교회의 자립(self-support), 선교지 교회 지도자를 세우는 자치(self-government), 그리고 선교지 교회 스스로 전도하고 선교하는 자력확장(self-extension)이 그것이다.

영국출신 중국선교사였던 롤란드 알렌(Rolland Allen, 1868-1947)은 초대교회의 선교전략을 소개하는 그의 저서『바울의 선교전략』(*Missionary Methods: St. Paul's or Ours*, 1912)은 교권적 식민주의를 버리고 바울처럼 기독교인들에게 영적 권위를 주어 교회를 세우는 것이 그들의 책임과 소명이다. 그러므로 오늘의 선교를 위해 바울의 선교전례를 따라 되돌아가자고 주장하였다. 그의『자발적 교회 성장』(*The Spontaneous Expansion of the Church and the Causes which hinder it*, 1927)은 초대교회의 성장은 모든 지역의 교회에서 평신도에 의한 자발적 성장으로 말미암았음을 주장하였다. 그리고 후세대에 의해서 그의 강의록을 모아『성령의 사역』(*The Ministry of the Spirit*, 1960)으로 출간되었다.

레슬리 뉴비긴(Lesslie Newbigin)은 인도에서 40년 동안 선교사로서 사역한 스코틀랜드 출신의 선교학자로 인본주의로 기울어지는 서구 교회에 대해 비판적으로 분석하는 책(Foolishness to the Greeks: The Gospel and Western Culture, 1986)을 저술하였으며, 오늘의『종교다원주의 상황에서 복음 선교』(*The Gospel in a Pluralist Society*, 1989)를 통하여 복음주의 입장을 피력하였다. 패커(J. I. Packer)는『복음전도와 하나님의 주권』(*Evangelism and the Sovereignty of God*)을 통해 개혁주의 선교신학을 주장하였으며, 존 스토트(John Stott)는 『현대 기독교 선교』(*Christian Mission in Modern Word*)를 통해 선교는 복음전도와 봉사를 통해 총체적인 선교가 되고 세상의 빛과 소금으로서 교회의 구제활동을 통한 복음 선교의 중요성을 강조하였다.

4. 미국의 선교신학

현대 미국의 선교신학은 풀러(Fuller) 선교대학원을 중심으로 선교학이 학문적으로 발전하여, 시카고의 트리니티(Trinity) 신학대학원, 에즈베리(Asbury) 신학대학원, 텍사스의 사우스웨스턴(Southwestern) 신학대학원, 그리고 리폼드(Reformed) 신학대학원을 중심으로 선교학이 활발하게 펼쳐지고 있다.

미국교회가 존경하는 조나단 에드워드(Jonathan Edward, 1703-1758)는 칼빈주의적 설교자로 많은 사람들에게 선교에 헌신케 하였으며, 인디언 선교로 선교사역의 모범을 보였다. 그가 남긴 저서들은 19세기 선교사역에 많은 영향을 주었는데, 『이 땅에 신앙부흥과 그리스도 왕국의 발전을 위한 분명한 합의와 특별기도에 있어서 하나님의 백성간의 가시적 통일성을 가져오기 위한 겸손한 시도』(*A Humble Attempt to Promote Explicit Agreement and Visible Union Among God's People in Extraordinary Prayer for the Revival of Religion and the Advancement of Christ's Kingdom on Earth*), 『마지막 때에 관한 성경의 약속과 예언 연구』(*Pursuant to Scripture Promises and Prophecies concerning the Last Time*) 등이다.

영국의 헨리 밴과 함께 삼자원리를 주장한 루프스 앤더슨(Rufus Anderson, 1796-1880)은 미국해외선교회 총무로서 미국교회에 선교이론을 제공한 최초의 이론가였다. 그는 모든 시구 "선교의 근본목적은 자급, 자치, 자전하는 그리스도의 교회들로의 성장"이 되어야 한다고 주장하면서 교권적 식민주의 선교를 강하게 반대했다.

19세기 말 미국교회 청년 대학생들의 선교운동(Student Volunteer Movement)은 D. L. 무 디(D. L. Moody)와 피 어 선(A. T. Pierson)과 같은 지도자들에 의해 일어나 1886년부터 1914년까지 15000명의 학생들이 선교사로 선교지에 투입되었다. 이 운동은 1886년 헐몬산(Mt. Hermon) 집회에서, 피어선(A. T. Pierson)은 그의 『성경과 예언』(*Bible and Prophesy*)을 통해 현대선교에서 하나님의 섭리하심을 강조하며, 세계지도를 펼쳐가면서 1900년까지 중국, 한국, 일본, 아프리카를 복음화 할 수 있다고 주장하였다. 여기서 그는 "모두 가야 한다. 그리고 모두에게로 가자"(All should go, and go to all)라는 말을 남겼다. 미국 학생 선교 운동(SVM)의 슬로건은 "이 세대 안의 세계복음화 완수"(Evangelization of the World within This Generation)를 외치면서 종말론적 재림 신앙을 강조하면서 선교사역을 강조하였다.[109]

학생 선교 운동(SVM)의 존 모트(John R. Mott, 1865 - 1955)는 이 모임의 리더로 섬기면서, 20세기 미국교회 선교운동과 봉사활동에 지도자로 큰 업적을 남긴 인물이 되었다.[110] 그는 평신도 선교지도자로서 YMCA를 설립하고 SVM 운동을 위해 지도력을 발휘하였으며, 또한 선교에 관한 많은 책을 저술하였다. 그는 세계를 복음화 하는 것은 기독교회의 사명이며, 교회사에서 가장 활발했던 시대는

---

109) Dana L. Robert, *The Crisis of Missions*, 37: "For A. T. Pierson, 'the evangelization of the world in this generation' was a call for all Christians to 'harvest' or to gather in believers around the world so as to fulfill prophecy in expectation of the Second Coming."
110) John R. Mott, "The Student Missionary Uprising", *Missionary Review of the World* 12, (November 1889), 824: "On the evening of July 16, a special mass meeting was held at which Rev. Dr. A. T. Pierson gave a thrilling address on missions. He supported, by the most convicting arguments, the proposition that 'all should go and go to all.' That was the key-note which set many men to thinking and praying."

바로 평신도들이 선교 책임을 깨달았던 때였다고 강조하였다.[111]

선교역사학자로 미국 예일대학의 케네스 라투렛(K. S. Latourette, 1884-1970)은 기독교선교역사인 『기독교사』(*A History of the Expansion of Christianity*) 7권을 저술하였으며, 특히 19세기의 선교의 발전상을 평가하여 선교의 "위대한 세기"(The Great Century)로 불렀다.

도날드 맥가브란(Donald McGavran, 1897-1999)은 인도에서 선교사의 아들로 태어나 선교사로 31년간 사역하다가, 풀러 신학교를 설립하고 오늘의 현대 선교학을 이끌었다고 해도 과언이 아니다. 그는 "오늘 우리는 선교의 여명기에 살고 있다"(We stand in the sunrise of missions)고 외치면서, 선교학을 『교회성장학』이라 부르면서 복음을 전하여 제자로 세워 교회를 설립하고 성장하게 하는 선교학의 주제를 열었다. 교회 성장학의 아버지(The Father of Church Growth)로 불리는 그는 이렇게 주장한다: "기독교 선교의 핵심적인 목표는 사람들을 그리스도께로 인도하여 그들로 성장하고 배가하는 교회로 이끄는 것이다."

맥가브란의 선교전략은 "동질그룹단위"(Homogeneous Unit) 전체를 기독교에로 개종키 위해서 기존의 사회적 관계들을 충분히 연구해야 한다고 주장하였다. 동질(同質)그룹단위 전략(Homogeneous Unit Principle)은 한 부족, 도회지의 중산 계층, 인도의 카스트, 대가족, 소모임 등이 될 수 있다고 제시한다. 그에 의하면, "사람들은 기독교로 개종할 때 인종적이고 언어적인, 혹은 계

---

111) John R. Mott, *Liberating the Lay Forces of Christianity*, (New York: The Macmillan Company, 1932),1:"The most vital and fruitful periods in the history of the Christian church have been those in which layman have most vividly realized and most earnestly sought to discharge their responsibility to propagate the Christian Faith."

급적인 경계가 없을 때에 더 효과적으로 기독교인이 될 수 있다." 112)
그는 『하나님의 架橋』(*The Bridge of God*, 1955)와 『교회성장학』
(*Understanding Church Growth*, 1970)을 저술하였다. 그는 "교회성
장이란 곧, 하나님께 대한 성실성"이라고 주장하였으며, 선교학이
란 용어대신에 "교회성장"을 사용하였다. 이것은 바른 선교학을 위
해서 교회론과 교회성장 이론은 참으로 필요하고 중요한 부분인 점
을 들어내었다고 본다.

『선교에 대한 성경적 기초』를 저술한 조지 피터스(George Peters)는 성경 전체를 통하여 선교의 의미를 주장하면서, 특히 그는 선교명령 때문에 선교하는 것이 아니라, 성경 앞부분부터 나오는 하나님의 사랑의 성품 그 자체가 바로 선교의 동기가 된다고 주장하고 있다.113) 시카고 트리니티 신학교의 선교학 교수인 허버트 케인(Hebert Kane)은 지난 30여년 동안 많은 선교학의 교과서들을 저술하였는데, 예를 들면, 『선교의 성서적 기초』(*Christian Missions in Biblical Perspective*), 『기독교선교신학』(*A Global View of Christian Missions*), 『기독교선교이해』(*Understanding Christian Missions*), 『선교사의 삶과 사역』(*Life and Work on the Mission Field*), 『세계 선교 역사』(*A Concise History of the Christian World Mission*) 등이다.

미국에서 개혁주의 선교학자들 가운데, 리폼드(Reformed) 신학교의 선교학 교수들로 폴 B. 롱(Paul B. Long)은 아프리카와 브라질에서 선교사역을 한 후에 신학교에서 오래 동안 후학을 가르쳤으며, 『가죽 모자를 쓴 사람』(*The Man in the Leather Hat*)을[114] 통해

---

112) Donald McGavran, *Understanding Church Growth*, Grand Rapids: Eerdmans, 1990, x: "People like to become Christians without crossing racial, linguistic, or class barriers."
113) George Peters, *A Biblical Theology of Missions*, Chicago: Moody Press, 1972.
114) Paul B. Long, *The Man in the Leather Hat and Other Stories*, (Grand Rapids: Baker, 1986).

그의 선교현장의 생생한 선교사로서 경험을 기술하였다. 리폼드 선교학의 또 한 명의 교수로 윌버트 노튼 (Willbert Norton)은 아프리카 나이지리아에서 선교사로 오랫동안 사역하였으며 시카고 트리니티 신학교와 리폼드 신학교에서 교수사역을 하면서, 제임스 엥겔(James F. Engel)과 함께 『선교현장의 문제들』을 저술하였다.[115]

미국 개혁파 선교학 교수가운데 하비 콘(Harvie M. Conn)은 한국에서 10여년 이상 선교사로 활동하였고, 선교사로 총신대학교에서 교수로 강의하며 한국어 세 권의 교과서[116]를 저술할 정도로 한국어에 능통하였으며, 미국으로 귀환 후에 필라델피아 웨스트민스터 신학교에서 선교학교수로 개혁파 선교신학의 분명한 선교이론을 전개하였다. 그가 남긴 선교학 저서로는 『영원한 말씀과 변화하는 세계』,[117] 『복음전도와 사회 정의』,[118] 『해방신학이해』,[119] 그리고 『평신도선교』에 관한 논문들이[120] 있다. 그는 개혁주의 선교신학을 전개하면서 복음전도와 구제활동, 그리고 사회정의의 균형 강조하였다. 그는 미국 칼빈 신학교 선교학 교수인 그린웨이(Roger S. Greenway)와 함께 도시선교(Urban Mission)에 대한 선교전략을 추구하였다.

지금까지 역사적으로 선교학의 발전과정을 살펴보면서 유럽과 미국의 선교신학과 신학자들의 저서들을 살펴보았다. 그 외에

---

115) H. Wilbert Norton and James F. Engel, *What's Gone Wrong With the Harvest?: A Communication Strategy for The Church and World Evangelism*, (Grand Rapids: Zondervan, 1975).
116) 하비 콘 교수는 한국에서 선교사로서 총신대학에서 교수사역을 하면서, 『다니엘서의 메시야 예언』, (개혁주의신행협회, 1970)과 『현대신학해설』, (서울: 개혁주의신행협회, 1984) 그리고 『신약학서설』, (서울: 총신대출판부, 1990)을 한국어로 저술하였다.
117) Harvie M. Conn, *Eternal Word and Changing Worlds*, Grand Rapids: Zondervan, 1984.
118) Harvie M. Conn, *Evangelism: Doing Justice and Preaching Grace*, Phillipsburg: Presbyterian and Reformed, 1982.
119) Harvie M. Conn, 『해방신학연구』, (홍지모역), (서울: 성광문화사, 1990).
120) Harvie M. Conn, *Training Membership for Missions*, RES Mission Conference, 1976.

도 남미 선교학자들로서 에밀레오 카스트로(Emilio Castro)와 올란도 코스타스(Orlando Costas), 그리고 르네 파디야 (Rene Padilla)가 있으며, 아프리카 선교학자들 가운데 데이비드 보쉬(David Bosch)는 왕성한 저술활동을 펼치면서, 『선교신학』(*Witness to the World*, 1980)과 『변화하고 있는 선교』(*Transforming Mission*, 1991), 그리고 미국의 "선교학"(Missiology) 저널과 함께 또 하나의 선교 신학논문집인 "미션넬리아"(Missionalia)를 1973년 창간하여 이끌었다.

5. 결론

21세기 한국교회의 세계선교 사역을 효과적으로 감당하기 위해 본 장은 그 동안에 선교학에 대한 역사적 발전과정을 살펴보았다. 세계선교의 선두주자로 자리 잡은 한국교회의 선교 역량을 배가시키기 위해 기존의 신학교육 체제에서 선교학에 대한 바른 이해가 선행되어야 한다.

오늘을 선교학의 시대라고 말하기도 한다. 1910년 에딘버러 세계선교대회를 필두로 1921년 세계선교협의회(International Missionary Council)의 발족과 그리고 20세기 중반기에 나타난 선교를 위한 세계교회의 연합운동으로 나타난 세계교회협의회(World Council of Churches), 그리고 1970년대에 시작된 로쟌 세계 선교 대회 등을 통하여 전세계교회가 선교에 관심을 가지게 되었던 것이다.

오늘의 글로벌 시대에 합당한 신학교육은 선교학을 통하여, 국제적인 안목을 지닌 교회지도자를 양육하고 신학교육이 편협한 지역주의에 사로잡히지 않게 하여야 할 것이다. 참으로 선교학은 오늘의 변화하는 환경 속에서 신학생으로 하여금 전 세계를 사역지로 삼고 준비하게 만드는 과목이라고 할 수 있다고 본다. 이런 점에서 오늘의 신학교육에 있어서 이러한 선교학의 위치와 그 중요성에 대한 바른 인식이 요청된다고 본다. 21세기 신학교육에 선교학을 통한 풍성한 선교사역의 열매를 기대한다.

제7장
선교하는 교회

1. 서론(序論)

　　오늘날 한국교회의 부흥은 세계 선교 역사에 그 유례를 찾을 수 없을 만큼 대단한 성과였으며, 아울러 교회의 부흥과 함께 최근에는 한국교회가 세계 선교에 대한 큰 관심을 가지고 많은 노력을 활발하게 전개하고 있다. 21세기 선교의 실질적인 리더로서, 더욱 효과적인 선교를 위해서, 선교에 대한 구체적인 준비와 연구가 필연적이다. 그러나 현대 한국교회에서 일어나는 선교의 현상들을 살펴보면, 안타까운 모습들이 한 두 가지가 아니다. 선교가 마치 교회 체면치레로서 대외 홍보용으로 둔갑한 듯이 나타나기도 하고, 또한 교회간의 외형적 경쟁을 위해서 선교가 시행되기도 한다. 사실 대다수의 교회 평신도들은 선교에 대한 지식과 시각이 부족한 것이 사실이며, 자신들의 선교적 소명을 바로 깨닫지 못하고 있는 실정이다.

　　그러므로 한국교회는 21세기의 효과적인 선교를 위해서 참된 교회론에 대한 바른 이해가 절실하다. 이 논문에서 필자는 교회의 지금보다 활동적인 선교 사역을 위해서 교회와 선교와의 관계를 살펴보고자 한다. 필자는 오늘날의 한국교회의 선교 활동에 새로운 활력소를 불어넣고, 모든 교회가 참다운 선교의 소명을 다하게 하려면, 먼저 모든 교회의 성도들이 교회가 무엇인지에 대한 바른 이해를 필요로 한다고 본다. 그 이유로써, 필자는 현대의 변화 많은 세상 속에서 온전한 선교는 교회가 가지는 선교적 본질에 대한 바른 이해가 있을 때만이 가능하다고 보기 때문이다.

필자는 본 장에서, 먼저 개혁주의 교회론을 논함으로써 오늘 교회현장에서 온전히 들어 나지 않고 있는 교회의 참 모습을 강조하고, 둘째로 교회와 선교의 관계를 살피고, 선교가 교회의 핵심적 본질임을 밝혀 현대 교회로 하여금 지금보다 적극적인 선교적 소명 의식을 갖추어야 함을 나타내고자 한다. 셋째로, 성경적인 교회론을 통해 오늘 필요한 교회의 모습을 재조명하고, 마지막으로 교회와 교회밖 운동(Para-Church Movements)과의 상관관계를 살피면서 교회가 이 지상에서 가지는 아름다운 위치와 역할로서 선교의 중요성을 강조코자 한다.[121]

2. 교회(敎會)란 무엇인가?

20세기는 그 어느 때보다도 교회론에 대한 신학적 강조가 크게 나타났던 것이 사실이다. 신학의 여러 부분에서 종교개혁 이후

---

[121] 교회와 선교와의 관계에 대한 연구는 주로 다음과 같은 학자들의 연구들을 통하여 발전해 왔 다. Johannes Blauw, *The Missionary Nature of the Church,* (New York: McGraw-Hill, 1963). Paul Minear, *Images of the Church in the New Testament,* (Philadelphia: Westminster Press, 1960). Hans Kung, *The Church,* (London: Burns & Oates, 1967). Edmund P. Clowney, *The Biblical Doctrine of the Church,* (Nutely: Presbyterian and Reformed Publishing Co., 1979). Charles Van Engen, *The Growth of the True Church: An Analysis of the Ecclesiology of Church Growth Theory,* (Amsterdam: Rodopi, 1981). John R. W. Stott, One People, (Downers Grove: InterVarsity Press, 1982). Charles Van Engen, *God's Missionary People,* (Grand Rapids: Baker Book House, 1991).

19세기까지는 주로 조직신학적 연구가 주도적이었으나, 20세기 전반기에 와서, 성경신학의 발흥이 있었고, 현대 교회는 "교회로 교회되게 하라"는 한결같은 목소리를 높이면서 혼탁해진 교회관 정립의 중요성과 필요성을 강조해 왔다.

    금세기는 여러 국제선교대회 등을 통해서 세상에서 교회의 참된 모습을 추구하여, 교회론의 많은 발전을 이루었다. 곧, 에딘버러 국제선교대회(International Missionary Council: IMC, 1910), 예루살렘 선교대회(1928), 마드라스 대회 (1938), 휘트비 대회(1947), 윌링겐 대회(1952), 그리고 가나 대회(1958)가 열렸으며, 1961년부터는 국제선교대회(IMC)가 WCC(World Councils of Churches)와 통합하여 모이기 시작하였다.[122] 전호진 교수는 20세기를 이러한 에큐메니칼이 주도한 선교적 교회론의 시대로 불렀으며, 에큐메니칼 운동은 교회의 다른 면보다 사명에 중점을 두어 목회와 선교에 발전을 가져왔고, 아울러 그들은 정적인 교회관이 아니라 능동적이고 개방적이고 동적인 교회관을 가진 것으로 주장했다.[123]

    20 세기는 이러한 에큐메니칼의 선교적 교회론에 자극을 받은 복음주의 교회는 연합하여 교회론과 교회의 선교적 소명을 강조하였는데, 곧, 베를린 국제복음화대회(1966), 로잔 세계복음화대회 I(Lausanne Congress on the World Evangelization)(1974), 그리고 제2차 로잔 세계복음화대회 II(1989)를 필리핀 마닐라에서 개최하였으며, 제3차 로잔대회는 남아공에서 2010년에 열렸으며, 복음주의적 선교론을 활발히 전개하였다.[124] 금세기에 들면서 이러한 전세계

---

122) 참고: Arthur P. Johnston, *The Battle for World Evangelization*, Chicago: Moody Press, 1979.
123) 전 호진,『한국교회와 선교』, (서울: 정음출판사, 1984), 129.
124) 참고: J. D. Douglas, ed., *Let the Earth Hear His Voice*, (Minneapolis: Worldwide Co., 1975); J. D. Douglas, ed., *Proclaim until He Comes*, (Minneapolis: Worldwide Co., 1990); Arthur P. Johnston,『세계복음화를 위한 투쟁』, 임홍빈 역, (서울: 성광문화사, 1989).

교회의 선교에 대한 관심과 열정에 비추어 볼 때, 한국교회는 어떤 관심을 가지고 교회와 선교에 임하였는지 살펴보아야 한다. 사실, 아직도 한국교회는 선교에 대하여 교회적 관심이 부족한 실정이고, 목회자를 배출해 내는 국내 유수의 신학교의 커리큘럼에서조차도 선교학이 그 자리를 못 찾고 있는 실정이다.[125] 만일 선교가 단지 선교지에 나가 사역하는 선교사들만의 의무만으로 알고, 본국에 있는 교회들이 그들의 선교활동과는 상관이 없는 듯이 여긴다면, 이것은 얼마나 전세계교회에 비추어 볼 때 시대착오적인 것이요, 또한 주님의 지상 명령을 온전히 성취하는데 오히려 방해물이 될 수밖에 없다.

오늘날 한국교회에서 일어나는 여러 문제의 원인은 교회론에 대한 무지에서 비롯되는 것들이 많다. 우리 주위에서 자주 일어나는 교회 분쟁들 때문에, 사회의 교회에 대한 사람들의 불신이 높아가고, 심지어 교회 내의 성도들까지도 교회에 대한 갈등을 겪고 있는 실정이다. "나에게 있어서 교회는 어떤 존재인가?"를 자문할 때, 과연 우리 각자는 어떤 답을 할 수 있을까? 그러므로 변화무쌍한 현대 세상에서 그 무엇보다도 참다운 교회관을 정립함이 시급한 과제이다.

교회란 무엇인가? 칼빈은 『기독교강요』(Institute of the Christian Religion) 제4권에서 "보이는 교회"(Visible Church)와 "보이지 않는 교회"(Invisible Church)로 설명하면서 로마 교회와는 전혀 다른 성경적 교회관을 제시하였다.[126] 특히 칼빈은 불가시적교회(不可視的 敎會)는 사람들의 눈에는 보이지 않지만 참교회의 모습이라

---

125) 선교학이 전세계적으로 각 신학교에서 커리큘럼상 정규 과목으로 1950년 후부터 정립되기 시작했지만, 아직 온전한 자리를 찾지 못한 실정이다. 참고: Wilbert R. Shenk, "North American Evangelical Mission since 1945: A Bibliographic Survey," In *Earthen Vessels: American Evangelicals and foreign missions, 1880-1980*, eds. Joel A. Carpenter and Wilbert R. Shenk, (Grand Rapids: Eerdmans, 1990), 317-34. "Missiology, the scholarly study of the Christian Mission, has had an uncertain status in academia since its introduction in the nineteenth century" (319).

126) John Calvin, *Institutes of the Christian Religion*, (Philadelphia: Westminster, 1979), IV, I, 7-9.

하면서, 하나님이 보시는 우주적 교회의 속성을 제시하였다. 칼빈은 보이는 교회(Visible Church)란 "그리스도안에 있는 한 하나님을 예배할 것을 공언하며 세례에 의해 이 신앙에 가입되며, 성만찬에 참여함으로서 교리와 자선에서의 자신들의 일치를 입증하며 하나님의 말씀에 동의하며 그 말씀을 전파하기 위하여 그리스도에 의해 정해진 사역을 유지하는, 세계에 흩어진 사람들의 무리들이다"라고 정의하였다.[127]

웨스트민스터 신앙고백서에서도 가견교회와 불가견교회를 잘 설명하였는데, 땅에 있는 지역교회는 불완전한 교회요 전투적인 모습으로, 그리고 천상 교회는 완전한 교회로서 승리한 교회의 모습임을 명문화하고 있다.[128] 이런 개혁주의 교회론의 관점에서 볼 때, 로마 가톨릭(Roman Catholic) 교회가 주장하는 교황을 교회의 정점으로 삼고, 로마교회를 하나님의 나라 그 자체라 동일시하여 그들만이 유일한 교회로 주장하는 것은 오류임이 드러난다.[129]

교회관을 바로 알려면, 무엇보다 성경에 나타난 교회의 모습을 살펴보아야 한다. 성경은 모든 부분에서 교훈과 신앙의 표준이며, 여기서 참된 진리를 찾을 수 있기 때문이다.

첫째로, 성경은 교회를 그리스도 안에서 부름 받은 "하나님의 백성"으로 정의하고 있다(고전 1:1-2; 엡 2:19; 요 1:12-13; 골 1:13; 벧전 2:9). 곧, 교회는 세상으로부터 하나님의 부름을 받은 하나님의 백성들이며, 전 신자의 교제이다.

"하나님의 백성"으로서의 교회의 의미가 중세교회 역사 속에

---

127) John Calvin, IV, 1, 7.
128) 참조: 『웨스트민스터 신앙고백』, 25장 5절. "불가견적인 공동적 또는 보편적 교회는 그 머리이신 그리스도 아래에 하나로 모여진, 모인, 모여질 선택받은 자의 전체수로 구성되고 있으며 또한 그 교회는 만물을 충만케 하시는 자의 배우자요 몸이요 충만이다"
129) 참고, Charles Van Engen, *God's Missionary People*, (Grand Rapids: Baker Book House, 1991).

나타났던 엄격한 계급적 교직제도에 의해서 약화되어서 거의 사라지다시피 했으나, 16세기 종교개혁가들에 의해서 이것이 재발견되면서 오늘날의 개신교의 교회론 정립에 확실한 역할을 하고 있다. 곧 "교회의 근본이 계급이나 제도로서 존재하는 것이 아니라, 공동체로서의 하나님의 백성으로 존재한다"[130)는 사실이 강조되었던 것이다.

최근에는 로마 교회의 교회관에서도 제2차 바티칸회의(Vatican II; 1962-1965)를 통하여 그들이 가졌던 엄격한 계급 구조적 교회관에다 "하나님의 백성"으로서의 교회관을 수용하게 되면서 자신들의 교회관의 변화를 가져오게 되었다.[131) 사도 베드로는 벧전 2:9에서 교회를 "택하신 족속," "왕 같은 제사장," "거룩한 나라," "하나님의 소유된 백성" 등으로 정의하고(cf. 출 19:5-6; 사 43:21; 고후 6:16), 교회가 가져야 할 사명이 이 세상에서 하나님의 복음을 선포하는 것이라고 명시했다.[132) 여기서 베드로는 성경적 교회의 정체성에 대해서, 그리고 교회가 갖는 사역과 책임은 무엇인가를 밝히고 있다. 1991년에 풀러신학교 선교학 교수 찰스 벤 엥겐(Charles Van Engen)은 지역교회를 "하나님의 선교적 백성"(God's Missionary People)이라 부르고, 지역교회가 가지는 중요한 선교적 소명을 부각시켜 주었다.[133)

둘째로, 성경은 교회를 그리스도의 몸으로 정의한다(cf.롬 12:3-5; 고전 12:27; 엡 1:23; 골 1:18). 이것은 교회의 연합을 강조하는 표현으로 교회가 그 영광스러운 머리인 예수 그리스도와의 생생한 관계에 있다는 것을 강조한다. 또한 이 표현은 몸이 가지는 유기

---

130) Ibid., 105.
131) 참고: Austin P. Flannery, *Documents of Vatican II*, (Grand Rapids: Eerdmans, 1975), 15.
132) 참고: Seong Uck Kim, A Missiological Study of the Laity from the Contemporary Protestant Perspective, Doctoral Dissertation, Reformed Theological Seminary, 61-90.
133) Charles Van Engen, 『모이는 교회 흩어지는 교회』, 임윤택 역, (서울: 두란노서원, 1995).

적 특성처럼 교회가 가지는 유기적인 모습을 설명하여 모든 신자의 상호의존적 관계를 나타내면서, 아울러 모든 성도들은 서로 서로에 대한 지체의식(肢體意識)을 가지고 있음을 표현한 것이다. 사도 바울은 교회의 구성원 모두가 서로 서로를 필요로 하며, 모두가 주님의 몸을 이루는데 있어서, 요긴한 역할과 책임을 가지고 있다고 설명한다.[134] 이러한 성경적 진리는 교회의 모든 성도로 하여금 활발한 참여와 봉사를 가능하게 하는 진리이다.

또한 그리스도의 몸인 교회는 각 교회의 지체들이 주 예수께 받은 서로 다른 은사들을 사용함으로 온전한 그리스도의 몸을 세우고 있다는 교훈이다(고전 12:24-25; 엡 4:11-16). 그리스도의 몸으로서 교회는 각 지체들이 교회의 모든 사역에서 중요한 역할을 감당하는 사실을 알게 해주는 표현이다(엡4:11-12).[135] 이런 은사적 공동체로서의 교회는 다른 형제들을 섬기기 위한 소명의 성격을 가진다.

만일 은사가 교회 전체의 덕을 세우고 그리스도의 교회를 세워 나가는데 사용되지 아니하고, 단지 개인의 사적인 목적을 위해 사용하거나, 또는 경쟁적으로 사역하는 것은 은사를 주신 성령의 의도를 불순종하는 것이 됨을 알아야 한다. "무엇보다도 열심히 서로 사랑할지니 사랑은 허다한 죄를 덮느니라 서로 대접하기를 원망 없이 하고 각각 은사를 받은 대로 하나님의 각양 은혜를 맡은 선한 청

---

[134] "몸은 하나인데 많은 지체가 있고 몸의 지체가 많으나 한 몸임과 같이 그리스도도 그러하니라... 몸은 한 지체뿐 아니요 여럿이니 만일 발이 이르되 나는 손이 아니니 몸에 붙지 아니하였다 할지라도 이로 인하여 몸에 붙지 아니한 것이 아니요... 만일 온 몸이 눈이면 듣는 곳은 어디며 온 몸이 듣는 곳이면 냄새맡는 곳은 어디뇨 그러나 이제 하나님이 그 원하시는 대로 지체를 각각 몸에 두셨으니... 눈이 손더러 내가 너를 쓸데없다 하거나 또한 머리가 발더러 내가 너를 쓸데없다 하거나 하지 못하리라 이뿐 아니라 몸의 더 약하게 보이는 지체가 도리어 요긴하고 우리가 몸의 덜 귀히 여기는 그것들을 더욱 귀한 것들로 입혀 주며 우리의 아름답지 못한 지체는 더욱 아름다운 것을 얻고... 만일 한 지체가 고통을 받으면 모든 지체도 함께 고통을 받고 한 지체가 영광을 얻으면 모든 지체도 함께 즐거워하나니 너희는 그리스도의 몸이요 지체의 각 부분이라(고전 12:12-27).
[135] Seong-Uck Kim, op. cit., 66-76.

지기 같이 서로 봉사하라"(벧전 4:8-10).

21세기 현대 교회는 지체들의 다양한 은사에 대한 중요성을 인식하고 있으며, 기존의 목회자 중심적 사역이 아니라, 목회자와 함께 교회의 99퍼센트를 차지하는 평신도의 다양한 사역을 돕는 경향으로 교회목회를 이끌려고 하고 있다.[136] 이러한 그리스도의 몸으로서의 교회의 모습은 오늘날 변화를 요청하는 한국교회에 생명력을 불어넣을 수 있다고 본다. 오늘날의 한국교회는 그 어느 때보다도 이기주의와 세속주의의 영향으로 말미암아, 그리스도의 몸으로서의 서로 간의 참된 유대의식이 부족한 형편인데, 이러한 성경적 교회 모습은 참 교회관을 회복시키는데 많은 공헌을 하리라 본다.

셋째로, 성경은 교회를 성령(聖靈)의 전(展)(엡 2:21-22; 고전 3:16; 6:19)으로 표현했다. 엡 2:21-22에서 바울은 신자들이 서로 연합하여 "주 예수 안에서 성전"이 되어가라고 언급하고 있으며 또한 "하나님이 성령으로 거하실 집"으로 함께 지어진다고 언급하고 있다. 그리고 그리스도인들은 육체대로 살지 않고 성령을 좇아 사는 새로운 피조물로서(고후 5:17), 성도는 누구나 성령으로 채움을 입은 성령의 사람이다.

고전 3:16에서 사도 바울은 고린도 교회를 "하나님의 성전"으로 부르고 있다: "너희가 하나님의 성전인 것과 하나님의 성령이 너희 안에 거하시는 것을 알지 못하느냐." 곧, 교회는 성령께서 주관하시며, 다스리시는 성령의 공동체로서 그 존재의 독특함을 증거한다. 바울은 교회는 성령 안에서 하나가 되어야 한다는 교회의 유

---

136) 참고: Hendrick Kraemer, *A Theology of the Laity*, (Philadelphia: Westminster Press, 1958); John Stott, *One People*, (Downers Grove: InterVarsity, 1982); Paul Stevens, *Liberating the Laity: Equipping all the Saints for Ministry*, (Downers Grove: InterVarsity Press, 1983); Seong Uck Kim, A Missiological Study of the Laity from Contemporary Protestant Perspective, Doctoral Dissertation, Reformed Theological Seminary, 1995.

일성(Unity)을 강조했다: "몸이 하나이요 성령이 하나이니 이와 같이 너희가 부르심의 한 소망 안에서 부르심을 입었느니라 주도 하나이요 믿음도 하나이요 세례도 하나이요"(엡 4:2-3). 그러므로 성령으로 충만한 그리스도인은 교직제도 안의 소수의 사람들뿐만 아니라, 누구나 하나님을 섬기는 제사장이 되어 산 제사를 드리며, 교회 형제들과 세상의 이웃을 위해 봉사하는 거룩한 제사장들인데, 그들의 모임이 바로 교회인 것이다(계 1:5). 이러한 성령의 내주(內住)는 교회에게 높은 성격을 부여하는 것이다.

이상에서 살펴 본 교회는 여러 가지 속성을 가지고 있음을 알 수 있다. 곧, 교회는 하나님의 백성들의 모임이요, 성도는 서로 서로에게 지체로서 유기적인 상호의존관계를 가지면서, 그리스도를 영광스러운 머리로 하는 그리스도의 몸이요, 그리고 성령의 공동체로서 교회는 오늘 우리에게 교회에 대한 성경적 기초를 보여준다고 하겠다. 찰스 벤 엔겐(Charles Van Engen)은 다음과 같이 교회에 대한 성도의 고백을 설명한다.

> "우리가 신앙을 고백할 때 '하나이며 거룩하고 보편적인 교회와 성도가 교통함을' 고백하는 것은 우리 자신을 철저하게 하나님의 선교에 헌신하고, 이 세상에서 선교하는 교회로, 선교하는 하나님의 백성으로 살아갈 것을 고백하는 것이다." [137]

3. 교회와 선교

이제 교회와 선교의 관계를 이해하기 위해서, 먼저 교회의 사도적(使徒的) 속성에 대해 자세히 살펴볼 필요가 있다. 요 20:21에

---

137) Charles Van Engen, op. cit. 57.

예수께서 "아버지께서 나를 보내신 것같이 나도 너희를 보내노라"의 말씀처럼, 선교란 하나님께서 그리스도를 구속 사역을 위해 보내심과 같이, 우리도 하나님의 보내심을 받아 사역을 감당하는 것이다. 선교는 우리를 전파하는 것이 아니라, 우리를 보내신 하나님의 복음을 전파하는 것이다(고후 4:4). 엡 2:20: "너희는 사도들과 선지자들의 터위에 세우심을 입은 자라. 그리스도 예수께서 친히 모퉁이 돌이 되셨느니라." 에서 교회는 사도적 속성을 지니고 있는 것을 알 수 있다.

교회의 사도성(使徒性)은 교회의 본질에 속하기 때문에, 오늘날 참 교회는 바로 성경에 나타난 사도적 속성에 일치하는 교회이다. 그러나 성경의 사도직(使徒職)은 독특한 것이어서 반복될 수 없으며, 따라서 가톨릭 교회의 사도직의 계속성의 주장은 오류임이 분명하다. 개혁주의 교회는 성경의 진리인 교회의 사도성이 오직 개인이 아닌 전(全) 교회(敎會)가 그 계승자임을 주장한다. 한스 큉(Hans Kung)은 누가 사도의 계승자가 되는가에 대해서 분명하게 대답한다.

"오직 한 가지의 기본적인 대답이 있는데 그것은 교회라는 것이다. 소수의 개인이 아닌 전체 교회가 그 계승자이다. 결국 우리는 사도적 교회를 고백하는 사람들이다… 이 계승은 단지 역사적인 의미만 아니라 본질적인 의미로 이해되지 아니하면 안 된다. 그 속에는 참된 내적 연속성이 존재하고 있음이 분명하다. 이 연속성은 교회가 독자적으로 만들어 낼 수 있는 것이 아니다. 그것은 사도들과 그들의 사도적 증거를 충만하게 하셨고 지금도 사도들을 순종할 수 있도록 교회를 감동하시고 격려하시는 삼위 하나님의 성령께서 교회에 허락하

시는 것이다." 138)

그리고 교회가 그 사도성을 계승하는 방법으로써, 첫째로, 사도들의 교훈을 계승하는 것인데, 곧 바른 신앙고백을 지키고 전수하는 일이요, 둘째로, 교회가 사도의 사역을 계승하는 것은 복음 전파를 통해서 가능하다고 주장한다. 여기서 우리는 교회가 지니는 선교의 당위성을 확실하게 볼 수 있다. 셋째로, 교회가 이러한 사도적 사역으로서 복음 전파를 온전히 감당키 위해서는, 오직 성령의 역사로만이 가능하다는 것이다(요 15:26-27; 행 1:8). 139)

요약하면, 교회와 선교와의 관계는 교회가 가지는 사도적 속성을 통해 강조되었음을 알 수 있다. 신약의 초대 교회는 이러한 사도적 속성을 잘 실천하여, 첫 날부터 성령 안에서 복음 증거하는 공동체로, 바른 신앙을 고백하는 교회요, 복음을 전파하는 교회, 그리고 찬양하는 교회로서 존재했다. 사도적 사명은 땅 끝까지 모든 사람들을 다 포용하는 일이기 때문에, 아직 끝나지 않고 있다. 그러므로 현대 교회는 교회의 존재 자체를 성경적으로 결정하는 본질적인 사명으로서 사도적 속성을 바로 이해함으로 교회가 지니는 선교적 소명을 활발하게 성취할 수 있다.

4. 선교적 교회론

교회의 사도적 속성에 대한 바른 이해 속에서, 우리는 교회의 선교에 대한 소명을 찾을 수 있으며, 아울러 이것이야말로 현대 교회의 선교에 대한 합당한 기초라는 사실을 확신한다. 여기서 우리는 오늘날 부흥하는 교회의 모델이 선교하는 교회이기 때문에 교회가

---

138) Hans Kung, *The Church*, (New York: Sheed and Ward, 1967), 457.
139) Ibid., 457.

선교를 힘쓰는 것이 아니라, 선교는 교회가 갖는 본질적 속성 그 자체이기에 그렇다는 사실을 알 수 있다.

교회의 선교적 속성에 대하여, 개혁주의 선교학자 해리 보어(Harry R. Boer)는 『오순절과 선교』(Pentecost and Mission)에서 "교회는 본질적으로 선교하는 교회이다(The Church is Missionary church)"고 강조했다.[140] 에밀 브루너는 "마치 불이 타고 있는 한 불이 존재하듯이, 교회는 선교함으로 존재 한다"(The Church exists by mission as fire exists by burning)[141]고 주장하면서, 선교하지 않는 교회는 이미 교회가 아니라고 표현하여 교회와 선교의 상관관계를 실감 있게 표현했다.

찰스 벤 엔겐(Charles Van Engen)은 그의 『모이는 교회 흩어지는 교회』(God's missionary people)에서 교회의 선교적 속성을 강조하여, "선교는 교회의 선택이 아닌 필수"요, "선교는 교회의 본질에서 분리된 것이거나 첨가된 것이 아니고, 교회의 핵심적 본질이며, 그렇지 않는 교회는 실제로 교회가 아니다"고 설명했다.[142]

조하네스 블라우(Johannes Blauw)는 그의 명저 『교회의 선교적 본질』(The Missionary nature of the Church)에서 "세상에 보냄을 받지 않는 교회는 교회가 아니고, 그리스도의 교회가 하는 선교가 아니면 선교가 아니다"(There is no other Church than the Church sent into the world, and there is no other mission than that of the Church of Christ).[143] 존 스토트(John R. W. Stott)는 교회를 바로 이

---

140) Harry R. Boer, Pentecost and Mission, (Grand Rapids: Eerdmans, 1961).
141) Ralph G. Turnbull, ed., Baker's Dictionary of Practical Theology, (Grand Rapids: Baker Book House, 1969),171. Quoted in Charles Van Engen, God's Missionary People: Rethinking the Purpose of the Local Church, (Grand Rapids: Baker Book House, 1991), 27.
142) Charles Van Engen, op. cit., 30.
143) Johannes Blauw, The Missionary Nature of the Church: A Survey of the Biblical Theology of Mission, (Grand Rapids: Eerdmans, 1974), 121.

해하려면, "반드시 선교적이면서 동시에 종말론적이라는 관점으로 보지 않고는 이해할 수 없다"(The Church cannot be understood rightly except in a perspective which is at once missionary and eschatological)[144]고 교회의 선교적 속성을 강조했다.

H. 벌콥(H. Berkhof)은 세상에서 교회가 가지는 분명한 역할들을 다음과 같이 표현했다. "교회는 그리스도와 인간 사이에 놓인 커다란 간격을 메울 수 있어야 한다… 세상을 구원하는 성령의 역사 가운데 교회는 임시 대합실과도 같고 새로운 출발점과도 같다… 그러므로 교회는 그리스도와 세상 사이에 있으며 동시에 서로를 연결시키는 위치에 있다"(She [the church] must bridge the gap between Christ and man… In the movement of the Spirit to the world, the church as the provisional terminal is at the same time a new starting-point… The church thus stands between Christ and the world, being as it were equally related to both)고 주장한다.[145]

요약하면, 교회와 선교와의 관계를 통해 매우 선명한 교회의 선교적 소명을 확신할 수 있다. 레슬리 뉴비긴(Lesslie Newbigin)은 교회와 선교와 관계를 다음과 같이 주장했다. "선교하지 않는 교회는 본질을 잃어버린 교회"요, "아울러 교회없는 선교는 선교하지 않는 교회처럼 괴물같은 기형아"일 뿐이라고 단언했다 (A church which has ceased to be a mission has lost the essential character of a church)An unchurchly mission is as much a monstrosity as an unmissionary church".[146] 그러므로 우리는 교회와 선교는 서로

---

144) John Stott, op. cit., 17.
145) Hendrikus Berkhof, *Christian Faith: An Introduction to the Study of the Faith*, (Grand Rapids: Eerdmans, 1979), 345-347.
146) J. E. Nesslie Newbigin, *The Household of God: Lectures on the Nature of the Church*, (New York: Friendship, 1954), 169-170.

를 바로 이해하는데 있어서, 필수적임을 알 수 있다. 찰스 벤 엔겐 (Charles Van Engen)은 "교회의 본질을 이해하지 못하고는 선교를 이해할 수 없고, 교회의 선교를 간과하고서는 선교를 이해할 수 없다"고 강조한다.[147]

5. 교회와 선교회(Para-Church)의 관계

한국교회의 성장 이유를 연구하는 이는 누구나 대학생 선교 단체들의 공헌에 대해서 지적한다.[148] 그만큼 대학생 선교 단체의 역할은 민족복음화와 한국교회의 성장에 큰 기여를 한 것임에 분명하다. 그러나 세계 교회 역사 속에서 선교회의 출현은 기존 교회와의 불편했던 관계도 있었으며, 심지어 적대 관계로서 나타나기도 한 것은 사실이다. 우리 한국교회에서도 처음 이러한 선교 단체에 대한 오해가 있어서, 교회와 선교 단체간의 진정한 협력이 이루어지지 않은 것도 사실이다. 오늘날 우리가 보다 효과적인 선교 사역을 위해서는 선교회와 교회와의 그 관계성에 대한 이해가 필요한 것이다.

교회는 주님께서 직접 세운 것이라면, 선교회는 뜻이 맞는 사람들끼리, 자신들의 목표를 가지고 세운 단체이다.[149] 그래서 선교회가 가지는 약점 가운데 하나는 그것이 인간적인 전통에 의해 형성되었기 때문에 오래 지속되지 못하는 점이다. 그러나 선교회는 여러

---

147) Charles Van Engen, op. cit.30: "We cannot understand mission without viewing the nature of the Church, and we cannot understand the Church without looking at its mission."
148) 참고: 옥한흠, 『평신도를 깨운다』, (서울: 두란노서원, 1987); Yong K. Riew, The Theology of Mission Structures and Its Realtion to Korea's Indigenous Movements, Doctoral Dissertation, Fuller Theological Seminary, 1985. 유용규는 그의 논문에서 한국교회에서 학생운동의 의의에 대해서 다음과 같이 주장했다: "Korea student movements possess considerable potential for renewal, mission and church unity. These movements could become the new task force for the delvelopment of a distinctly Korean type of Christianity having at its heart a dynamic life style coupled with a sound evangelicalism" (iii).
149) Howard Snyder, The Problem of Wine Skins, (Downers Grove: InterVarsity Press, 1975), 162.

가지로 지역 교회가 감당치 못하는 사역을 감당해 왔다.

교회역사 속에서 어떻게 교회 밖 선교단체가 생기는가에 대하여, 해리 보어(Harry Boer)는 개신 교회가 선교에 대한 관심이 떠났기 때문에, 성령께서 교회의 어떤 한 부분으로서 선교회를 사용하셨음을 인정하고, 이러한 선교회는 "선교에 열심인 자들"로 조직되었고, 이것은 성경적으로 말해서 비정상적이지만, "축복된 비정상"이라고 보았다.[150]

그러므로 선교회는 교회가 들어갈 수 없는 특수한 지역에 가서 교회가 맡은 선교의 사역을 감당해 온 것이다. 학자들은 이러한 선교회의 출현에 대해, 교회의 불완전한 속성 때문에 지역 교회가 피상적이고, 권위적으로 흐를 때마다, 수도원과 같은 교회 밖 운동으로서 견제(牽制)와 개혁 세력으로서 존재하게 되었다고 주장했다.[151]

교회와 선교회와의 관계에 대하여 복음주의 안에서 다양한 견해가 존재하지만, 오늘날 21세기의 선교를 수행하기 위해서는 총력을 선교에 기울여야 한다는 측면에서 교회와 선교회는 서로 상호보완적인 관계를 가지는 것이 합당하다고 하겠다.[152]

복음주의 선교신학자 조지 피터스(George Peters)는 그의 주저(主著)인 『선교성경신학』(*A Biblical Theology of Missions*)에서, 교회와 선교회와의 사이에 바른 관계를 다음과 같이 제시하였다. 그는 성경이 포괄적이고 기본적인 원리를 제공하지만 기구에 대한 세부적인 지침은 말하지 않기 때문에, 선교기구 문제는 신자의 지혜, 문화, 편리성, 및 효율성, 가능성에 속한 문제로 보고, 우리 시대는 선

---

150) Harry R. Boer, op. cit., 214.
151) 전호진, 『선교학』, (서울: 개혁주의신행협회, 1987), 103.
152) Ibid., 104.

교 기구와 선교회를 요구한다는 것은 의심의 여지가 없다고 주장한다.

조지 피터스(George Peters)는 선교사를 파송하는 하나님의 권위는 선교회가 아닌 교회에 있다는 사실을 강조하면서, 교회의 선교는 교회에 속한 것으로 독립된 선교회에 속한 것이 아님을 구별하였다. 그는 주장하기를, "선교회는 교회의 준비이며, 수단이요, 선교 사업의 효율성을 위한 도구에 불과하다. 비록 선교회가 교회의 일을 대신하지만 교회를 폐지하거나 대신할 수 없다"고 했다.[153]

요약하면, 교회와 선교회와의 사이에서, 교회는 하나님께서 세우신 선교의 구심점이나, 선교회는 사람들이 조직하여 만든 일시적 기구인데, 교회가 불완전할 때, 선교회와 같은 교회 밖 운동들이 나타난다. 현대 교회에서 교회의 손이 미치지 못하는 곳에 선교회가 보충 역할을 하는 것은 불가피하다. 그러므로 현대 한국교회는 이러한 선교 단체들과 함께 21세기의 복잡하고 다양한 세상 속에서 선교 사역에 진정으로 협력할 수 있는 자세가 요청된다고 본다.

6. 결론

지금까지 교회와 선교의 상관관계(相關關係)를 살펴보았다. 21세기의 한국교회는 보다 성숙한 교회로서의 모습을 가지기 위하여 그것의 본질인 선교에 한 걸음 더 내딛는 자세를 지녀야 할 때다. 단순히 교회부흥을 위한 수단으로서의 선교가 아니라 교회존재의 핵심인 선교를 이해함으로 활발한 선교를 이룩할 수 있어야 한다.

여기서 우리는 교회가 가지고 있는 피할 수 없는 아름다운 모습이 바로 선교에 있다는 사실을 알 수 있다. 사도 바울은 롬10:14에

---

[153] George W. Peters, A *Biblical Theology of Missions*, (Chicago: Moody Press, 1972), 228-29.

서 "아름답도다 좋은 소식을 전하는 자들의 발이여"라고 교회의 선교적 사역을 찬양한다.

이제 현대 한국교회는 선교 사역을 수행할 때에, "나무는 보고 숲은 보지 못하는" 우를 범하지 말아야 할 것이다. 곧, 교회의 부분적인 모습에 안주해 버리고 전체적인 교회의 온전한 모습, 곧 선교적 사명의 교회의 참모습을 잃어버리지 말고, 성경에 나타난 온전한 교회의 아름다운 본질로서 선교를 바로 이해하여, 이 시대에서 활발한 복음 사역을 수행해야 할 것이다.

아울러 모든 그리스도인들은 이 세상에서 하나님의 백성으로서, 그들이 가지는 엄청난 특권, 곧 복음 선교의 사역을 땅에 묻지 말고, 변화무쌍한 이 현대 생활 속에서 그들의 선교적 역할과 책임을 인지하여 시대적 소명을 감당해야 할 것이다.

지금 우리는 주님의 초림(初臨)과 재림(再臨) 사이에 있는 "중간시기(中間時期)"에 살고 있으며(눅 14:15-24; 마 21:33-44; 마 25:14-30; 눅 19:11-27),[154] 이 기간의 교회의 존재이유가 있다면, 바로 "선교"에 있음을 명심하고 충성하는 종들이 되어야 마땅하다. 개혁주의 선교신학자 바빙크(J. H. Bavinck)는 오늘의 교회의 선교의 의의를 이렇게 설명 한다: "이 중간 시기는 선교 명령에 집중되어 있으며, 이 중간시기의 의미를 부여해 주는 것이 있다면 바로 선교의 대명령이다"(The interim is preoccupied with the command of missions, and it is the command of mission that gives the interim meaning).[155]

---

154) J. H. Bavinck, *An Introduction to the Science of Missions*, (Phillipsburg: Presbyterian and Reformed Publishing Co., 1960), 32.
155) Ibid., 32.

제2부

성경과 선교

Theology of Reformed Missions

구약성경은 선교하시는 하나님을 우리에게 풍성하게 열어주는 선교의 교과서이다. 우리 주 예수님은 초대교회 놀라운 선교사역을 수행하도록 제자들에게 구약성경을 가지고 훈련하셨다(눅 24:27-48). 오늘의 혼탁한 현대신학의 흐름 속에서 건강한 교회성장과 지속적인 한국교회의 선교적 사역을 성공적으로 수행하기 위해서, 성경적 메시지를 중심으로 선교신학을 정립하는 것은 매우 중요하다. 구약성경이 오늘날 모든 그리스도인들에게 제대로 사용되어서 하나님의 놀라우신 구원의 경륜과 선교적인 메시지가 드러나기를 바란다.

모세오경을 중심으로 역사서와 시편 그리고 선지서로 이루어진 구약성경은 하나님의 언약과 하나님의 언약백성들에게 주시는 계시의 말씀이다(눅 24:27, 44). 구약성경은 오늘의 그리스도인들에게 우리의 정체성을 분명하게 제시하면서(창 12:1-3; 출 19:4-6; 사 43:21; 합 2:14; 슥 8:23; 말 3:17) 또한 성경적인 선교사역을 보여준다.

구약성경은 온 땅을 창조하신 하나님의 섭리하심과 죄로 인해 사망의 고통에 있는 인류를 구원코자하시는 하나님의 선교적 메시지가 가득 넘쳐 있다. 아브라함과 이삭, 야곱을 통해서 하나님의 언약을 통해 이루어진 이스라엘은 제사장나라로 세워지면서 지상에서 독특한 정체성을 소유한 존재가 되었다. 이러한 선교하시는 여호와 하나님에 대하여 모세는 보다 구체적으로 기록하고 전파하였다. 그리고 여호수아, 사사들, 사무엘과 다윗과 솔로몬을 거치면서 이스라엘의 역사를 통해 하나님의 선교적 관심이 이어졌으며, 역사의 격랑기라고 볼 수 있는 포로기와 포로 이후시대에도 하나님의 변함없는 선교메시지를 선지자들을 통하여 일관되게 선포되었다(합 2:14; 슥 8:23). 이러한 구약에서 선교하시는 하나님의 음성은 오늘을 살아가는 모든 신약성도들에게도 강하게 선포되고 있다(눅 24:27-48; 욜 2:28-30; 행 2:17-18).

제8장
모세오경에 나타난 선교메시지

1. 서론

21세기 한국교회의 효율적인 선교를 위해 성경적 선교신학의 정립은 매우 중요하다. 선교신학은 선교의 열매에 직접적으로 영향을 주고 있기 때문이다. 필자는 현대선교신학의 동향을 살피면서 그동안에 서구 교회 선교가 감소하게 된 배경과 원인이 선교신학의 좌경화였다는 점을 발견할 수 있었다. 실제로 하버드대 교수 윌리엄 혹킹(William E. Hocking)의 『선교의 재고』(*Rethinking Mission*)의 종교다원주의적 주장은 그 당시 미국 교회 선교에 심각한 수준의 타격을 주었으며 선교후원과 선교사의 감소라는 결과를 초래하였다. 그의 주장은 다음과 같다:

> "선교의 목적은 다른 사람들과 함께 예수 그리스도를 통해서 배운 바대로 말과 행위로 표현되는 하나님에 대한 참된 지식과 사랑을 추구하는데 있다… 중국의 유교는 그 나름대로 가치가 있고, 인도의 힌두교는 힌두교대로, 일본의 신도는 신도 나름의 가치가 있기 때문에

선교사를 파송할 필요가 없다."**156)**

　　선교신학의 바른 정립이야말로 오늘의 한국교회의 선교를 효율적으로 진행하게 하고 분명한 교회의 선교적 사역을 수행하는데 필요한 것이다. 전 세계적으로 선교지의 상황은 바른 성경적 선교신학의 정립을 요구하고 있다. 오늘의 상황이 민족주의의 확산과 이방 종교들의 활동이 줄어들지 않고 오히려 확대되어가고, 비기독교 종교들이 세력을 확장하고 있는 실정이다.

　　한국교회의 선교를 지속적으로 펼쳐나가기 위해 성경에 귀를 기울여 선교의 참 뜻을 깨달아야할 필요성이 있다. 오늘날 교회에서 일어나는 선교를 일시적 유행으로 여기거나 교회의 외형적 장식품과 같은 겉치레용이라는 거품현상을 제거하는 작업이 필요하다. 사실 아직도 대부분의 현대 그리스도인들은 선교에 대해서 무지한 것이 사실이다. 선교가 몇몇 목사나 선교사의 몫으로만 여기고 실제 교회와 삶에서 선교가 제자리를 매김하고 있지 않는 것이 현실이다.

　　조지 피터스(George Peters)는 선교는 삼위일체 하나님의 성품에서 그 기원을 찾아야하며, 선교사역은 모든 교회와 신자들의 고유한 사명임을 강조하였다.**157)** 근대선교의 아버지로 불리는 윌리엄 캐리(William Carey)는 1792년에 그의 기념비적인 저서를 통해 선교가 사도시대에 국한된 선교명령이 아니라 모든 시대 모든 그리스도인의 사명임을 강조하였다.**158)**

---

156) William E. Hocking, *Re-thinking Missions: A Layman's Inquiry after One Hundred Years*, (New York: Harper & Brothers, 1952), 59.
157) George Peters, 『선교성경신학』, (김성욱역), (서울: 크리스찬출판사, 2004).
158) William Carey, *An Enquiry into the Obligation of Christians to Use Means for the Conversion of the Heathens*, (London: Carey Kingdom Press, 1792) in *Perspectives on the World Christian Movement*, Ralph D. Winter and Steven C. Hawthorne, eds., (Pasadena: William Carey Library, 1981), 230.. "If the command of Christ to teach all nations extend only to the apostles, then, doubtless, the promise of the divine presence in this work must

이러한 상황에서 온전한 선교 이해를 하려면, 성경에 나타난 선교적인 메시지에 귀를 기울이는 것이 중요하다고 본다. 본 논문에서 저자는 21세기 한국교회의 세계선교에 대한 성경적 기초를 든든히 하고, 교회와 성도로 하여금 선교사역이 성경에 나타난 하나님의 뜻임을 연구하고자 한다. 특히 신학적으로 종교다원주의와 상대주의적 시대에서 한국교회의 건강한 선교신학의 성경적 기초를 분명히 하기 위하여, 선교의 성경적 기초의 필요성, 구약성경에 나타난 선교메시지, 창세기에 나타난 선교메시지, 그리고 출애굽기에 나타난 선교메시지를 중심으로 살펴보고자 한다.

2. 성경적 선교론의 중요성

남아공의 선교신학자 데이비드 보쉬(David Bosch)는 21세기에도 선교의 성경적 기초라는 주제는 과거 19세기나 20세기와 함께 매우 중요한 역할을 할 것을 주장하였다.[159] 그리고 아서 글래서(Arthur Glasser)도 선교의 성경적 기초가 중요하다는 사실을 강조하였는데, 그것은 오늘날 팽배하는 자유주의 선교신학자들이 주장하는 선교의 폐지론이나 선교의 재개념화(Reconceptualization)를 통해 영혼구원의 선교대신에, 선교를 사회사업이나 인권운동으로 대체하려는 흐름 때문이라고 주장하였다.[160]

---

be so limited; but this is worded in such a manner as expressly precludes such an idea. Lo, I am with you always, to the end of the world."

159) David Bosch, "Reflections on Biblical Models of Mission," In *Toward the 21st Century in Christian Mission,* eds., James M. Phillips and Robert T. Coote, (Grand Rapids: Eerdmans, 1993), 175. "There can be little doubt that what has traditionally been referred to as the 'biblical foundations of mission' will be as important in the twenty-first century as it has been in the past. In fact, if we want the missionary enterprise to be authentic and our reflections on mission to be relevant, we will have to pay even more serious attention to this branch (biblical foundations of missions) of missiology than we used to do."

160) Arthur Glasser, *Contemporary Theologies of Missions,* (Grand Rapids: Baker Book House, 1985), 30.: "Never in history has there been so much evangelical activity seeking to make

효과적인 선교사역을 위해서 무엇보다 성경중심적 선교신학의 정립은 『현대선교역사』에서 그 중요성을 보여주고도 남는다. 온전한 선교 이해를 위해 기본이 되는 것은 선교에 대한 성경적 배경이다. 바빙크(J. H. Bavinck)는 오직 성경만이 오늘의 선교의 이론과 제 문제들의 해답을 줄 수 있다고 주장한다: "선교가 지금 위기에 처해 있는 것은 사실이다… 관련된 난제에 대한 기지와 직관 그리고 분명한 이해가 중요하지만, 그것들이 우리에게 어떤 방법을 제시해 주지 못한다. 단지 성경만이 궁극적이며 결정적인 해답을 줄 수 있다."[161)]

특별히 바빙크는 선교문제를 해결하기 위해 선교에 대한 성경적 기초의 중요성을 강조하였다. "선교이론은 이러한 시급한 선교의 문제들을 다루는 것이다. 그 해결책은 성경에서 얻을 수 있다. 선교는 하나님의 일이기 때문에, 우리가 임의대로 궁리해서는 안 된다. 모든 걸음마다 우리는 하나님이 요구하시는 바를 물어야 한다. 항상 바른 길을 찾아간다는 것은 쉬운 일이 아니겠지만 우리는 하나님께서 성경에 말씀하신 방법대로 따라가야 될 것이다."[162)]

성경에서 하나님은 죄악 된 세상에서 사람들을 구원하시려고 주의 사자들을 파견하시는 선교의 하나님이시다. 하나님의 백성들

Jesus Christ known, loved, and served throughout the world. And yet the church has never been so harassed and troubled by voices calling for the reduction or abandonment of these activities - and for the reconceptualization of its message and mission in terms of social justice, international peace, racial integration, and the elimination of poverty."

161) J. H. Bavinck, *An Introduction to the Science of Missions*, (Phillipsburg: Presbyterian and Reformed Publishing Co., 1960), xv.: "It is true that missions find itself at this moment in a very grave crisis… In fact we are today probably more conscious than past generations that theoretical problems concerning problems, which can be answered by Scripture alone, lurk behind the countless practical problems which beset the church. Tact, intuition, and a clear appreciation of the difficulties involved are important, but they cannot show us the way. The ultimate and decisive word must be spoken by the Scriptures."

162) Ibid. 5: "Answers can be given solely on the basis of Scripture. For the work of missions is the work of God; it is not lawful for us to improve. At each step we must ask what it is that God demands. Although it will not always be easy to find the right course, our search must surely be led by what God has said in his word."

이 이방 애굽에서 노예생활로 고통당할 때, 하나님께서 모세를 불러 "이제 내가 너를 바로에게 보내어 너로 내 백성 이스라엘 자손을 애굽에서 인도하여 내게 하리라"(출 3:10)고 하시고 출애굽의 구원의 역사를 이루었다. 이러한 하나님의 파송선교는 구약성경에서 계속적으로 이루어졌음을 성경은 증거 한다. "너희 열조가 애굽 땅에서 나온 날부터 오늘까지 내가 내 종 선지자들을 너희에게 부지런히 보내었다"(렘 7:25).

신약성경에서 사도 바울은 하나님의 선교에 대해서 "때가 차매 하나님이 그 아들을 보내사 여자에게서 나게" 하셨다고 기록한다(갈 4:4). 예수 그리스도께서 십가가 상에서 "다 이루었다"라고 선포하심은 하나님의 보내주심의 그 사명을 이루셨던 것이다. 하나님께서 그 후로 오순절에 성령을 보내시고 강력한 교회의 선교활동을 가능케 하셨으며, 우리 성도들에게도 세상으로 보내시는 위임장을 제정하여 주셨다(마 28:19-20; 요 20:21; 행 1:8). 이처럼 하나님은 선교하시는 주님이다. 하나님께서 아들과 성령, 그리고 선지자들을 보내주시는 분이기 때문이다(히 1:1-3). 이제 예수 그리스도께서 자신이 보내심을 받은 것처럼 우리를 보내신다. "너희에게 평강이 있을지어다 아버지께서 나를 보내신 것 같이 나도 너희를 보내노라"(요 20:21; 참고: 고후 5:18-19).

오늘 이 시대에 진정한 선교가 계속되기 위하여 성경을 통하여 하나님의 선교 메시지를 깊이 묵상하는 전략이 필요하다. 예수 그리스도께서 부활하신 후에 제자들에게 선교의 사명을 가르치시고 맡기실 때도 구약성경을 가르치면서 초대 선교사들을 준비시키고 일깨우셨다(눅 24:15-53). "그리스도가 이런 고난을 받고 자기의 영광에 들어가야 할 것이 아니냐 하시고 이에 모세와 및 모든 선지자의 글로 시작하여 모든 성경에 쓴바 자기에 관한 것을 자세히 설명하시니라."(눅 24:26-27).

사도들은 "길에서 우리에게 말씀하시고 우리에게 성경을 풀어 주실 때에 우리 속에서 마음이 뜨겁지 아니하더냐."(눅 24:32)고 나누면서, 그들이 성경말씀을 이해할 때, 온전한 선교사의 사역을 감당했던 것을 보아서, 성경을 배우고 그 안에서 선교의 진리를 찾는 것이 예수님의 방법이었던 것을 알 수 있다. "또 이르시되 내가 너희와 함께 있을 때에 너희에게 말한바 곧 모세의 율법과 선지자의 글과 시편에 나를 가리켜 기록된 모든 것이 이루어져야 하리라 한 말이 이것이라 하시고 이에 저희 마음을 열어 성경을 깨닫게 하시고 너희는 이 모든 일의 증인이라"(눅 24:44-46).

초대교회의 선교의 부흥은 이러한 성경에 근거한 예수 그리스도에 대한 인격적인 수용과 체험, 그리고 헌신적인 증거로 말미암았음을 알 수 있다. 여기서 우리가 확증하는 것은 선교란 성경을 통해 예수 그리스도를 믿고 아는 것에서 시작한다는 점이다(눅 24:31; 44-46). 오늘도 우리는 예수님처럼 구약성경을 가지고 선교의 방법과 메시지를 삼는 사역을 시작해야 할 것이다.

3. 구약성경에 나타난 선교

모든 신학의 출발점이 신구약 성경말씀인 것처럼, 선교에 대한 온전한 이해는 하나님의 말씀인 성경을 통해서 가능하다. 그 이유는 성경은 신자에게 있어 신학의 기초요 삶의 모범이요 모든 생활의 지혜의 근거이기 때문이다(딤후 3:16-17). 성경은 신구약이 전체로 하나의 통일성을 가지면서 하나님의 구속계획을 증거 한다. 신구약성경은 상호간에 모순되지 아니하며 상호보완적인데, 곧 약속과 성취, 율법과 복음 등으로 이루어져 있다고 할 수 있다. 일찍이 어거스틴은 "구약은 신약에서 밝히 드러나고 신약은 구약에서 감추어져 있다"(The Old Testament is patent in the New Testament and the New Testament is latent in the Old Testament)고 신구약의 연관성에 대해 분명히 설명했다. 성경은 B.C. 1500부터 A.D. 100년에 걸쳐 약 1600년 동안에 이루어진 하나님의 말씀으로, 다양한 직업을 가진 약 50여명의 인간 저자들에 의해 기록된 것이다.

예수님은 하나님의 말씀으로 선교의 당위성을 말씀하실 때, 구약을 사용하셨다(눅 24:25-44). 우리가 구약의 권위를 인정함은 예수께서 그것의 권위를 인정하셨기 때문이다. 선교에 대한 온전한 이해를 이처럼 신구약 성경전체에 걸쳐서 살펴보아야 함을 알 수 있다. Fuller 선교대학원 교수 아서 글래서(Arthur Glasser)는 구약성경이 가지는 공헌도에 대해 자세히 설명하면서, 다음과 같이 주장 한다: "개인과 국가를 다루시는 하나님의 영원한 목적을 이해하게 해주는 구약 성경의 기여 없이는 신약성경이 묘사하는 '이미' 임하였으나 '아직' 도래하지 아니 하였고 장차 '완성' 될 하나님의 나라에 대한 이해는 완전히 파악되어질 수 없는 것이다." [163]

이처럼 구약은 우리의 선교활동의 토대(土臺)이며, 구약이 없는 신약은 불가능한 것 같이 선교에 있어서도 선교의 대사명은 하루 아침에 하늘에서 떨어진 것이 아니라, 구약의 연속인 것이다. 그러므로 성경의 선교론을 논할 때, 결코 구약을 무시할 수 없다.

칼빈신학교 교수 리처드 디 리더(Richard R. De Ridder)는 그의 저서『Discipling the Nations』에서 "구약의 선교를 생각하지 않

---

[163] Arthur Glasser and Donald McGavran, *Contemporary Theologies of Mission*, Grand Rapids: Baker, 1983. 32.: "Without the Old Testament's contribution to our understanding of the eternal purpose of God touching individuals and nations, the New Testament portrayal of the 'already,' the 'not yet,' and the 'consummation' of the kingdom will appear incomplete and inadequate. The revelation of the love of God in Christ cannot be fully grasped apart from the Old Testament. Even the lordship of Christ can be best understood if informed by Old Testament concepts of kingship."

고는 신약의 선교는 불가능하다"라고 주장했으며,[164] 개혁주의 선교신학자 바빙크(J. H. Bavinck) 역시 그의 『선교학개론』에서 "얼핏 보기에 구약에는 선교사상의 기초가 없는 것처럼 보인다... 그러나 구약성경을 충분히 연구하면 이방나라의 장래가 중요한 관심사임이 분명해진다... 참으로 성경의 첫 장부터 마지막 장까지 성경은 온 세상을 그 대상으로 삼았으며, 하나님의 구원계획이 온 세계에 미치는 것으로 전개되었다"고 언급하였다.[165]

20세기 초 독일 복음주의 선교학자 구스타프 바르넥(Gustav Warneck)은 구약에 이스라엘이 갖는 특수성과 하나님의 구원의 범위에 있어서 세계성을 비교하면서, "만민을 위한 하나님"이라는 세계주의가 구약에서 앞선다고 주장했다. 바르넥(G. Warneck)은 무엇보다도 족장 시대의 이스라엘 종교는 배타적 민족 종교로 생각하였으나 그렇지 아니하다. 선지자들이 처음으로 이스라엘의 하나님은 이방의 하나님도 되시며, 이스라엘의 구원은 이방 나라의 희망도 된다고 선포하였다. 여호와는 처음부터 하늘의 하나님과 땅의 하나님이시며, 처음부터 아브라함의 축복은 이방을 위한 것으로 정하셨다.[166]

선지서 기자들은 이스라엘의 하나님은 이방의 하나님도 되시

---

164) Richard R. De Ridder, *Discipling the Nations,* Grand Rapids: Baker, 1975, 2: "No student of missions can long escape the necessity of examining the Old Testament antecedents to the Christian mission."

165) J. H. Bavinck, *An Introduction to the Science of Missions,* Philadelphia: Presbyterian and Reformed Publishing Co., 1960. 11: "At first sight the Old Testament appears to offer little basis for the idea of missions.... The entire pagan world is portrayed more as a constant threat and temptation to Israel than as an area in which God will reveal his salvation... Yet, if we investigate the Old Testament more thoroughly, it becomes clear that the future of the nations is a point of the greatest concern. It is in itself striking how often the Old Testament discusses the future of these peoples and interests itself in the salvation that will one day be their lot. This indeed cannot be otherwise, for from the first page to the last the Bible has the whole world in view, and its divine plan of salvation is unfolded as pertaining to the whole world."

166) Gustav Warneck, *Evangelisch Missionlehre* I, (Gotha: Friedrich Andreas Perthes, 1887), 134-35.

며, 이스라엘의 구원은 이방 나라의 희망도 된다고 선포하였다. "여호와는 처음부터 하늘의 하나님과 땅의 하나님이시며, 처음부터 아브라함의 축복은 이방을 위한 것으로 정하셨다"고 주장했다. 아서 글래서(Arthur Glasser)는 참된 선교를 이해함에 있어서 구약성경의 공헌도에 대해서 특별히 강조했다. 그는 구약이 인간의 과실과 하나님을 대항한 공개적인 반역의 비극적인 기록에도 불구하고, 구약은 우리들로 하여금 역사 위에 임하는 하나님의 나라에 대한 보이지 않는 실재를 믿게 하며, 역사 안에서 보이시는 하나님의 섭리의 손길을 인식하고 믿게 하며, 역사를 넘어서서 종말에 하나님의 나라를 완성시키시는 것에 대하여 믿게 하여 준다고 강조한다.[167]

4. 창세기에 나타난 선교메시지

성경은 하나님의 계시로 선교신학의 기초이며, 교회의 최대 사명인 선교의 완전한 성취를 위하여 오늘도 우리가 상고할 하나님의 말씀이다. 창세기는 성경 전체의 서론과 같은 위치에 있다. 창세기는 하나님의 우주창조와 인간의 타락, 그리고 타락한 인간에 대한 하나님의 은혜언약의 기록인데, 곧, 우리의 영원한 구원을 주시는 원초적 복음(Proto Evangelism; 창 3:15)메시지라 할 수 있다. 혹자는 구약은 율법이요, 신약은 은혜의 복음이라 구분하여 구약을 등한시하지만, 자세히 살펴보면, 성경은 첫 부분부터 우리에게 "기쁜 소식"을 증거 한다. 하늘과 땅을 지으시고 인간을 창조하신 하나님께서 만유를 주관하시고 인간으로 만물을 관리하게 하심에서(창 1:28; 2:5), 우리는 하나님은 온 우주에 대한 선교적 관심을 가지시며 섭리

---

[167] Arthur Glasser, op. cit. 69: "Despite its tragic record of human frailty and open rebellion against God, the Old Testament enables one to believe in the unseen reality of the kingdom of God above history, the providential power of God within history, and the consummation of His kingdom in the last day, beyond history."

하시고 통하시는 하나님이심을 알 수 있다.

1) 천지창조에 나타난 선교 메시지

블라우(J. Blauw)는 창1-11장은 역사신학의 기록이며, 전체 성경을 이해하는데 중요한 역할을 한다고 주장하였다.[168] 바빙크(J. H. Bavinck)는 성경은 그 전체적인 관심이 전 세계가 하나님의 피조물로서 하나님의 관심의 대상임을 강조하였다.[169] 그리고 창세기 1장부터 11장까지는, 하나님은 특정 민족이나 국가만의 하나님이 아니라 열국의 하나님(God over all nations)임을 말한다. 이에 대하여 리차드 리더(Richard De Ridder)는 성경에 첫 부분에 언급된 것은 히브리인이 아니라 인간전체에 대한 것임을 강조하였다.[170] 그리고 모든 인류는 모두 하나의 공통된 조상을 가진다.[171] 창조 기사는 만물이 하나님에게서 나왔으며, 세상에 하나님의 주권을 선포해야 하는 선교의 기초가 되고 있다.

창세기 1장부터 11장까지는 다른 부분보다 특히 하나님께서 어떤 특정 민족이나 국가만의 하나님이 아니라, 열국의 하나님임을 말한다. 창조주 하나님은 온 우주를 창조하신 만물의 근원이시며, 온 피조계를 다스리시는 왕이시다. 하나님의 우주창조는 구약전체 내용에서 매우 주요한 주제로 자리 잡고 있다(시 99:1; 시 100:1; 시 98:4; 시 97:1; 시 24:1). "땅과 거기 충만한 것과 세계와 그 중에 거하는 자가 다 주의 것이라"(시 24:1). 창조기사는 만물이 하나님에게

---

[168] Johannes Blauw, *The Missionary Nature of the Church*, (New York: McGraw-Hill, 1963), 18: "The key to the understanding of the whole of Scripture is found in Genesis 1-11. It is a theology of history."

[169] Bavinck, op. cit., 12: "It must first be pointed out that the Bible repeatedly refers to the entire world, in all its fullness, including all who dwell therein, as a creation of God."

[170] De Ridder, op., cit., 14: "The first concern of the Bible is not with Hebrews but with humanity."

[171] Ibid. "All mankind traces its genealogy to one common ancestor".

서 나왔으며, 세상에 하나님의 주권을 선포해야 하는 선교의 기초가 된다. 하나님께서 처음부터 온 세상을 창조하시고 통치하시는 사실은 오늘 우리 그리스도인들에게 전 세계에 대한 선교사명을 가진 자 곧 "세계를 품은 그리스도인"(World Christian)의 삶으로 인도한다.

화란의 개혁주의 선교학자 바빙크(J. H. Bavinck)는 창 1:1 이하의 하나님의 창조는 마 28:19-20에 나타난 예수님의 지상명령의 필연적인 기반이며, 또한 이것은 사도 바울의 선교적 메시지 속에 적용된 것이라고 주장한다. "인류의 모든 족속을 한 혈통으로 만드사 온 땅에 거하게 하시고, 저희의 연대를 정하시며, 거주의 경계를 한하셨으니, 이는 사람으로 하나님을 혹 더듬어 찾아 발견케 하려 하심이로다. 그는 각 사람에게서 멀리 떠나 계시지 아니하도다."(행 17:26-27).

2) 창 3장에 나타난 선교

조지 피터스(George Peters)는 창세기 3장의 인간의 타락사건은 선교의 필요성을 보여주는 사건으로 해석하면서 그의 선교신학의 기초로 삼고 있다(고후 11:3; 요 8:44).[172] 오늘날 인간의 모든 문제들도 타락사건의 결과로서 죄와 고통과 사망이 임하기 때문에, 타락한 인생에게 가장 절실한 것은 어떤 구제활동보다 구원이 필요하다.[173] 인간타락의 결과는 인간의 개인적 고통과 사망뿐만 아니라, 나아가 우주적으로 공해, 경제불의, 착취 등의 사회악과 환경문제에까지 확대하여 나타났다(롬 8:21-23).

우리가 선교에 착심하는 이유도 바로 인간의 실존이 죄에 매여 불행한 삶을 살고 있기 때문이다. "그 바라는 것은 피조물도 썩

---
172) G. Peters, op. cit., 1-5.
173) Oswald T. Allis, *God Spoke by Moses*, 1958, 12.

어짐의 종노릇 한데서 해방되어 하나님의 자녀들의 영광의 자유에 이르는 것이니라 피조물이 다 이제까지 함께 탄식하며 함께 고통 하는 것을 우리가 아나니 이뿐 아니라 또한 우리 곧 성령의 처음 익은 열매를 받은 우리까지도 속으로 탄식하여 양자 될 것 곧 우리 몸의 구속을 기다리느니라(롬 8:21-23). 조지 피터스(G. Peters)는 죄의 문제가 심각하기 때문에 오늘날 선교의 필요성은 더욱 증가한다고 주장하면서, 죄의 문제에 대하여 현대교회가 경각심을 가지고 대할 것을 다양하게 제시하고 있다.

3) 창 12:1-3과 선교.

창12장 이후는 하나님께서 인간의 구원을 위한 보다 확실한 언약을 아브라함과 세우시고 타락한 인간에게 구원의 놀라운 계획을 진행시켜 나감을 보여준다. 창 12:1-3에서 하나님은 아브람을 부르시고 축복하신다. 그가 받은 축복은 자신만의 것이 아니라, 많은 이방인들에게 축복의 통로가 되는 복이었다.

아브라함 언약의 특성은 아브라함 후손들인 이스라엘이 하나님께 대하여 특별한 권리와 함께 더 많은 책임을 지게 되었다는 점이다. 그들은 장차 이방 족속들이 구원을 얻게 되도록 하는 하나님의 도구가 되는 역할을 가진다는 것이다. 하나님께서 아브라함을 부르심은 구약에 나타난 첫 이방선교의 명령이라고 볼 수 있다.

아브라함에게 하나님께서 약속하신 축복은 (1)후손의 축복, (2)명예의 축복, (3)땅을 소유하는 축복, 그리고 (4)만민을 위한 "복의 근원"이 되는 축복이다. 곧 아브람에게 약속하신 축복은 "내가 네게 복을 주겠으며 너는 복의 근원이 될 것이며 너를 축복하는 자들에게 복을 주시고 너를 저주하는 자에게 저주할 것을 약속하셨다. 그리고 아브라함의 받은 복이 이방인들에게로 전파될 것을 약속하셨다(갈 3:14). 이것은 아브라함이 만민을 위한 복의 근원이 되는 축복이 될 것을 언급한다. "축복의 근원"의 의미는 아브라함을 통해 하나님의 복의 진원지가 될 것임을 보여준다(cf. 창 39:5-6).

월터 카이저(Walter Kaiser)는 아브람과 그의 후손들이 그들의 시작 초기부터 선교사가 될 것이며 진리와 축복의 통로가 될 것을 의미한다고 주장하였다.[174] 조지 피터스(George Peters)는 여기서 하나님께서 소돔과 고모라 같은 타락한 세상 속에서 아브라함에게 악을 정복하고 하나님의 의와 공도를 행하는 백성이 되게 하는 목적을 주시므로, 세상 속에서 하나님 나라의 거룩한 "대응문화"을 세우시려는 목적을 가지고 계심을 보여준다고 주장한다.[175]

창 12:1-3에서 우리 모든 그리스도인은 하나님이 계획하신 선교의 소명을 찾을 수 있다. 결국 "아브라함의 선택은 자신의 영광을 위함이 아니며, 그의 후손들의 행운을 위한 것도 아니며, 그의 원수들의 불행을 위한 것도 아니다. 하나님은 아브라함으로부터 인간 역사에서 새 장을 시작하셨다. 아브라함은 세계 구속을 위한 도구이다."[176]

요약하면 아브라함의 선택의 참된 뜻은 "하나님의 백성이 되는 특권과 함께 봉사와 선교의 책임"에 있다고 할 수 있다. 하나님의 축복받은 백성으로서 이스라엘은 하나님의 도구로써 이방선교에 대한 하나님의 구원계획을 위한 막중한 책임이 있음을 증거한다. 우리를 택하신 주님의 뜻을 깊이 묵상하자! "너희가 나를 택한 것이 아니요 내가 너희를 택하여 세웠나니 이는 너희로 가서 과실을 맺게

---

174) Walter Kaiser, "Israel's Missionary Call," *Perspective on the World Christian Movement*, eds., Ralph D. Winter, Steven C. Hawthorne, (Pasadena: William Carey Library, 1981), 28: "This man and his descendents were to be missionaries and channels of the truth from the very beginning."

175) George Peters, op., cit.90: "This is "the beginning of a divine counter-culture designed both to arrest evil and unfold the gracious plan, salvation and purpose of God."

176) R. Martin-Achard, *A Light to the Nations*, 1962, 35.

하고…"(요 15:16).

4) 아브라함언약에 나타난 선교

로저 헤드런드(Roger Hedlund)는 아브라함의 선택은 단순한 아브라함 자신의 특권만이 아니라 하나님의 목적을 위한 섬김을 위한 것임을 주장하면서 하나님의 백성들은 특권과 함께 책임, 특별히 선교적 책임을 가진다고 주장한다.[177] 창 12:3에 나타난 "땅의 모든 족속이 너를 인하여 복을 얻을 것이라"는 표현은 "땅의 모든 족속"의 선교를 위한 아브라함(창 12:3)의 선교적인 역할을 제시한다. 그래서 아브라함 언약은 아브라함을 통해 인류전체와 맺은 언약이며, 디 리더(De Ridder)도 아브라함은 온 인류를 위한 하나님의 구속계획에서 중요한 역할을 담당했다고 주장하였다.[178] 결국 여기 아브라함의 언약에 나타난 의미는 "비이스라엘도 또한 여호와의 구속 드라마의 참가자로서 세계무대에 살도록 택하신 하나님 안에서 믿음으로 말미암아 구원을 얻을 수 있다는 사실을 의미했다."[179]

창12:1-3에 나타난 아브라함의 소명은 구약에 나타난 첫 선교의 명령으로 볼 수 있다. 오스왈트 앨리스(Oswald T. Allis)는 창세기 11장까지 전세계의 하나님, 곧 세계주의가 기록됐으나, 창세기 12장부터는 아브라함을 통한 이스라엘을 선택하시는 하나님, 곧 특수주의로 전환되어 나타난다고 주장했다.[180] 하나님께서 아브라함을 보내실 때 자기 나라와 친척을 떠나 위대한 미지의 땅으로 갈 것

---

177) Roger Hedlund, *The Mission of the Church in the World: A Biblical Theology*, Grand Rapids: Baker Book House, 1991), 37: "Election does not imply favoritism. Election is not for private enjoyment, but to service… Election is not primarily privilege but responsibility."
178) De Ridder, op. cit.,22.
179) Ibid., 47.
180) Oswald T. Allis, *God Spoke by Moses*, (Nutely: Presbyterian and Reformed Pub., 1958), 12.

을 명령하셨고, 그가 복종하면 그를 축복하실 것과 그를 통하여 세계를 축복하실 것을 약속하셨다.

아브라함 후손들이 하나님과의 계약구조 속에서 이스라엘은 하나님께 대하여 특별한 권리와 함께 더 많은 책임을 지게 되었다. 이방 족속들이 이스라엘을 통해서 구원을 얻게 되도록 하는 하나님의 도구가 되는 것을 의미한다. 존 칼빈(John Calvin)은 아브라함 언약을 "구원의 언약"으로 해석하면서 구속사속에서 하나님이 아브라함과 맺은 언약은 그리스도 안에 이루어질 든든한 구원의 언약임을 강조하였다.[181]

5. 출애굽기에 나타난 선교메시지

아브라함과 그의 후손들을 언약의 백성으로 부르신 하나님은 이제 모세를 통해 아브라함의 자손들인 이스라엘과 언약을 다시 갱신하면서 새로운 언약을 맺으셨다. 그 언약은 세상 속에서 이스라엘의 정체성과 역할을 분명히 제시하고 있다. 이제 족장시대가 끝나고 이스라엘은 한 국가적 규모가 되었으며 그들은 도덕법, 의식법 그리고 시민법을 필요로 하게 되었다. 모세를 통해 기록된 하나님의 율법언약을 통해서 우리는 이스라엘의 선교적 사명을 찾을 수 있다.

1) 출애굽의 선교적 의의

본격적인 구약의 선교는 이스라엘이 하나님의 백성으로 부름 받아 제사장 나라로서 사역을 기술하는 출애굽기에서 나타난다고 볼 수 있다. 로울리(H. H. Rowley)는 "모세는 우리가 아는 최초의 선교사"[182]라고 소개하면서, 이스라엘 백성을 이방에게서 구원하는

---

181) John Calvin, *Commentary on the Book of Genesis*, (Grand Rapids: Baker, 1975), 349.
182) H. H. Rowley, *The Missionary Message of the Old Testament*, (London: The Carey

하나님의 소식을 알림으로 이스라엘 민족을 구원한 사건을 가지고 구약의 선교적 메시지를 찾는다. 우리는 출애굽기에서 나타난 하나님의 이방 민족에 대한 선교적 관심을 찾을 수 있다. 모세는 하나님의 보내심을 받아 애굽의 노예된 이스라엘에게 가서 하나님의 구원을 전하였다. 이러한 모세를 통한 이스라엘을 애굽으로부터 출애굽한 사역은 구약에 나타난 핵심적인 구속의 역사이며 구약성경의 메시지의 가슴(the heart)과 같은 것이다.[183]

모세 언약에 나타난(출 19:5-6) 여호와 하나님과 이스라엘의 언약관계에서 이스라엘의 선교적 역할을 볼 수 있다. 언약의 하나님께서 이스라엘을 언약의 백성으로 부르시고 여호와 앞에서 구별된 삶과 역할을 부여받았다. 언약이 요구하는 것이 거룩, 헌신 그리고 봉사인데, 여호와의 백성으로 이스라엘은 헌신적이고 순종적인 봉사의 임무를 지니게 된 것이다.

출애굽기에 나타난 여호와 하나님과 이스라엘의 언약은 출19장에서 잘 드러난다. 모세의 인도로 시내산에 도착한 이스라엘에게 언약을 맺으면서(출19:1-2), 모세를 통해 율법을 기록케 하심으로 특별히 모세 언약을 "시내산 언약" 또는 "율법언약"으로 부른다. 모세를 통해 주신 율법언약은 성경의 구속사에서 특별한 율법의 위치를 보여준다. 율법은 하나님의 언약의 핵심적인 내용을 닮고 있다.

학자들은 "시내산에서 이스라엘 민족은 한 책을 가진 백성이 되었다."[184] 율법은 도덕법, 의식법, 시민법 등으로 구성되어 있는데, 특히 십계명은 주변의 이방나라들과 비교되는 하나님의 백성들의 도덕적인 수준을 제시하는 것으로서 하나님의 뜻의 축약이라고

Kingsgate Press, 1955), 150.
183) Roger Hedlund, op., cit.,43: "The deliverance of Israel from Egypt is the central redemptive act in the Old Testament and the heart of the Old Testament kerygma."
184) Richard De Ridder, op., cit., 40.

할 수 있다. 십계명은 도덕법으로서 그 당시 세계에서 가장 인격적이고 윤리적인 도덕법으로 평가되고 있다.[185]

팔머 로벗슨(Palmer Robertson)은 그의『계약신학과 그리스도』에서 지금의 신약시대에도 모세언약은 하나님의 말씀으로서 그 의미와 역할이 있으며, 구약시대와 함께 신약시대에 있어서 모세오경의 그 중요한 의미를 잘 제시하였다. 율법에 대한 오해를 해결하고 율법이 오늘 신약의 그리스도인들에게 어떤 의미를 가지는가에 대해 그리고 세대주의자들의 신구약성경의 단절을 주장하는 주장에 대해 분석하여 제시하고 있다.

2) 출19장에 나타난 모세언약의 선교적인 이해

출애굽기 19장 4절은 "나의 애굽사람에게 어떻게 행하였음과 내가 어떻게 독수리 날개로 너희를 업어 내게로 인도하였음을 너희가 보았느니라" 하면서, 이스라엘은 먼저 하나님의 크신 구원의 역사를 기억할 것을(To Remember)말씀하시고, 5절에서 언약을 지킬 것을 말씀하신다(To Obey and Keep Covenant). 그리고 언약의 구체적인 약정들을 23장까지 언급하셨다.

이러한 모세언약의 배경은 그보다 먼저 이스라엘의 족장들과의 언약(출 2:24-25)을 기억하시고 계속해서 이스라엘로 하여금 언약을 지키라고 하셨던 것이다. 결국 하나님과 족장사이의 언약이 출애굽기 이해의 기초가 되며, 이러한 시내산 언약은 이미 족장과의 언약을 더 깊이 말씀한 것으로 나타난다. 출애굽기에 나타난 언약은 창46-48에서 있는 창세기의 언약을 연장한 것으로, 그것은 전혀 새로운 언약이 아니라 전에 족장과 맺은 언약을 기억하라는 것이다.

---

185) Palmer Robertson,『계약신학과 그리스도』, (김의원역), (서울: 기독교문서선교회, 1990).

이처럼 구약성경은 여러 가지 다른 언약들이 모인 것이 아니라, 한 언약이 여러 단계를 거친 것이다.

출애굽기는 아브라함의 자손들의 수가 늘어나서 하나의 국가 형태로 나타나는 과정에서 이스라엘에 대한 하나님의 선교적인 의도를 보여준다. 특히 이스라엘은 모세를 통하여 하나님과 이스라엘 족속 사이에 시내산에서 언약을 수립하게 되고 이 언약은 이스라엘의 분명한 이 땅에서의 위치를 나타낸다.

출 19:5-6은 모세 계약의 핵심이며, 아브라함의 후손으로 언약 백성인 이스라엘의 특권과 책임을 분명하게 보여 준다: "세계가 다 내게 속하였나니 너희가 내 말을 잘 듣고 내 언약을 지키면 너희는 열국 중에서 내 소유가 되겠고 너희가 내게 대하여 제사장 나라가 되며 거룩한 백성이 되리라 너는 이 말을 이스라엘 자손에게 고할지니라." 이 본문에서는 이스라엘 백성에 대한 하나님께서 붙여 준 이름이 세 가지로 나타나 있다. 곧, "열국 중에서 나의 소유," "제사장 나라," 그리고 "거룩한 백성" 등이다. 이 세 가지 이름들은 바로 이스라엘이 가지는 그들의 정체성과 함께 그들의 선교적인 책임을 부각시킨다고 할 수 있다.

3) "하나님의 소유"로서 하나님의 백성

먼저, "열국 중에서 나의 소유"라는 이름은 이스라엘이 많은 민족들 가운데서 하나님의 택함을 입은 존재임을 증거한다. 신 7:6 "너는 여호와 네 하나님의 성민이라 네 하나님 여호와께서 지상 만민 중에서 너를 자기 기업의 백성으로 택하셨나니." 이스라엘이 하나님의 택함 받은 이유는 그들이 "다른 민족보다 수효가 많은 연고가 아니라"(신 7:7) 단지 여호와 하나님께서 그들을 기뻐하시고 그들을 "사랑하심을 인하여"(신 7:8) 성민(聖民)으로 불러주셨다.

그리고 그들의 이름은 "열국 중에서 하나님의 소유"라고 부르는데, 여기서 "소유"라는 말은 히브리어 표기로 "세굴라"(Segulla)인데, 이것은 왕이 아끼는 보물함을 가리키는 말이다(신 26:28; 말 3:17). 이 이름은 구약성경에 전반적으로 나타난 이스라엘의 명칭으로서 이스라엘의 지위와 역할에 관한 획기적인 표현이다.[186] 아울러 이 말은 이 땅에서 하나님의 백성이 가지는 특권을 의미한다. 특히 세굴라가 구약성경에 사용된 경우를 보면, 이것이 "개인의 사적 소유물," "움직일 수 있는 재산," "값비싼 보물," 다윗이나 솔로몬 왕이 귀중한 물건을 담는 보배함 등으로 사용되고 있다(신 7:6; 26:10; 시 135:4; 대상 29:3; 전 2:8).

"세계가 다 내게 속하였나니"(5절) 그러나 이스라엘은 하나님의 소유중의 특별한 소유로서 하나님의 특정한 목적을 위한 존재로 나타난다. 시 16:3 "땅에 있는 성도는 존귀한 자요 나의 모든 즐거움이 저희에게 있도다." 여기서 나타난 세굴라는 하나님의 백성으로서 이스라엘의 가치를 나타내며, 그것은 바로 하나님의 사랑과 애정의 대상(cf. 말 3:17)에 있음을 가리킨다.

이스라엘이 하나님의 소유라는 말은 그들이 하나님께 가장 소중한 사랑의 존재임을 나타내는 말이요, 이스라엘은 이 땅에서 이처럼 하나님의 사랑의 대상임을, 그리고 그들은 이 땅에서 존귀함이 있는 이스라엘의 가치를 증거 한다. 또한 그들은 열국 중에서 하나님의 소유로서 열국에게 복음을 증거 하는 백성임을 여기서 살펴볼 수 있다. 오늘날 세속화되어 가는 한국 교계를 바라볼 때, 이 본문은 다시 한 번 우리에게 성경이 말하는 하나님의 백성들의 선교적 소명을 확인할 수 있다.

---

[186] Walter C. Kaiser, Jr., op. cit., 105.

4) 제사장 나라와 선교

출 19:6절에 기록된 "제사장 나라"는 이스라엘의 두 번째 이름이다. 하나님과 열국 백성 앞에서 제사장으로서의 사명을 갖는 이 표현은 우리 하나님의 백성들에게 많은 과제와 역할을 부여하시는 표현이다. 종교개혁의 지도자들이 일찍이 성경에 나타난 "만인제사장론" 곧 모든 그리스도인들은 제사장적 사역을 가진다는 내용인데, 그 이론은 실제로 온전히 현장에서 적용되지 않고 있는 현실이다. 본문에 나타난 제사장 나라라는 표현은 하나님의 백성의 제사장적 역할 곧 선교적 책임을 나타내고 있다.

구약의 제사장은 하나님의 성전에서 백성들의 예배를 위해 봉사하고 그들을 위해 중보기도하고 축복을 선포한다(민 6:24-26).[187] 아울러 제사장은 하나님의 말씀을 가르치고 전파하는 사역을 감당한다. 이제 이스라엘은 하나님과 열방 앞에 이러한 하나님의 복음을 전파하는 위치에 있음을 말씀하신다. 이 표현 또한 이스라엘이 갖는 분명한 선교적 역할을 지적하고 있다. 벧전 2:9에서 이 말은 사도 베드로에 의해 "왕 같은 제사장들"이란 표현으로 모든 신약의 그리스도인들에게 적용되고 있다. 왕 같은 제사장들이란 "왕이 사용하는," 또는 "왕족 가문에 속한" 제사장들로서, 존귀한 신분의 하나님의 백성들을 지칭하는 자들이며, 아울러 제사장들처럼 하나님을 가까이서 섬기는 존재들이다.

이 표현은 하나님의 백성이 가지는 제사장적 사역을 묘사하고 있다. 구약에 나타난 제사장의 역할을 보면, 먼저 성소의 제단에 봉사하고, 그리고 하나님의 백성들을 위해 축복하고(민 6:24-27), 그

---

[187] "여호와는 네게 복을 주시고 너를 지키시기를 원하며 여호와는 그 얼굴로 네게 비취사 은혜 베푸시기를 원하며 여호와는 그 얼굴을 네게로 향하여 드사 평강주시기를 원하노라 할지니라 하라 그들이(제사장들이) 이같이 내 이름으로 이스라엘 자손에게 축복할지니 내가 그들에게 복을 주리라" (민 6:24-27).

리고 백성들에게 하나님의 율법을 가르치는 사역을 감당한다. 이것은 하나님과 만민들 사이에서 이스라엘의 우주적 제사장 역할을 보여준다. 그리고 "제사장 나라"라는 말은 이 나라의 시민 모두가 제사장적 사역에 참여한다는 의미를 가지고 있다. 곧 이 말은 "단체적 제사장들"을 지칭하고 있기 때문에, 이 말은 어떤 개인의 특별 지위를 인정하는 교직주의와는 다른 개념이다. 가톨릭과 같은 종교적 특수 계급(Special Religious Caste)을 의미하지 않는 개념이다.[188]

결국 이 제사장나라라는 말은 하나님의 백성의 선교적 소명을 나타내고, 이스라엘은 세상을 위한 제사장 나라로 선교적 소명자로서 전 세계 복음화를 위한 하나님의 수단이며, 전 세계를 향한 하나님의 축복의 통로의 의미를 가지고 있다. 요하네스 블라우(J. Blauw)는 "제사장이 한 민족을 위해 세움을 받았듯이, 이스라엘은 한 민족으로서 세계를 위해 세움을 받았다."[189]

5) 거룩한 백성과 선교

출 19:6에 "거룩한 백성"이라는 이름으로 이스라엘은 이 세상에서 구분되어 하나님의 백성으로 선택된 하나님의 소유로서, 그리고 복음을 전파하는 제사장적인 사명을 가지고 이제 "구별된 백성"으로서 불러 주신다. 여기서 사용된 "거룩한"이란 말은 어떤 종교적, 도덕적 정결함보다, 하나님의 특별한 목적을 위하여 구별함을 받은 백성이란 뜻이다.[190] 곧, 이스라엘은 하나님의 쓰심을 위하여 구별한 백성으로 하나님의 사역을 위한 구별된 백성으로서 그들의 위치를 구분할 수 있어야 한다는 말이다.

---

188) Terence E. Fretheim, *Exodus* (Louisvillle: John Knox Press, 1991); Robert Alan Cole, Exodus: *An Introduction and Commentary*, (Downers Grove: InerVarsity Press, 1973).
189) Blauw, op., cit.,24.
190) Blauw, op. cit.,25.

"거룩한 백성"으로서 이스라엘은 하나님의 뜻을 이루기 위한 삶의 목적을 지닌다. 이 말은 이 세상에서 하나님의 백성의 지위와 역할에 대한 의미를 가진다. "거룩한"의 의미는 몇 가지로 사용되는데, "평범하거나 부패한 것에서 구별된," "하나님의 쓰심을 위해 특별히 분류된," 백성으로서, 이스라엘은 열국가운데서 선택된 백성임을 보여준다(신 7:6; 14:2, 21; 26:19; 사62:12).[191] 이 세상에서 이스라엘은 하나님의 백성으로서 구별된 삶을 살기 위해 십계명을 소유하고 있으며(출 20:1-2), 아울러 이 땅에서 이스라엘의 특별목적을 표현한다. 곧 여호와 하나님을 섬기는 예배와 봉사의 삶과 그리고 구속사 속에 있는 선교적 소명을 위해 구별된 백성임을 증거 한다.

6) 이스라엘의 선교적 사명과 적용

이스라엘은 하나님의 특별 소유로서 선교적 사명을 가진 제사장나라요, 하나님의 거룩한 뜻을 수행하기 위한 거룩한 백성이다. 그러므로 오늘 우리는 하나님의 백성으로서 전 세계를 구원코자 하는 하나님의 선교 의지에 온전히 자신을 구별하여 드려서, 하나님의 복음전파의 도구가 되어야 함을 보여준다.

여기서 세계선교의 사명은 하나님의 백성으로서 이스라엘의 특권과 책임이다(출 19:5-6). 미국 칼빈신학교 선교학 교수 리처드 디 리더(Richard De Ridder)는 이스라엘이 하나님의 백성으로서 선택된 것은 그들이 갖는 특권과 함께 그들에게 순종과 섬김의 삶을 갖게 되었으며, 그래서 이스라엘은 열국 백성들 가운데 여호와 하나님의 대표자(representative)의 역할을 갖는다고 주장하였다.[192]

---

191) Walter Kaiser, Jr, "Exodus," *The Expositor's Bible Commentary*, ed. Frank Gabelein, (Grand Rapids: Zondervan, 1990), 416.
192) De Ridder, op., cit., 32: "Election has as its corollary service; covenant demands obedience."

아서 글래서(Arthur Glasser)도 하나님의 백성으로서의 이스라엘의 선택은 하나님의 선교적 목적을 위한 섬기는 존재가 되게 하기 위함이며, 하나님의 구별하여 택하심은 이스라엘의 선교적 역할을 보여준다.[193] 그리고 세상 속에서 이스라엘은 여호와 하나님을 나타내고 알려주는 민족이다.[194] 존 바톤 페인(J. Barton Payne)에 의하면, 이스라엘을 하나님의 백성으로 선택한 이중적 목적은, 첫째는 하나님을 영화롭게 하기 위한 것이며, 둘째는 잃은 영혼을 하나님께로 인도함과 동시에 이스라엘을 통하여 메시야가 오시도록 준비하기 위한 수단으로 섬기기 위한 것이며, 그러므로 이스라엘의 선택의 참된 뜻은 "하나님의 백성이 되는 특권과 함께 봉사와 섬김에 있다고 강조하였다.[195]

참으로 이스라엘은 이 세상에서 하나님의 백성으로서의 특권과 함께 하나님을 섬기는 책임을 가지고 있다. 그런 점에서 이스라엘의 선택은 특권만이 아니라 봉사와 선교의 수단이다. 선택을 통한 봉사가 아니라 봉사 때문에 선택되었으므로 책임을 다하지 못할 때에는 오히려 하나님의 무서운 심판을 면하지 못한다(사 6:1-12).

우리는 여기서 전 세계를 향하신 하나님의 구원계획이 이스라엘을 통해서 이루어짐을 본다. 디 리더(R. De Ridder)는 여호와 하나님을 이스라엘을 매개로 해서 열국들을 자신에게로 이끄실 것을 보여준다고 주장한다.[196] 로울리(H. H. Rowley)는 이스라엘이 그들 자신의 삶에서 하나님의 뜻을 나타내기 위해서 뿐만 아니라 "세계에 대한 직무를 감당하기 위해 부름을 받았다. 그 이유는 이스

---

193) Arthur Glasser, *Lectures on Old Testament Theology of Mission,* (Unpublished), (Pasadena: Fuller Theological Seminary, 1972), 5: "Election demands response."
194) Ibid., 32: "Israel was to be Yahweh's representative among the peoples."
195) J. Barton Payne, *A Theology of the Old Testament,* (Grand Rapids: Zondervan, 1973), 188.
196) Richard De Ridder, op., cit,. 34: "Through Israel as a sort of mediator Yahweh will bring the nations into communion with Himself."

라엘이 열방에 대한 사명을 가지고 있기 때문이다."[197] 곧 이스라엘의 선택은 특권만이 아니라 봉사와 선교의 수단임을 알 수 있다.

그리고 이방인이 할례를 통해 유대나라에 가입할 수 있도록 만든 것은 장차 이방인들이 구원받을 것을 미리 암시한 것으로 볼 수 있다. 이스라엘로 주변의 이방나라의 조잡한 문화에 오염되지 말 것을 요구하시고, 아울러 이방인의 유대에 가입되는 것을 배제하지 아니하셨다. 특히 이스라엘이 출애굽할 때, "중다한 잡족"(출 12:38)이 이스라엘을 따랐으며, 유대인의 중요한 할례의식이 이방인에게도 행하여 졌다(출 12:48).

이런 점에서 디 리더(Richard De Ridder)는 이방인 거주자들을 완전히 인정하고 유대인들에게 완전히 가입되도록 특수법을 제정한 이스라엘의 율법과 견줄만한 법은 세계 어디에도 없었다고 주장한다.[198] 조지 피터스(George Peters)는 그런 점에서 구약의 체제는 폐쇄된 국가종교가 아니라 그 문호를 활짝 열어놓고 있으며, 거기에는 물론 신학적이고 도덕적인 구별과 제한은 존재하지만, 종족적으로나 국가적으로는 하나님의 백성이 되는 데 있어서 장애물이 없었으며, 항상 이방인들이 할례를 받으면, 유대인으로 받아들여졌으며 그들에게도 동등한 지위가 부여되었다고 밝힌다.[199]

5. 결론

구약에도 선교신학이 있는가? 구약성경은 선교학의 교과서이다. 혼탁한 현대신학의 흐름 속에서 성경적 메시지를 중심으로 선

---

197) H. H. Rowley, op. cit., 60.
198) R. De Ridder, op. cit., 47.
199) George Peters, op. cit., 114: "Old Testament revelation was not a closed national religion; it held its doors wide open. It had its theological, moral and ceremonial restrictions, but it was neither racially nor nationally a closed system. The stranger was welcome, and his acceptance on equal status was assured."

교신학을 정립하는 것은 매우 중요하다. 구약성경이 오늘날 모든 그리스도인들에게 제대로 사용된다면, 하나님의 놀라우신 구원의 경륜과 선교적인 메시지를 통해 더욱 풍성한 선교의 열매를 기대할 수 있다(눅 24:44-48).

  모세오경을 중심으로 역사서와 시편 그리고 선지서로 이루어진 구약성경은 하나님의 언약과 하나님의 언약백성들에게 주시는 계시의 말씀이다. 구약성경은 오늘의 그리스도인들에게 우리의 정체성을 분명하게 제시하면서 또한 성경적인 사역을 보여준다. 구약성경은 온 땅을 창조하신 하나님의 섭리하심과 죄로 인해 사망의 고통에 있는 인류를 구원코자하시는 하나님의 선교적 메시지가 가득 넘쳐 있다. 아브라함과 이삭, 야곱을 통해서 모세로 이어지면서 하나님의 선교명령은 보다 구체적으로 전개됨을 보았다. 그리고 이스라엘의 역사를 이어서 포로기 그리고 포로이후시대로 이어지면서 메시야를 바라보는 구약시대에 들려졌던 구약성경에 나타난 하나님의 백성들의 선교 명령은 오늘도 신약성도들에게 강하게 메아리쳐 들리고 있다.

제9장
선지서에 나타난 선교

1. 서론

21세기 한국교회의 선교적 확장과 부흥은 교회역사에 있어서 새로운 기회이며 세계선교의 새로운 장을 열어가는 국면이다. 이러한 한국선교의 지속적인 성장을 위해 선교에 대한 신학적인 연구가 더욱 필요로 한다. 선교에 대한 바른 이해가 필요하며 성경적인 선교연구가 절실한 편이다.[200] 남아공의 선교학자 데이비드 보쉬(David Bosch)는 21세기 선교신학에서도 선교에 대한 성경적인 연구는 참된 선교신학과 선교사역을 이루어 가는데 있어서 그 중요한 역할을 주장하였다.[201]

---

200) 참고: J. H. Bavinck, *Introduction to the Science of Missions*, (Philadelphia: Presbyterian and Reformed Publishing Co. 1960; J. Herbert Kane, Christian Missions in Biblical Perspective, Grand Rapids: Baker, 1976; Roger E. Hedlund. *The Mission of the Church in the World: A Biblical Theology*, Grand Rapids: Baker Book House, 1991; Arthur F. Glasser, The Story of God's Mission in the Bible: Announcing the Kingdom, Grand Rapids: Baker 2003; George Peters, 선교성경신학(김성욱역), (서울: 크리스챤출판사, 2004).

201) David Bosch, "Reflections on Biblical Models of Mission," *In Toward the 21st Century in Christian Mission*, eds., James M. Phillips and Robert T. Coote, Grand Rapids: Eerdmans, 1993, 175: "There can be little doubt that what has traditionally been referred to as the

사실 화란 개혁주의 선교학자 바빙크(J. H. Bavinck)는 오직 성경만이 현대 선교의 이론과 실제에 대한 모든 문제들의 해답을 줄 수 있다고 주장하면서 성경적인 선교신학의 중요성을 강조하였다.202) 그리고 Arthur Glasser도 선교의 성경적 기초가 중요하다는 사실을 강조하였는데, 그것은 오늘날 팽배하는 자유주의 선교신학자들의 선교의 폐지론이나 선교의 재개념화(Reconceptualization)를 통한 전통적인 선교보다 선교를 사회사업이나 인권운동으로 대체하려는 흐름 때문이라고 주장하였다.203)

아울러, 기존의 선교메시지들은 주로 구약보다 신약을 많이 인용하고 있는데, 이것은 구약적인 배경에 대한 많은 자료들과 연구가 필요함을 보여준다고 본다. 아울러 기존의 선교학자들의 신학전개에 있어서도 구약적인 기초가 절실히 부족함을 보여준다.204) 구약

'biblical foundations of mission' will be as important in the twenty-first century as it has been in the past. In fact, if we want the missionary enterprise to be authentic and our reflections on mission to be relevant, we will have to pay even more serious attention to this branch (biblical foundations of missions) of missiology than we used to do."

202) J. H. Bavinck, *An Introduction to the Science of Missions*, Phillipsburg: Presbyterian and Reformed Publishing Co., 1960, xv.; "It is true that missions find itself at this moment in a very grave crisis… In fact we are today probably more conscious than past generations that theoretical problems concerning problems, which can be answered by Scripture alone, lurk behind the countless practical problems which beset the church. Tact, intuition, and a clear appreciation of the difficulties involved are important, but they cannot show us the way. The ultimate and decisive word must be spoken by the Scriptures."

203) Arthur Glasser, *Contemporary Theologies of Missions*, (Grand Rapids: Baker Book House, 1985), 30.: "Never in history has there been so much evangelical activity seeking to make Jesus Christ known, loved, and served throughout the world. And yet the church has never been so harassed and troubled by voices calling for the reduction or abandonment of these activities - and for the reconceptualization of its message and mission in terms of social justice, international peace, racial integration, and the elimination of poverty."

204) 사실 지금까지 나온 선교학자들의 연구에 나타난 구약의 선교신학은 그렇게 다양하지 않은 실정이다. 참고: J. H. Bavinck, *Introduction to the Science of Missions*, (Philadelphia: Presbyterian and Reformed Publishing Co. 1960; J. Herbert Kane, Christian Missions in Biblical Perspective, Grand Rapids: Baker, 1976; Roger E. Hedlund, *The Mission of the Church in the World: A Biblical Theology*, Grand Rapids: Baker Book House, 1991; Arthur F. Glasser, The Story of God's Mission in the Bible: Announcing the Kingdom, Grand Rapids: Baker 2003; George Peters, 『선교성경신학』, (김성욱역), (서울: 크리스챤출판사, 2004).

이 없는 신약은 불가능한 것 같이, 선교에 있어서도 선교의 대사명은 하루아침에 하늘에서 떨어진 것이 아니라 구약성경의 연속이다. 곧, 성경의 선교론을 논할 때, 결코 구약을 무시할 수 없다.

특히 구약 선지자들은 이스라엘의 하나님은 이방의 하나님도 되시며(롬3:29), 이스라엘의 구원은 이방 나라의 희망도 된다고 선포하였으며, 여호와는 처음부터 하늘과 땅의 하나님이시며, 처음부터 아브라함의 축복은 이방을 위한 것으로 정하셨다고 주장하였다.[205] 본 장은 구약성경 가운데 선지서를 중심으로 선교적 메시지를 선교신학적 관점에서 고찰하고자 한다.

2. 구약 선지서에 대한 이해

구약성경에 나타난 선교사상가운데 선지서의 선교메시지는 그 어느 부분보다도 분명하게 제시되어 나타난다. 조지 피터스(George Peters)는 선지서에 나타난 메시지들은 특별히 선교적인 열정과 관점에서 볼 필요가 있다고 선지서의 선교적 메시지를 강조하였다.[206] 그것은 구약의 선지자들이 자신들의 다양한 사역가운데 열방을 향한 선교메시지를 기록하였기 때문이다.

W. 밴게메렌(Willem VanGemeren)은 그의 예언서 연구에서 선지자 가운데 이사야를 "복음적인 선지자"(the evangelical prophet)로 분류하였다.[207] 그의 선교적 비전과 메시지는 66장 전체를 통해서 드러나 있다. 특히 이사야 19장 23-24절에 나타난 놀라운 이방선교의 열매에 대한 예언은 구약성경에 나타난 구약선교의 정

---

205) Gustav Warneck, *Evangelisch Missionlehre* I., (Gotha: Friedrich Andreas Perthes, 1887), 134-35.
206) George Peters, op., cit., 110: "The voice of prophets regarding the missionary thrust and divine purpose of salvation is clear and pronounced."
207) W. VanGemeren, *Interpreting the Prophetic Word*, (Grand Rapids: Zondervan, 1991), 288.

수를 보여 준다: "그 날에 이스라엘이 애굽과 앗수르로 더불어 셋이 세계 중에 복이 되리니 이는 만군의 여호와께서 복을 주어 가라사대 나의 백성 애굽이여, 나의 손으로 지은 앗수르여, 나의 산업 이스라엘이여, 복이 있을 지어다 하실 것임이니라"(사 19:23-24). 이처럼 선지자들은 다양한 선교메시지를 통해 이미 구약에서부터 이방선교의 중요성을 보여주었다.

오늘날 선교훈련단체에서 선교적인 찬양을 통해 선교열정과 헌신을 주제로 한 찬양을 준비하여 효과적으로 선교동원과 훈련사역에 사용하고 있다. 그런데 이 대부분의 찬양이 주로 선지서에서 나온 선지자들의 선교메시지에 관한 것들이다. 하박국 선지자의 "대저 물이 바다를 덮음 같이 여호와의 영광을 인정하는 것이 세상에 가득하리라"(합 2:14)와, 말라기 선지자는 "해 돋는 데서부터 해 지는 데까지 여호와의 이름이 편만할" 것을 예언하였다(말 1:11).

선지서의 주제들은 하나님의 왕국과, 메시야 왕국과, 회복의 성령에 대한 것으로 우리의 이해를 초월한다. 선지자들의 하나님에 관한 이상은 의로운 자들을 경외와 경배와 경건한 삶으로 인도한다. "그러므로 우리가 진동치 못할 나라를 받았은즉 은혜를 받자 이로 말미암아 경건함과 두려움으로 하나님을 기쁘시게 섬길지니 '우리 하나님은 소멸하는 불 이심이니라'"(히 12:28). 이처럼 구약의 선지자들은 세계 속에 역사하시는 하나님의 통치와 선교적 확장을 그 중심주제로 기록하였다. 구약의 역사서는 "이스라엘을 통하여 역사하시는 하나님"(the God who acts)이라면, 구약의 선지서는 "이스라엘을 통하여 말씀하시는 하나님"(the God who speaks)이심을 말해 준다(cf.사 50:4-5; 렘 1:5-9). 하나님은 이스라엘의 하나님이시며 또한 이방인의 하나님도 되셔서, 이방가운데 장래에 하나님의 구원에 참예할 자가 있음을 주장하였으니, 동시에 이스라엘은 그들의 특권에 상응하는 선교적 책임을 다할 것을 구약의 핵심적인 메시지 가운데 하나로 보여주고 있다.

3. 구약의 선지서 주요 주제들

밴게메렌(Willem VanGemeren)은 그의 예언서 연구[208]에서 선지서의 주요 연구주제들에 대하여 증거 하였다. 곧 참 선지자와 거짓 선지자(렘 23:18, 22; 미 3:5)에 관한 주제들, 오실 메시아와 관련된 예언을 통한 선교의 사상들(렘 31:31-34), 새 언약과 그리스도에 대한 예언적 메시지(사 53:1-8; 렘 31:31-34; 슥 9:9; 미 5:2), 그리고 세계선교와 선지자의 역할에 관한 것들이다. 그리고 종말에 대한 메시지로서, 여호와의 날은 세상열방에 대해 심판하는 주제로 제시되어 나타난다(욜 1:15; 말 3:2).[209] 선지자들은 마지막 날에 흩어진 하나님의 백성들이 주께로 돌아오며 무너진 다윗의 천막을 일으켜 세워 천하 만민 가운데 그들로 명성과 칭찬을 받게 되는 그 날을 예언하였다(암 9:11-12; 습 3:20).[210]

구약 선지서에 나타난 "하나님의 나라"에 대한 주제 역시 선교적인 메시지를 연구하는데 중요한 의미를 가진다. 아서 글래서(Arthur Glasser)는 성경적 선교메시지를 논하면서 구약에 나타난 하나님의 나라는 구약성경의 핵심적인 선교주제임을 주장하였다.[211]

---

208) Willem VanGemeren, *Interpreting Prophetic Words*, 『예언서 연구』, (김의원역), 서울: 엠마오출판사.
209) "오호라 그 날이여, 여호와의 날이 가까왔나니 곧 멸망같이 전능자에게로서 이르리로다"(욜 1:15); "그의 임하는 날을 누가 능히 당하며, 그의 나타나는 때에 누가 능히 서리요"(말 3:2).
210) "그 날에 내가 다윗의 무너진 천막을 일으키고 그 틈을 막으며 그 퇴락한 것을 일으키고 옛적과 같이 세우고 저희로 에돔의 남은 자와 내 이름으로 일컫는 만국을 기업으로 얻게 하리라 이는 이를 행하시는 여호와의 말씀이니라"(암 9:11-12); "내가 그 때에 너희를 이끌고 그 때에 너희를 모을찌라 내가 너희 목전에서 너희 사로잡힘을 돌이킬 때에 너희로 천하 만민 중에서 명성과 칭찬을 얻게 하리라 나 여호와의 말이니라"(습 3:20).
211) Arthur Glasser and Donald McGavran, *Contemporary Theologies of Mission*, Grand Rapids: Baker, 1983, 32: "Actually, the kingdom of God is one of the central, overarching themes

글래서는 구약성경에서 하나님은 그의 왕권에 있어 최고의 위치에 있으며 모든 창조물의 원인이 되시는 분은 하나님이시며 하나님 한 분뿐이시며 온 우주의 인격적인 통치자임 강조하였다.[212] 이사야 선지자는 하나님의 주권적인 통치 앞에 열국 이방들은 "한 방울의 물"이나 "적은 티끌," 또는 "먼지" 같은 존재밖에 되지 않는다는 것을 통하여 창조주 하나님의 무한하신 능력을 선포하였다(사 40:15-17).[213] 이러한 하나님의 나라를 위해 하나님의 백성들은 하나님의 주권적인 다스리심에 대해 마음을 다해서 충성하고 그의 나라와 그의 의를 구하는 삶으로 영위해야 함을 제시한다. 미가선지자는 이스라엘을 향하여 하나님이 요구하시는 삶이 외형적이고 물질적인 것이 아니라 하나님의 뜻을 따라 겸손과 의를 추구하며 하나님과 동행하는 삶임을 강조하였다(미 6:6-8).[214]

글래서(A. Glasser)는 또한 하나님의 나라와 하나님의 최고 통치권은 그의 택하신 백성과 그를 알지 못하는 백성들과 그리고 보이지 않는 세력들에 의해 저항당하고 반대에 부딪치는 모습을 주장하였다.[215] 이스라엘의 역사속에 나타난 이스라엘의 불순종과 반역은 선지자 예레미야나 에스겔 선지자를 통하여 제시되어 있다(렘

---

of the Bible."

212) Ibid., p. 35; cf. Arthur Glasser, *The Story of God's Mission in the Bible: Anouncing the Kingdom*, Grand Rapids: Baker, 2003.

213) "보라 그에게는 열방은 통의 한 방울 물 같고 저울의 적은 티끌 같으며 섬들은 떠오르는 먼지 같으니, 레바논 짐승들은 번제 소용에도 부족하겠고 그 삼림은 그 화목 소용에도 부족할 것이라 그 앞에는 모든 열방이 아무 것도 아니라 그는 그들을 없는 것 같이, 빈 것 같이 여기시느니라" (사 40:15-17).

214) "내가 무엇을 가지고 여호와 앞에 나아가며 높으신 하나님께 경배할까 내가 번제물 일년 된 송아지를 가지고 그 앞에 나아갈까 여호와께서 천천의 수양이나 만만의 강수 같은 기름을 기뻐하실까 내 허물을 위하여 내 맏아들을, 내 영혼의 죄를 인하여 내 몸의 열매를 드릴까 사람아 주께서 선한 것이 무엇임을 네게 보이셨나니 여호와께서 네게 구하시는 것이 오직 공의를 행하며 인자를 사랑하며 겸손히 네 하나님과 함께 행하는 것이 아니냐" (미 6:6-8).

215) Glasser, op. cit., 35; "God's sovereign rule is relentlessly resisted and opposed by His people, by the peoples that do not know Him, and by the unseen powers."

34:15-16; 겔 39:7).²¹⁶⁾ 그러나 하나님의 나라의 선교적 확장은 앞으로 미래에 펼쳐지는 역사적인 사실임을 선지자들은 분명하게 주장하였다. 하나님의 우주적인 통치 속에 이스라엘을 통하여 열방이 여호와의 소유가 되어 그들도 함께 여호와의 영광을 인정하게 될 것을 보여준다(옵 1:21; 합 2:14).²¹⁷⁾

이처럼 선지자들은 하나님의 나라의 선교적 확장을 그들의 메시지들을 통하여 보여준다(학 2:6-7; 2:22-23). 여호와 하나님은 만국의 주권적 통치자이시며 때가 차면 여호와의 다스림이 만국에 선포될 것이며, 죄악 된 세상 열국의 세력을 멸하시며(학 2:6-7; 2:22-23)²¹⁸⁾, 그날에 많은 나라가 여호와께 속하여 하나님의 백성이 될 것이며 여호와 하나님께서 그들 가운데 거하실 것이며(슥 2:11), 이방 나라 사람들이 유다 백성의 축복을 흠모하여 그들도 여호와 하나님의 축복에 참여하기 위해 이스라엘 백성들을 붙잡고 복음전파를 간절하게 부탁하는 모습을 보여주고 있다(슥 8:23).²¹⁹⁾ 놀랍게도 과거에 이스라엘을 공격했던 이방나라들이 그 날에 여호와 하나님

---

216) "그러나 너희는 이제 돌이켜 내 목전에 정당히 행하여 각기 이웃에게 자유를 선언하되 내 이름으로 일컬음을 받는 집에서 내 앞에서 언약을 세웠거늘 너희가 뜻을 변하여 내 이름을 더럽히고 각기 놓아 그들의 마음대로 자유케 하였던 노비를 끌어다가 다시 너희에게 복종시켜서 너희 노비를 삼았도다." (렘 34:15-16); "내가 내 거룩한 이름을 내 백성 이스라엘 가운데 알게 하여 다시는 내 거룩한 이름을 더럽히지 않게 하리니 열국이 나를 여호와 곧 이스라엘의 거룩한 자인 줄 알리라 하셨다 하라" (겔 39:7).
217) "구원자들이 시온 산에 올라와서 에서의 산을 심판하리니 나라가 여호와께 속하리라" (옵 1:21); "대저 물이 바다를 덮음 같이 여호와의 영광을 인정하는 것이 세상에 가득하리라" (합 2:14).
218) "나 만군의 여호와가 말하노라 조금 있으면 내가 하늘과 땅과 바다와 육지를 진동시킬 것이요 또한 만국을 진동시킬 것이며 만국의 보배가 이르리니 내가 영광으로 이전에 충만케 하리라 만군의 여호와의 말이니라." (학 2:6-7); " 열국의 보좌를 엎을 것이요 열방의 세력을 멸할 것이요 그 병거들과 그 탄 자를 엎드러뜨리리니 말과 그 탄 자가 각각 그 동무의 칼에 엎드러지리라." (학 2:22).
219) "그날에 많은 나라가 여호와께 속하여 내 백성이 될 것이요 나는 네 가운데 거하리라 네가 만군의 여호와께서 나를 네게 보내신 줄 알리라" (슥 2:11); "만군의 여호와가 말하노라 그날에는 방언이 다른 열국 백성 열 명이 유다 사람 하나의 옷자락을 잡을 것이라 곧 잡고 말하기를 하나님이 너희와 함께 하심을 들었나니 우리가 너희와 함께 가려 하노라 하리라 하시니라" (슥 8:23).

을 예배하는 나라가 될 것을 기록하였다(슥 14:16-21).[220] 그리고 말라기 선지자는 여호와 하나님의 이름이 열방 중에서 큰 이름으로 나타날 것을 예언하였다(말 1:14).[221]

4. 구약 선지서에 나타난 선교적 특징들

먼저, 선지자들은 선교는 하나님께서 주권적으로 확정하신 것으로 나타나 있다(사 43:21). 사43:21은 이스라엘의 창조하신 하나님께서 이스라엘의 존재목적이 바로 이방 속에서 여호와의 복음을 선포하는 선교적인 목적이 있음을 분명하게 제시하고 있다. "이 백성은 내가 나를 위하여 지었나니 나의 찬송을 부르게 하려 함이라"(사 43:21). 여기서 이스라엘의 기원은 자신에 있는 것이 아니라, 자신의 목적과 존재는 여호와 하나님께 속하며, 하나님이 이스라엘의 선교의 근원자, 창시자가 되신다는 사실을 보여준다.

그리고 구약에 선지자들은 여호와 하나님께서 선교의 중심이 되심을 분명하게 제시한다(사 44:6-8; 45:5-6; 45:21-22).[222] 이스라

---

220) "예루살렘을 치러 왔던 열국 중에 남은 자가 해마다 올라와서 그 왕 만군의 여호와께 숭배하며 초막절을 지킬 것이라 천하 만국 중에 그 왕 만군의 여호와께 숭배하러 예루살렘에 올라오지 아니하는 자에게는 비를 내리지 아니하실 것인즉 만일 애굽 족속이 올라오지 아니할 때에는 창일함이 있지 아니하리니 여호와께서 초막절을 지키러 올라오지 아니하는 열국 사람을 치시는 재앙을 그에게 내리실 것이라 애굽 사람이나 열국 사람이나 초막절을 지키러 올라오지 아니하는 자의 받을 벌이 이러하니라 그 날에는 말 방울에까지 여호와께 성결이라 기록될 것이라 여호와의 전에 모든 솥이 제단 앞 주발과 다름이 없을 것이니 예루살렘과 유다의 모든 솥이 만군의 여호와의 성물이 될 것인 즉 제사 드리는 자가 와서 이 솥을 취하여 그 가운데 고기를 삶으리라 그날에는 만군의 여호와의 전에 가나안 사람이 다시 있지 아니하리라"(슥 14:16-21).
221) "떼 가운데 수컷이 있거늘 그 서원하는 일에 흠있는 것으로 사기하여 내게 드리는 자는 저주를 받으리니 나는 큰 임금이요 내 이름은 열방 중에서 두려워하는 것이 됨이니라 만군의 여호와의 말이니라"(말 1:14).
222) "이스라엘의 왕인 여호와 이스라엘의 구속자인 만군의 여호와가 말하노라 나는 처음이요 나는 마지막이라나 외에 다른 신이 없느니라 내가 옛날 백성을 세운 이후로 나처럼 외치며 고하며 진술할 자가 누구뇨 있거든 될 일과 장차 올 일을 고할지어다 너희는 두려워 말며 겁내지 말라 내가 예로부터 너희에게 알리지 아니하였느냐 고하지 아니하였느냐 너희는 나의 증인이라 나 외에 신이 있겠느냐 과연 반석이 없나니 다른 신이 있음을 알지 못하노라"(사 44:6-8); "나는 여호와라 나 외에 다른 이가 없나니 나밖에 신이 없느니라 너는 나를 알지 못하였을지라도 나는 네 띠를 동일 것이요 해 뜨는 곳에서든지 지는 곳에서든지 나밖에 다른 이가 없는

엘이 선포할 선교핵심 메시지는 여호와 하나님이 그 중심이 되시며, 여호와 하나님께서 선교의 중심이요, 선교의 내용 전부임을 보여준다. 유일하신 하나님을 이 세상에 선포함이 이스라엘의 적극적인 선교의 내용이다. 이스라엘이 살던 주변국에서 일어났던 우상숭배나 다신론, 그리고 비윤리적 사상들 속에서 이스라엘은 인격적인 여호와 하나님께서 도덕적인 통치자이심을 주제로 증거 하였다.

이러한 선지자들이 본 이스라엘의 선교는 결국 만국을 향한 것으로 그들도 마지막 날에 하나님의 축복에 참예할 것을 내다보고 있다(사 2:2-4; cf. 미 4:1-5; 슥 8:22-23).[223] 이러한 선지서의 선교 주제를 통해 이스라엘은 자신만의 구원을 위해서 존재하는 것이 아니라, 이 구원을 만국에 전파할 자들임을 예시한다. 이스라엘의 존재목적은 그들의 이방선교에서 찾을 수 있음을 보여 준다(사 43:1; 43:10; 43:21).[224] 여기서 구약선지자들의 선교메시지에 나타난 한 가지 특징은 선교가 이스라엘의 어떤 종교적인 열정이나 헌신에서 나온 것이 아니라 여호와 하나님의 주권적인 의지에 의해 진행되는

줄을 무리로 알게 하리라 나는 여호와라 다른 이가 없느니라"(사 45:5-6); " 너희는 고하며 진술하고 또 피차 상의하여 보라 이 일을 이전부터 보인 자가 누구냐 예로부터 고한 자가 누구냐 나 여호와가 아니냐 나 외에 다른 신이 없나니 나는 공의를 행하며 구원을 베푸는 하나님이라 나 외에 다른 이가 없느니라 땅 끝의 모든 백성아 나를 앙망하라 그리하면 구원을 얻으리라 나는 하나님이라 다른 이가 없음이니라"(사 45:21-22).
223) "말일에 여호와의 전의 산이 모든 산 꼭대기에 굳게 설 것이요 모든 작은 산 위에 뛰어나리니 만방이 그리로 모여들 것이라 많은 백성이 가며 이르기를 오라 우리가 여호와의 산에 오르며 야곱의 하나님의 전에 이르자 그가 그 도로 우리에게 가르치실 것이라 우리가 그 길로 행하리라 하리니 이는 율법이 시온에서부터 나올 것이요 여호와의 말씀이 예루살렘에서부터 나올 것임이니라 그가 열방 사이에 판단하시며 많은 백성을 판결하시리니 무리가 그 칼을 쳐서 보습을 만들고 그 창을 쳐서 낫을 만들 것이며 이 나라와 저 나라가 다시는 칼을 들고 서로 치지 아니하며 다시는 전쟁을 연습지 아니하리라"(사 2:2-4).
224) "야곱아 너를 창조하신 여호와께서 이제 말씀하시느니라 이스라엘아 너를 조성하신 자가 이제 말씀하시느니라 너는 두려워말라 내가 너를 구속하였고 내가 너를 지명하여 불렀나니 너는 내 것이라"(사 43:1); 나 여호와가 말하노라 너희는 나의 증인, 나의 종으로 택함을 입었나니 이는 너희로 나를 알고 믿으며 내가 그인줄 깨닫게 하려 함이라 나의 전에 지음을 받은 신이 없었느니라 나의 후에도 없으리라"(사 43:10); "이 백성은 내가 나를 위하여 지었나니 나의 찬송을 부르게 하려 함이니라"(사 43:21).

하나님의 구속사의 사건임을 강조한 점이다.[225]

5. 선지서에 나타난 이스라엘과 열국의 관계

구약성경 어느 곳보다 선지서는 열방을 향한 선교적인 메시지들로 가득 차 있다. 각 시대마다 하나님의 보내심을 받은 선지자들은 하나님의 백성들에게 계시의 말씀을 전하였다. 특별히 그들은 역사의 소용돌이 속에 이스라엘 열두 지파의 남은 자들에게 축복하고 위로하는 말씀을 전파하였다. 그런데 이스라엘 주위의 열국들은 하나님의 백성을 괴롭히고 압제하였기 때문에 하나님의 심판이 강조되어 나타나 있지만, 그럼에도 불구하고 선지자들은 하나님의 구속목적에 열국이 포함됨을 또한 증거 하였던 것이다.

1) 포로 전기 선지서에 나타난 열국에 대한 메시지

먼저 아모스 선지자는 새로운 하나님의 백성이 모일 때에 거기에는 이방인들도 참여할 것을 증거 하였다.(암 9:12).[226] 미가 선지자 역시 그가 예언한 시온에 대한 환상 속에 하나님의 법에 따라 행하기를 배우는 열국을 포함하였다(미 4:1-4).[227] 그런데 하나님의 역사 속에 이방인들이 포함될 것에 대한 가장 강력한 주장은 바

---

225) George W. Peters, *A Biblical Theology of Missions*, 124-29: "This mission of Israel was not discovered by religious genius or selfish ambitious and voluntarily assumed. It was divinely bestowed. This is the calling and purpose of Israel."
226) "저희로 에돔의 남은 자와 내 이름으로 일컫는 만국을 기업으로 얻게 하리라 이는 이를 행하시는 여호와의 말씀이니라" (암 9:12).
227) "말일에 이르러는 여호와의 전의 산이 산들의 꼭대기에 굳게 서며 작은 산들 위에 뛰어나고 민족들이 그리로 몰려갈 것이라 곧 많은 이방이 가며 이르기를 오라 우리가 여호와의 산에 올라가서 야곱의 하나님의 전에 이르자 그가 그 도로 우리에게 가르치실 것이라 우리가 그 길로 행하리라 하리니 이는 율법이 시온에서부터 나올 것이요 여호와의 말씀이 예루살렘에서부터 나올 것임이라 그가 많은 민족 중에 심판하시며 먼 곳 강한 이방을 결하시리니 무리가 그 칼을 쳐서 보습을 만들고 창을 쳐서 낫을 만들 것이며 이 나라와 저 나라가 다시는 칼을 들고 서로 치지 아니하며 다시는 전쟁을 연습하지 아니하고" (미 4:1-3).

로 스바냐의 메시지에 나타난다(습 2:11).[228] 이방의 모든 해변 사람들이 각기 자기 처소에서 여호와의 이름을 부르며 경배할 것을 확신 있게 주장하였던 것이다. 비록 그들이 자기들의 언어로 여호와의 이름을 부를지라도 그들의 경배는 열납 되어질 것을 증거하였다.

2) 포로 후기 선지서에 나타난 열방들에 관한 메시지

포로전기에 활동한 선지자들보다 포로후기 시대에 활동한 선지자들은 포로전기 선지자들의 열방들의 미래에 대한 국제적인 관점을 더욱 발전시켰다.[229] 스가랴 선지자는(B.C. 520)는 메시야시대에 이방인들이 하나님의 백성가운데 포함될 것을 확신시킴으로 이스라엘의 남은 자들을 격려하였다(슥 8:20-23).[230] 스가랴는 말세에 이방들과 강대한 나라들이 예루살렘으로 와서 하나님의 축복에 함께 참여하고자 하는 강렬한 열망을 제시하였다. 그리고 구약의 마지막 성경을 기록한 말라기(B.C. 460)는 여호와 하나님은 그 왕국이 해뜨는 곳부터 해지는 데까지에 사는 모든 피조물에게 미칠 우주의 주 이심을 증언하였다(1:11; 1:14).[231]

---

[228] "여호와가 그들에게 두렵게 되어서 세상의 모든 신을 쇠진케 하리니 이방의 모든 해변 사람들이 각각 자기 처소에서 여호와께 경배하리라"" (습 2:11).
[229] Willem VanGemeren, op. cit., 241.
[230] "만군의 여호와가 말하노라 그 후에 여러 백성과 많은 성읍의 거민이 올 것이라 이 성읍 거민이 저 성읍에 가서 이르기를 우리가 속히 가서 만군의 여호와를 찾고 여호와께 은혜를 구하자 할 것이면 나도 가겠노라 하겠으며 많은 백성과 강대한 나라들이 예루살렘으로 와서 만군의 여호와를 찾고 여호와께 은혜를 구하리라 만군의 여호와가 말하노라 그날에는 방언이 다른 열국 백성 열 명이 유다 사람 하나의 옷자락을 잡을 것이라 곧 잡고 말하기를 하나님이 너희와 함께하심을 들었나니 우리가 너희와 함께 가려 하노라 하리라 하시니라" (슥 8:20-23).
[231] "만군의 여호와가 이르노라 해뜨는 곳에서부터 해지는 곳까지의 이방민족 중에서 내 이름이 크게 될 것이라 각처에서 내 이름을 위하여 분향하며 깨끗한 제물을 드리리니 이는 내 이름이 이방 민족 중에서 크게 될 것임이니라"(말 1:11); "떼 가운데 수컷이 있거늘 그 서원하는 일에 흠 있는 것으로 사기하여 내게 드리는 자는 저주를 받으리니 나는 큰 임금이요 내 이름은 열방 중에서 두려워하는 것이 됨이니라 만군의 여호와의 말이니라" (말 1:14).

선지자 요엘은 마지막 날에 구성될 하나님의 새 백성을 정의하는 한 방법으로 "여호와의 이름"을 부르는 자들로 사용하였다(욜 2:32). 마지막 날에 하나님의 구속사에서 이방인들도 하나님의 자녀가 되어 여호와의 이름을 부르며, 성령의 충만한 부으심을 통해 그 나라의 축복(욜 2:23)[232]에 참예함을 강조하였다(욜 2:28-32).

W. 벤게메렌은 이러한 요엘의 성령의 역사를 특징지어서 성령의 민주적인 내재의 역사(Democratization of the Holy Spirit)로 부르고 있다.[233] 마지막 날에 임하는 성령의 역사는 만민 가운데 여호와의 이름을 부르는 자들에게 임하며, 아울러 남종과 여종들에게도 동일하게 임하는 축복으로 묘사하고 있다는 사실이다. 요엘 선지자는 시온을 여호와의 새 공동체로 묘사하면서 그 나라의 시민은 성령 충만한 자들, 곧 구원을 위해 여호와 하나님의 이름을 부르는 자들로 구성됨을 확신 있게 제시하였다. 사도 베드로는 이 요엘의 예언을 인용하여 사도행전에 나타난 오순절 성령 강림의 구속사적 의미를 설명하였다(행 2:16-18). 마지막 날에 임하는 하나님의 구속사의 계획은 이제 주 예수의 이름을 부르는 모든 자들이, 나이와 성과 사회적 지위와 인종에 관계없이, 모두 성령의 시대를 공유함을 강조하였다(롬 10:12-13; 갈 3:28; 엡 2:13).[234]

---

[232] "시온의 자녀들아 너희는 너희 하나님 여호와로 인하여 기뻐하며 즐거워할지어다 그가 너희를 위하여 비를 내리시되 이른 비와 늦은 비가 전과 같을 것이라"(욜2:23).
[233] Willem VanGemeren, op. cit., 124.
[234] "유대인이나 헬라인이나 차별이 없음이라 한 주께서 모든 사람의 주가 되사 저를 부르는 모든 사람에게 부요하시도다 누구든지 주의 이름을 부르는 자는 구원을 얻으리라"(롬10:12-13); "믿음이 오기 전에 우리가 율법 아래 매인바 되고 계시될 믿음의 때까지 갇혔느니라"(갈 3:23); "너희는 유대인이나 헬라인이나 종이나 자주자나 남자나 여자 없이 다 그리스도 예수 안에서 하나이니라"(갈 3:28); "이제는 전에 멀리 있던 너희가 그리스도 예수 안에서 그리스도의 피로 가까워졌느니라"(엡 2:13).

6. 이사야서에 나타난 선교 메시지.

1) 복음전도자로서 이사야 선지자.

구약의 선지서 가운데 가장 많은 분량의 예언서를 남긴 선지자로서 이사야는 어떤 선지자보다 세계선교에 대한 강한 메시지를 남겼다. 오실 예수 그리스도에 대한 분명한 그의 메시지는 신약성경에서 크게 인용되어 나타난다. 이사야서의 영역은 이사야의 시대를 넘어 또 포로 후기의 재건 시대를 넘어 새 하늘과 새 땅까지(사 66:1-3) 걸쳐 있다. 이사야서 예언전체에서 나타나는 복음의 본질은 그의 이름처럼 "구원은 우리 주님께 속한다." 는 것이다.

이사야 선지자가 강조하는 두 가지 구원의 국면을 보면 먼저 의로운 남은 자들에 대한 대리 신원과 그리고 불경건한 자들이 당하는 수치와 보복에 관한 것들이다. 그리고 나아가 하나님이 주시는 구원의 역사는 유대인에게만 국한되지 않고 이방인들에게 적용됨을 강조한다. 복음선교적인 메시지를 강조하는 이사야 선지자는 인간적인 배경이나 인종적 기원에 상관없이 그리스도 안에서 이루어질 새 공동체가 이방인들을 포함하고 있음을 강조하였다. 즉 이방인들도 여호와의 구원 약속에 포함된다는 것이다.

2) 이사야서에 나타난 선교 메시지

먼저 이사야는 놀라울 정도로 이스라엘 주변의 이방나라들이 때가 되면 변화하여 하나님의 백성이 되어 그들도 하나님의 백성으로서 세상 속에서 그들의 존재와 역할을 명시하고 있다. 곧 이스라엘의 주변국인 애굽과 앗수르도 이스라엘과 함께 "세계중의 복" 이

되어 하나님의 축복의 통로가 될 것을 선언하였다(사 19:23-25).[235]

더구나 이사야는 때가 차면 열방과 열국을 불러 모아, 그들 가운데 장로를 삼아 여호와의 명성과 영광을 듣지 못한 먼 지역과 성들로 보내어, 여호와의 영광과 복음을 선포하는 일에 사용할 것을 분명하게 제시한다는 점이다(사 66:18-21).[236] 아울러 그들을 불러서 하나님을 섬기는 "제사장과 레위인을 삼아"(사 66:21) 하나님을 섬기는 백성이 되게 만들고자 하는 하나님의 섭리를 제시하였다.

이러한 이사야서에 나타난 성경본문은 구약성경에 나타난 선교적 메시지의 최고의 절정을 보여준다고 본다. 하나님의 계획으로서 장차 이방인들이 하나님의 구원에 참여하고 나아가 이제는 하나님의 영광을 다른 백성들에게 하나님의 복을 전파하는 선교사들로서 나타난다고 증거 한다.

클라우스 베스트만(Claus Westmann)은 이 본문을 주석하면서 이것은 열방가운데 선교사들을 삼아서 먼 섬들로 가는 선교사가 되게 하는 것으로 분명한 선교적 메시지이며, 초대 교회의 사도들이 받았던 그 선교사명과 어울리는 선교적 메시지임을 주장하였다.[237] 사도바울은 이사야의 이방선교메시지(사 45:22-23),[238] 곧 땅 끝의

---

[235] "그 날에 이스라엘이 애굽과 앗수르로 더불어 셋이 세계중에 복이 되리니 이는 만군의 여호와께서 복을 주어 가라사대 나의 백성 애굽이여, 나의 손으로 지은 앗수르여, 나의 산업 이스라엘이여 복이 있을 찌어다 하실 것임이니라"(사 19:23-25).
[236] "내가 그들의 소위와 사상을 아노라. 때가 이르면 열방과 열국을 모으리니 그들이 와서 나의 영광을 볼 것이며, 내가 그들 중에 장로를 세워서 그들 중 도피한 자를 열방 곧 다시스와 뿔과 활을 당기는 룻과 및 두발과 야완과 또 나의 명성을 듣지 못하고 또 나의 명성을 듣지 못하고 나의 영광을 보지도 못한 먼 섬들로 보내리니 그들이 나의 영광을 열방에 전파하리라. 나 여호와가 말하노라. 이스라엘 자손이 예물을 깨끗한 그릇에 담아 여호와의 집에 드림같이 그들이 너희 모든 형제를 열방에서 나의 성산 예루살렘으로 말과 수레와 교자와 노새와 약대에 태워다가 여호와께 예물로 드릴 것이요, 나는 그 중에서 택하여 제사장과 레위인을 삼으리라. 여호와의 말이니라"(사 66:18-21).
[237] Claus Westmann, op., cit., 425: "Missionaries [were] sent to the far islands in order to proclaim God's glory among the other nations. This is the first and certain mention of mission... This completely corresponds to the mission of the apostles when the church first began."
[238] "땅 끝의 모든 백성아 나를 앙망하라 그리하면 구원을 얻으리라 나는 하나님이라 다른 이가

모든 백성들이 구원 주 앞에 무릎을 꿇으며 주께 나아와 신앙을 고백하는 환상을 롬 14:11과 빌 2:10에 인용하였다.[239]

이사야 역시 미가 선지자처럼(미 4:1-4) 마지막 날에 이방 열국들이 여호와 하나님의 축복을 덧입고자 예루살렘으로 모여들어 여호와의 율법을 배우고 사모할 것을 보여준다.[240] 이사야는 이방 열국들이 하나님의 율법을 사모하여 시온으로 올 때에 그들이 "오라 우리가 여호와의 산에 오르며 야곱의 하나님의 전에 오르자" 라고 외칠 것을 증거 하였다.

이렇게 이방인들이 자발적으로 구원을 사모하여 예루살렘으로 이스라엘의 하나님께로 나아오는 모습은 선지서 전체에 골고루 나타나 있다(사 2:2, 55:5, 56:7, 60:3, 62:1-2, 66:18-21; 슥 8:22, 학 2:7, 렘3 :17). 조오지 피터스(George Peters)는 이방인들이 예루살렘을 향하여 자발적으로 나아오는 것을 기록을 통해서, 구약의 선교는 구심적(centripetal)이라면, 신약의 선교는 원심적(centrifugal) 선교 곧 이방을 향하여 교회가 나아가는 선교라고 설명하였다.[241] 마치 거룩한 자석(sacred magnetism)처럼 이스라엘이 경험하는 하나님의 축복을 사모하여 열방들도 예루살렘을 향하여 관심을 가지고 이끌려 나아온다고 주장하였다.[242]

없음이니라. 내가 나를 두고 맹세하기를 나의 입에서 의로운 말이 나갔은즉 돌아오지 아니하나니 내게 모든 무릎이 꿇겠고 모든 혀가 맹약하리라 하였노라"(사 45:22-23).
239) "기록되었으되 주께서 가라사대 내가 살았노니 모든 무릎이 내게 꿇을 것이요 모든 혀가 하나님께 자백하리라 하였느니라"(롬 14:11); "하늘에 있는 자들과 땅에 있는 자들과 땅 아래 있는 자들로 모든 무릎을 예수의 이름에 꿇게 하시고 (빌 2:11) 모든 입으로 예수 그리스도를 주라 시인하여 하나님 아버지께 영광을 돌리게 하셨느니라"(빌 2:10-11).
240) "말일에 여호와의 전의 산이 모든 산꼭대기에 굳게 설 것이요 모든 작은 산위에 뛰어 나리니 만방이 그리로 모여들 것이라 많은 백성이 가며, 이르기를 오라 우리가 여호와의 산에 오르며 야곱의 하나님의 전에 오르자"(사 2:2-3).
241) George Peters, *A Biblical Theology of Missions*, Chicago: Moody Press, 1972, 21.
242) Ibid,: "The Old Testament upholds the centripetal method which may be thought of as sacred magnetism that draws to itself. Israel, by living a life in the presence and fear of the Lord, was to experience the fullness of the blessings of God. In this way they were

그런데 구약성경에는 구심적인 선교만 있는 것이 아니라 이스라엘이 열방을 향해 나아가는 원심적인 선교도 있으며, 마찬가지로 신약성경에도 원심적인 선교만 아니라 구심적인 선교가 동일하게 나타나 있다. 그러므로 신구약 성경 모두 원심적인 사역과 구심적인 선교사역이 공존한다고 볼 수 있다.

이사야 선지자는 사 56:6-8에서 하나님의 집을 "만민의 기도하는 집"으로 부르면서, 하나님의 선교의 우주적인 범위에 대한 내용을 언급하였다.[243] 마지막 때에 하나님의 계획은 여호와와 그 언약을 신실하게 섬기는 이방인 개종자들이 하나님의 인도하심을 따라 하나님의 성산으로 나아올 것이며 그들이 하나님의 집에서 하나님을 기쁘시게 함으로 결국 성전은 "만민의 기도하는 집"으로 예언하였다(사 56:6-8).[244] 예수께서 이 말씀을 막 11:17에서 인용하여 이방인들이 변화되어 하나님의 백성으로 성전출입이 허락된 사실을 확인하여주셨다.[245] 클라우스 베스트만(Claus Westmann)은 여기서 전세계 열방을 향한 선교의 문이 활짝 열린 것을 볼 수 있다고 주석하였다.[246]

---

to startle the nations to attention, arouse their inquiry, and draw them like a magnet to Jerusalem and to the Lord.."

243) Arthur F. Glasser, *The Story of God's Mission in the Bible: Announcing the Kingdom*, Grand Rapids: Baker, 2003, 153.

244) "또 나 여호와에게 연합하여 섬기며 나 여호와의 이름을 사랑하며 나의 종이 되며 안식일을 지켜 더럽히지 아니하며 나의 언약을 굳게 지키는 이방인마다 내가 그를 나의 성산으로 인도하여 기도하는 내 집에서 그들을 기쁘게 할 것이며 그들의 번제와 희생은 나의 단에서 기꺼이 받게 되리니 이는 내 집은 만민의 기도하는 집이라 일컬음이 될 것이니라" (사 56:6-8).

245) "이에 가르쳐 이르시되 기록된바 내 집은 만민의 기도하는 집이라 칭함을 받으리라고 하지 아니하였느냐 너희는 강도의 굴혈을 만들었도다 하시매" (막 11:17).

246) Claus Westmann, op., cit., 315 16: "The gates of the community which worships Yahweh are now open to the world."

3) 이사야가 본 이스라엘의 이방 선교사역.

선지자 이사야는 어느 선지자보다 이방선교에 대한 적극적인 예언의 말씀으로 구약선교의 핵심적인 메시지를 기록하였다. 이러한 열방을 선교하기 위해 이사야는 하나님의 백성인 이스라엘의 선교적 사명과 역할에 대해서 분명하게 제시하였다. 이스라엘은 하나님께서 이방 나라 속에서 여호와 하나님의 놀라운 구원의 복음과 하나님 나라의 영화로운 모습을 선포하기 위해 친히 지으신 민족임을 분명하게 보여준다(사 43:21).247) 거기서 이스라엘은 "내 백성 이스라엘"(20절)로 불리면서 여호와 하나님의 새로운 역사를 위해 택함 받은 백성임을 증거 한다. 그런데 사도 베드로는 초대교회 그리스도인들에게 "택하신 족속이요 왕 같은 제사장들이며 거룩한 나라요 그의 소유된 백성"으로 그들의 정체성과 역할을 제시하고 그들의 선교적 사역을 설명할 때에 이사야43:21을 인용하여 하나님의 "아름다운 덕을 선전케 하려함"이라고 증거 하였다(벧전 2:9).248)

그리고 사42:1-7절에서 이스라엘은 여호와를 섬기는 종으로서, "이방의 빛"(사 42:6)으로서 역할을 감당할 것을 증거한다.249) 블라우(J. Blauw)는 "이방의 빛"이란 이름은 바로 이스라엘의 선교적 역할을 최고로 보여주는 것으로 구약선교의 극치라고 주장하였다.250) 여기서 이스라엘의 이 세상에서의 존재는 여호와 하나님의 선교적 목적을 지닌 존재로서 이방인들이 주께로 돌아오게 하는 하나님의 수단인 것이다.

---

247) "이 백성은 나를 위하여 지었나니 나의 찬송을 부르게 함이라"(사 43:21).
248) "오직 너희는 택하신 족속이요 왕같은 제사장이요 거룩한 나라요 그의 소유된 백성이니 이는 너희를 어두운데서 불러내어 그의 기이한 빛에 들어가게 하신 자의 아름다운 덕을 선전하게 하려 하심이라"(벧전 2:9).
249) "나 여호와가 의로 너를 불렀은즉 내가 네손을 잡아 너를 보호하며 너를 세워 백성의 언약과 이방의 빛이 되게 하리니"(사 42:6).
250) J. Blauw,『교회의 선교적 본질』, (전호진외역), (서울: 대한 예수교 장로회 총회 출판국, 1988), 35-36.

아울러 이사야는 하나님의 평화의 복음을 가지고 높은 산을 넘어 이방으로 가서 여호와 하나님께서 통치하신다는 메시지를 선포하는 선교사의 삶과 그 존재가 얼마나 복된 것인가를 이렇게 증거하였다(사 52:7): "좋은 소식을 가져오며 평화를 공포하며 복된 좋은 소식을 가져오며 구원을 공포하며 시온을 향하여 이르기를 네 하나님이 통치하신다하는 자의 산을 넘는 발이 어찌 그리 아름다운고."

이 구절 역시 사도바울이 로마서 10장 15절에서 인용하여 복음 선교하는 자의 중요성과 그 역할을 생생하게 보여주었다(롬 10:14-15).[251] 거기서 바울은 선교사가 없다면, 복음을 들을 수 없으며 아울러 회개하고 주께로 돌아올 수도 없을 것이라고 주장하면서, 한편으로 이러한 선교를 감당할 선교사들을 후원하고 파송하는 교회야말로 참으로 아름다운 존재임을 찬양하고 있다. 로마서에서 논리적인 구원론을 언급하던 바울이 롬10장 15절에서 이사야 52장 7절을 인용하여 선교하는 자의 아름다움을 찬양하고 있다. 그만큼 선교는 이 세상에서 교회가 가지는 본질적인 사역이며 그 어느 기관이 따라올 수 없는 교회의 아름다운 사역임을 보여준다.[252]

클라우스 베스트만(Claus Westmann)은 이 구절을 하나님의 인간구원에 대한 섭리를 보여주는 것으로 모든 열방들이 하나님의 구원에 그 대상이 될 수 있음을 보여주는 것이라고 주석하였다. 곧 하나님께서 이방으로 하여금 이 세상에 진정한 신은 이스라엘의 하나님이심을 깨닫게 하고 열방으로 복음을 통하여 믿음으로 신적인 구원에 참여하여 하는 것을 나타내고 있다고 주석하였다.[253]

---

251) "그런즉 저희가 믿지 아니하는 자를 어찌 부르리요 듣지도 못한 이를 어찌 믿으리요 전파하는 자가 없이 어찌 들으리요 보내심을 받지 아니하였으면 어찌 전파하리요 기록된바 아름답도다 좋은 소식을 전하는 자들의 발이여 함과 같으니라" (롬 10:14-15).
252) Edmund P. Clowney, *The Church*, Downers Grove: InterVarsity Press, 1995.
253) Claus Westmann, *Isaiah 40-66: A Commentary*, (London: SCM, 1969), 176: "The goal to which God's dealings with mankind are directed in free confession on the part of those

이사야는 사54:2에서 이스라엘 민족으로 하여금 전 세계를 가슴에 품고 사역할 것을 제시하고 있다: "네 장막터를 넓히며 네 처소의 휘장을 아끼지 말고 널리 펴되 너의 줄을 길게 하며 너의 말뚝을 견고히 할지어다." 이것은 이스라엘로 전 세계를 복음화하는 비전을(cf. 마 28:19-20) 제시한다. 1792년 현대 선교의 아버지로 불리우는 윌리엄 캐리(William Carey)는 영국 노팅검 침례회 선교회 집회에서 모인 영국 목회자들에게 그의 인도선교의 비전을 이사야 54:2을 가지고 "주님께서 명령하시니 우리는 휘장과 줄을 넓히세"라는 주제로 설교하면서, 그의 선교비전을 이렇게 강조하였다: "하나님께로부터 위대한 것을 기대하고, 하나님을 위하여 위대한 일을 시도하라"(Expect Great Things from God, Attempt Great Things for God). 윌리엄 캐리의 이 선교 슬로건은 현대선교의 귀감이 되며 많은 선교사들에게 도전과 감동을 주었다.

7. 요나서에 나타난 선교 메시지

1) 요나 선지자와 그의 시대.

요나 선지자에 대해서 성경은 아밋대의 아들이었으며, 주전 8세기에 북이스라엘 여로보암 2세(B.C. 793-753)때 선지자로 활동하였다(왕하 14:25)고 기록한다.[254] 요나 선지자는 구약의 기록 가운데 뚜렷하게 이방에 가서 말씀을 선포한 실제적인 선교사로서의 모습을 보여준다.

---

who have realized that the only true God is the God of Israel. . . . All men are invited to partake in the divine salvation, and membership of the people of God is based on the free confession of those who have discovered that he alone is God."
254) "이스라엘 하나님 여호와께서 그 종 가드헤벨 아밋대의 아들 선지자 요나로 하신 말씀과 같이 여로보암이 이스라엘 지경을 회복하되 하맛 어귀에서부터 아라바 바다까지 하였으니"(왕하 14:25).

버카일(J. Verkuyl)은 요나는 구약성경에 나타나는 최초의 이방 선교사로 활약하였던 인물로 제시하였다.[255] 요나서에 나타난 주요 메시지는 요나라는 인물을 통해서 유대인들의 왜곡된 선민의식의 시대를 반영하고 있다. 요나가 니느웨로 가서 하나님의 심판의 메시지를 선포하기를 싫어하여 하나님의 책망을 받았던 기록은 하나님의 백성으로서 이스라엘의 존재의의를 깨닫지 못함을 보여준다. 또한 이것을 통해서 우리가 알 수 있는 것은 이스라엘 사람들은 앗시리아에 은혜를 베풀고 이스라엘을 심판함에 있어 하나님이 얼마나 자유하심을 깨닫지 못했다.[256] 하나님은 은혜 베푸시는 일에 있어서 자유하신 분이시다. 하나님의 깊은 섭리는 참으로 인간이 측량할 수 없는 주권적인 것이다.

요나는 구약시대에 이방으로 선교하러간 유대인 선지자였으며, 비록 마지못해 행하기는 했어도 이것은 뚜렷한 선교의 실례이다. 요나의 선교사역을 통해서 주는 교훈은 그때나 지금이나 하나님의 선교명령에 순종하는 삶의 중요성을 보여준다(롬 10:14-15).[257] 참으로 선교사명을 위해 순종하여 선교지로 나아가서 하나님의 복음을 전하는 자의 중요성과 함께 또한 선교사를 선교지로 후원하고 파송하는 교회의 선교 역시 중요함을 바울을 거기서 지적하였다. 여기서 로울리(H. H. Rowley)는 이방사람들이 회개하여 여호와 하나님의 언약백성으로 살아가려면, 거기에는 반드시 하나님의 은혜를 증거 하는 선교사가 필요함을 이 본문은 보여준다고 주장하였다.[258]

---

255) J. Verkuyl, op. cit., 97.
256) W. VanGemeren, op. cit., 146.
257) "그런즉 저희가 믿지 아니하는 이를 어찌 부르리요 듣지도 못한 이를 어찌 믿으리요 전파하는 자가 없이 어찌 들으리요 보내심을 받지 아니하였으면 어찌 전파하리요 기록된바 아름답도다 좋은 소식을 전하는 자들의 발이여 함과 같으니라" (롬 10:14-15).
258) Rowley, op., cit., 69: "If men were to be won to repentance and to be brought into the faith of Jehovah there must be messengers of His grace."

남아공의 선교학자 데이비드 보쉬(David Bosch)는 요나서에 나타난 선교신학은 어떤 위대한 선교사 열전이라기보다 착각에 빠진 이스라엘에게 이방선교에 대한 이스라엘의 소명을 인식케 하는 하나님의 뜻의 표현이요, 잃어버린 자를 포기치 아니하고 끝까지 찾으시는 하나님의 사랑의 표현이라고 주장하였다.[259] 곧 요나서는 이스라엘의 편협한 민족주의를 시정하기 위하여 기록되었다고 주장한다. 독일 구약학자 카일(C. F. Keil)은 요나의 사명은 상징적이며 대표적인 의미가 있는 사건으로서, 이것을 통해 하나님은 이스라엘로 하여금 하나님의 나라에서 이방 나라의 위치를 깨닫도록 하였을 뿐만 아니라 이방 나라도 하나님의 말씀을 순종할 때 이스라엘에게 준비된 구원에 장차 참여시킬 것을 상징하는 것이라고 해석하였다.[260]

2) 요나서의 구조와 내용

요나서는 다른 예언서와 달리 예언적인 신탁이 전혀 포함되지 않고, 비유효과를 지닌 역사로 묘사됨이 그 특징이다. 이 책은 요나의 어리석음에 주의를 돌리게 하고, 스스로 의롭다 하는 자들에게 현명한 반응을 촉구하는 예언적 잠언이다.

요나서의 구조로는 크게 두 가지로 나누어지는데, 먼저는 1장과 2장의 내용으로 선지자요나의 선교임무와 요나가 순종하지 않고 도주함으로 하나님의 심판가운데 물고기 뱃속에서 기도하는 모습을 담고 있다(욘 1:1-2:10). 두 번째 내용은 다시 하나님의 사명을 받고 니느웨로 가서 선포하고 니느웨가 구원받음에 대해서와 그리고 요

---

259) David Bosch, *Witness to the World: The Christian Mission in Theological Perspective*, Atlanta: John Knox, 1980.
260) C. F. Keil and F. Delitzch, *Biblical Commentary on the Old Testament*, Vol. I, (Grand Rapids: Eerdmans, 1967), 383.

나의 반응에 대해 기록하고 있다.

첫 번째 주요 내용으로, 니느웨로 가라는 하나님의 명령에 거절하고 다시스로 가는 배를 타는 요나(욘 1:1-3), 하나님의 보내신 강풍으로 요나의 도주에 응답하심 (욘 1:4-16)과 큰 물고기를 준비하심(욘 1:17), 요나의 구원에의 간절한 기도(욘 2:1-10)가 그 주요 내용을 이룬다. 두 번째 내용으로 다시 요나가 니느웨로 가서 "구원은 여호와로부터 남이라" (욘 3:1-4)강조함, 니느웨 백성이 왕과 함께 전 니느웨의 회개함(욘 3:5-10), 그리고 "하나님이 그들의 행한 것 곧 그 악한 길에서 돌이키사 그들에게 내리리라 말씀하신 재앙을 내리지 아니하시니라." (욘 3:10),

그리고 선교임무 수행 중 가장 큰 장애는 불평하는 요나 선지자이며(욘 4:1-4), 그리고 하나님께서 "네가 그렇게 화내는 것이 옳으냐." 라고 우둔한 선교사에게 주는 교훈(욘 4:5-11)으로 끝을 맺는다. 요나서 마지막은 이방영혼의 구원을 위해 하나님의 사랑과 관심에 대해 이렇게 기록 한다: "네가 박넝쿨로 인하여 성냄이 어찌 합당하냐 네가 수고도 아니하였고, 배양도 아니하였고, 하룻밤에 났다가 하룻밤에 망한 이 박넝쿨을 네가 아꼈거든 하물며, 이 큰 성읍, 니느웨에는 좌우를 분별치 못하는 자가 십 이만 여명이요 육축도 많이 있나니 내가 아끼는 것이 어찌 합당치 아니하냐" (욘 4:10-11).

3) 요나서의 선교메시지

구약성경 가운데 하나님의 선교명령을 좇아 실제로 이방으로 가서 선교사역을 실천한 요나 선지자의 메시지는 우주적이며 문화를 초월하는 선교적인 것이다(롬 3:29).[261] 로저 헤드런드(Roger E.

---

261) "하나님은 홀로 유대인의 하나님 뿐이시뇨 또 이방인의 하나님은 아니시뇨 진실로 이방인의 하나님도 되시느니라" (롬 3:29).

Hedlund)는 요나서야말로 하나님은 유대인과 마찬가지로 이방을 다스리시며, 이방나라들도 하나님의 인자하신 통치에 참여하기를 원하신다는 사실을 가르친다고 주장하였다.[262]

요나서는 하나님의 자유와 주권과 권능을 확언해 준다. 만물의 창조자이신 하나님은 자유롭게 다스리신다. 누가 하나님의 역사를 제한할 수 있으랴? 여기서 많은 주석가들은 요나서에서 찾을 수 있는 하나님의 모습으로 "하나님의 자유하심"(Freedom of God)을 강조하고 있는데, 이것은 그의 백성 이스라엘이 결코 주권자이신 하나님을 가둘 수 없음을 보여준다. 하나님은 그의 피조물에게 긍휼을 베푸는 일에 자유하신 분이시다. 요나서의 중심 주제는 여호와는 은혜롭고 자비하며, 심판과 긍휼에 자유하다는 그 메시지에 있음을 볼 수 있다.

선지자로서 요나는 하나님의 구속에 대한 자신의 좁은 인식으로 하나님을 제한하고 하나님의 무한하신 자비하심에 무지한 사실을 통하여 보여주는 교훈은 하나님의 은혜가 언약공동체 밖으로 확장되는 것을 보는 축복을 놓치지 말아야 함을 보여주는 것이다. 오늘의 선교학 용어로 본다면 요나야말로 가장 심한 자민족중심주의자(Ethno-centrist)였다는 사실을 알 수 있다.[263] 선교하는 선교사의 마음에 자민족중심주의는 선교사역에 큰 피해를 가지고 온다는 것을 우리는 잘 알고 있다. 아울러 불평하는 요나를 향한 하나님의 선포(욘 4:10-11)가 주는 선교메시지는 여호와는 모든 피조물을 향하여 관심과 자비를 베푸시는 분으로, 이것은 열방에 대한 선교사명을 수행하는 촉매제로 역할 할 수 있음을 보여준다.

---

262) Hedlund, op., cit., 125: "The Book of Jonah teaches that God cares for Gentiles as well as Jews, and he wants Gentiles to know his loving concern."
263) Hedlund, op., cit.,125.

요나서가 오늘 우리에게 주는 교훈은 먼저 하나님의 백성으로서 이스라엘의 특권과 함께 책임감을 가져야 한다는 것이다. 하나님의 백성들이 이방 나라에 복음을 전파하기를 싫어한다면, 그들 스스로 자신을 향한 하나님의 목적을 방해하는 것이다. 요나는 선택받은 자의 축복과 유익은 갈망하지만, 그 선교적 책임은 회피하려는 모든 현대 그리스도인들의 모습을 보여준다고 본다. 아울러 요나서를 통해서 그리스도인들이 가지고 있는 이방인들에 대한 이기적인 편견을 벗어나는 것이 실제로 중요함을 보여준다. 오늘의 선교현장에서 바른 사역을 감당하려면 반드시 이방에 대한 편견을 극복하고 기존의 이해관계와 자기중심적인 선입견을 버려야 함을 보여준다.

8. 포로기 선지서에 나타난 선교

구약은 하나님의 구속사를 우리에게 확실하게 보여주는 성경책이다. 이러한 하나님의 구속사는 일찍이 성경학자들에 의하여 신구약 성경 전체를 꿰뚫는 시야를 제공한다. 이스라엘 역사 속에서 포로기는 구약학자 벤게메렌(W. VanGemeren)의 주장대로 예루살렘의 멸망으로 성전의 황폐와 하나님으로부터 소외되고 약속의 땅으로부터 백성들이 분리되는 시대인 동시에, 이 기간은 또한 이스라엘 백성을 위한 하나의 정화(Purification)와 회복(Restoration)의 시기였다. 포로기는 이스라엘과 유다의 경건한 자들에게 일체감을 가져다주는 긍정적인 영향을 끼쳤다. 이 시대에도 하나님은 하나님의 사람들을 통하여 위대한 하나님의 나라의 확장을 위한 선교활동을 계속하였음을 볼 수 있다.

예레미야는 유다의 위기 상황가운데 하나님의 계획을 전달하고 그 포로시대에서 어떻게 대처해야 할 것인가를 선포하였다. 에스겔과 다니엘은 실제로 고향을 떠나서 먼 이국땅에서 살아 역사하시는 하나님의 나라를 이방나라의 심장부에서 담대히 증거 하였다.

먼저 다니엘은 이방나라의 세속적인 문화속에서 하나님 나라의 인격적인 말씀으로 그들에게 조금도 굴함이 없이, 오히려 그의 동시대인들보다 단연 뛰어난 사역자로 하나님의 왕국과 하나님의 통치하심을 실제적으로 그의 삶과 사역에서 선포하였다. 이방나라의 왕권 앞에서 하늘의 하나님만이 우주의 주권을 가지신 왕이심을 증거 하여, 이교도인 왕이 "너희 하나님은 참으로 모든 신의 신이시오 모든 왕의 주재시로다 네가 능히 이 은밀한 것을 나타내었으니 네 하나님은 또 은밀한 것을 나타내시는 이시로다"(단 2:47; 3:28-29)라고 인정함으로 하나님의 영광을 나타내었다. 다니엘이 받은 메시지는 역사의 주관자는 하나님이심을 인간왕국은 덧없으며 영원하신 하나님의 목적을 이루는데 수단일 뿐임을 나타내었으며, 오늘의 모든 하나님의 일꾼들은 다니엘의 경건한 소망, 곧 "당신의 나라가 임하옵시며"라고 하나님 나라의 확립을 바라보아야 함을 제시한다.

"이 열왕의 때에 하늘의 하나님이 한 나라를 세우시리니 이것은 영원히 망하지도 아니할 것이요 그 국권이 다른 백성에게로 돌아가지도 아니할 것이요 도리어 이 모든 나라들을 쳐서 멸하고 영원히 설 것이라"(단 2:44). 이렇게 선지자 다니엘은 예루살렘이 멸망하기 약 이십 년 전에 망명하여 바벨론이 몰락할 때까지 왕들에게 하나님의 왕국에 대해 증언하고 예루살렘의 회복을 위해 기도하였으며 하나님의 왕국이 승리를 거두며 전진하는 것에 대한 계시를 받았다.

이스라엘의 포로기에 활동한 선지자 에스겔은 구속사의 옛 시대와 새 시대에 사이에 서서 변화된 영광스러운 시대를 예고한 하나님의 대언자였다. 에스겔은 이방나라에서 아무 소망 없는 자로서 지낼 뻔하였으나 그발 강 가에서 하나님의 음성을 듣고 포로기에 있는 하나님의 백성을 위한 말씀사역을 힘 있게 봉사했다(겔 1:1-28): "서른 해 넷째 달 초 닷새에 내가 그발 강 가 사로잡힌 자 중에 있을 때에 하늘이 열리며 하나님의 모습이 내게 보이니."

에스겔은 절망적이라 할 수 있는 포로상태에서 하나님 나라의 영광의 환상을 보았다(cf.사 6:1-8): "그 사방 광채의 모양은 비 오는 날 구름에 있는 무지개 같으니 이는 여호와의 영광의 형상의 모습이라 내가 보고 엎드려 말씀하시는 이의 음성을 들으니라" (겔 1:28). 모세(출 33:18; 34:29-35)나 이사야(사 6:1-5)처럼, 역사상 위대한 하나님의 종들이 위기의 현실 속에서 하나님 나라의 영광스러운 환상을 바라봄으로 흔들림이 없는 사역을 감당하였듯이 에스겔도 역사의 현장에서 주권적으로 통치하시는 하나님의 영광된 보좌를 바라보고 담대히 선지자로서의 사역을 감당하였다.

그의 메시지는 이스라엘 역사의 곤혹스러운 시기에 이방나라에서 하나님의 선교적 관심을 대변하고 있다. 곧, 여호와 하나님은 성실하시므로 그의 백성들을 구원하고 그들의 필요를 채우며 그들을 축복하고 보호하는 위대하신 왕으로 열방에 전파되심을 증언한다. "열국 가운데서 더럽힘을 받은 이름 곧 너희가 그들 중에서 더럽힌 나의 큰 이름을 내가 거룩하게 할지라 내가 그들의 목전에서 너희로 인하여 나의 거룩함을 나타내리니 열국 사람이 나를 여호와인 줄 알리라 나 주 여호와의 말이니라" (겔 36:23). "이와 같이 내가 여러 나라의 눈에 내 존대함과 내 거룩함을 나타내어 나를 알게 하리니 그들이 나를 여호와인줄 알리라" (겔 38:23). 이처럼 에스겔의 메시지는 이스라엘의 포로 됨과 귀환의 약속 성취를 통한 나타난 하나님의 성실하심을 통해서 주변 열방들에게 여호와의 영광스러움을 드러내고 있다.

이스라엘의 포로기에 이방나라의 심장부에서 하나님의 말씀을 대언한 선지자들은 오늘 복잡한 현대사회 속에서 선교의 사명을 감당하는 모든 사역자들에게 훌륭한 모범과 확실한 도전으로 충분히 다가오리라 믿는다.

9. 포로후기 선지서에 나타난 선교

구약역사 속에서 우리에게 가장 잊혀진 부분이 이스라엘이 포로로 바벨론에 끌려갔다가 돌아온 후에 관한 내용인데, 이것은 우리의 성경연구에 대한 무지와 구약에 대한 전반적인 이해의 부족에서 온 것이라 짐작된다. 그러나 구약 성경에서 이스라엘이 포로 후에 일어난 사실에 대해서 선지자들에 의해서 분명히 기록되어 나타난다. 특히 여기서는 마지막 시대에 되어질 하나님의 나라 확장을 위한 구체적인 선교적 메시지가 충만하다. 포로기 이후의 선지자들은 포로전기 선지자들의 예언이 성취되는 새 시대를 열어갔다. 이스라엘에게 포로기는 정화의 과정으로서, 그 동안에 하나님은 부지런히 그를 찾으며 의와 정의와 사랑을 추구하는 모든 자들로 새 공동체를 구성케 하였다.

학개 선지자는 하나님의 백성들에게 하나님의 임재와 하나님 나라의 실존의 모체로서 교회에 대한 관심을 불러일으킨다. 포로에서 귀환한 이후 많은 시간이 흘렀음에도 불구하고 많은 백성들은 "여호와의 전을 건축할 시기가 이르지 아니하였다"(학 1:2)면서 자신들의 물질적 상태에만 몰두하고 그들의 집을 짓고 확장하는 일에만 분주하여 성전은 아직 폐허로 방치되어 있었다. 학개는 그들에게 "이 전이 황무하였거늘 너희가 이때에 판벽한 집(paneled houses)에 거하는 것이 가하냐?"(학 1:4)라고 지적하면서, 새 공동체가 믿음에 담대하여서 하나님의 함께하심을 믿고 오직 여호와께 충성할 것을 촉구하였다. 선교는 교회에 대한 사랑에서 시작한다고 볼 때, 오늘 우리의 교회사랑은 어떤 가를 돌아보게 한다(롬 10:15; 마 16:18).

스가랴 선지자는 구약의 계시록이라 할 만큼 많은 묵시를 전파한 선지자로서 하나님의 나라로서 시온의 영광스러움을 전파했다. 스가랴는 학개 선지자와 함께 성전의 완공과 이스라엘의 영적 생활의 회복에 관심을 가지고 사역했다. 이스라엘 백성이 하나님의 임재의 축복을 경험하는 데 풍성할 뿐만 아니라 열국 백성가운데서 경건한 자들을 일으키실 것을 예언한다(슥 8:22-23; 14:16-21): "많은 백성과 강대한 나라들이 예루살렘으로 와서 만군의 여호와를 찾고 여호와께 은혜를 구하리라. 만군의 여호와가 말하노라 그 날에는 방언이 다른 열국 백성 열 명이 유다 사람 하나의 옷자락을 잡을 것이라 곧 잡고 말하기를 하나님이 너희와 함께하심을 들었나니 우리가 너희와 함께 가려 하노라 하리라 하시니라"(슥 8:22-23).

그리고 스가랴는 자신의 시대에 모든 성도들에게 하나님의 가시적인 진행의 역사가 비록 더디게 보일 지라도 회복은 분명히 이루어 질 것임을 증거하고, 보증으로 성령은 하나님의 전체 계획이 실행되기까지 쉬지 않고 역사할 것을 전파했다(슥 4:6-7; 6:8): "그가 내게 일러 가로되 여호와께서 스룹바벨에게 하신 말씀이 이러하니라 만군의 여호와께서 말씀하시되 이는 힘으로 되지 아니하며 능으로 되지 아니하고 오직 나의 신으로 되느니라 큰 산아 네가 무엇이냐 네가 스룹바벨 앞에서 평지가 되리라 그가 머릿돌을 내어놓을 때에 무리가 외치기를 은총 은총이 그에게 있을지어다 하리라 하셨고"(슥 4:6-7).

또한 스가랴는 우리가 전할 복음의 전부가 되시는 메시야의 오심에 대해서 그리고 땅 끝까지 통치하심에 대해서 분명한 메시지를 선포한다(슥 9:9-10): "시온의 딸아 크게 기뻐할 지어다. 예루살렘의 딸아 즐거이 부를지어다 보라 네 왕이 네게 임하나니 그는 공의로우며 구원을 베풀며 겸손하여서 나귀를 타나니 나귀의 작은 것 곧 나귀새끼니라… 그가 이방사람에게 화평을 전할 것이요 그의 정권은 바다에서 바다까지 이르고 유브라데 강에서 땅 끝까지 이르리라(from sea to sea, and from the River to the ends of earth)" (슥9:9-10).

말라기 선지자는 긴장의 시기에서 이스라엘에게 말씀을 전하였다. 학개와 스가랴를 통해서 받은 메시지가 온전히 그들에게 적용되지 않고, 여전히 그들에게 혼합주의적인 삶으로 비참한 지경에 놓여있을 때, 말라기는 "인간의 실패와 하나님의 약속"을 제시하였다. 영적으로 근시안적인 삶으로 고통당하는 이스라엘에게 여전히 하나님은 영원하신 아버지와 진정한 왕이 되심을 증거 한다. 특별히 마지막시대에도 하나님은 택하신 특별한 세굴라들을 아끼고 보배롭게 여기고 사랑하심을 증거 한다(말 3:17): "만군의 여호와가 이르노라 나는 내가 정한 날에 그들을 나의 특별한 소유(세굴라)를 삼을 것이요 또 사람이 자기를 섬기는 아들을 아낌같이 내가 그들을 아끼리니."

아울러 여호와는 하늘과 땅의 모든 군대를 통솔하는 거룩한 왕으로 온 세계가 하나님의 통치하심을 알게 되는 선교적 조망을 우리에게 열어준다: "만군의 여호와가 이르노라 해 뜨는 곳에서부터 해 지는 곳까지의 이방민족 중에서 내 이름이 크게 될 것이라. 각처에서 내 이름을 위하여 분향하며 깨끗한 제물을 드리리니 이는 내 이름이 이방민족 중에서 크게 될 것임이니라" (말 1:11). 그러므로 오늘도 우리는 "해 뜨는 곳에서부터 해지는 곳까지 모든 땅에 주의 복음을 힘써 전하여야 하리라!"

10. 결론

지금까지 구약 성경 선지서에 나타난 선교메시지들을 살펴보았다. 구약의 선지자들은 이스라엘의 하나님은 이스라엘뿐만 아니라 이방의 하나님도 되시며, 이스라엘의 구원은 이방 나라의 희망도 된다고 선포하였다. 선지자들은 그들의 메시지를 통하여 여호와 하나님은 선교하시는 만민의 하나님이심을 선포하였다(사 2:1-4, 렘 3;17, 사 25:6-9, 60장, 슥 8:20).

하나님의 구원의 범위가 세계적임과 함께 하나님의 심판도 전세계적임을 증거하였다(암 1:3-2:3). 그리고 이스라엘의 예루살렘 성전은 "만민의 기도하는 집"(사 56:7)으로 부르며 애굽인이 이스라엘과 동등하게 하나님의 백성이 되는 날을 예언하였다(사 19:25). 특히 스가랴 선지자는 마지막 날에 많은 백성과 강대한 나라들이 만군의 여호와를 찾고 하나님의 은혜와 축복을 구하여 하나님의 백성들에게 간곡하게 선교해 줄 것을 부탁하는 장면은(슥 8:20-23), 오늘의 현대교회의 선교적 현상을 미리 보여준다고 본다. 아울러 사 66:18-21은 구약선교의 최고 절정의 모습을 보여준다: "때가 이르면 열방과 열국을 모으리니 그들이 와서 나의 영광을 볼 것이며, 내가 그들 중에 장로를 세워서 그들 중… 의 명성을 듣지 못하고 나의 영광을 보지도 못한 먼 성들로 보내리니 그들이 나의 영광을 전파하리라."

선지자들은 이방인이 하나님께로 나아오는 것을 종말적 사건으로서 묘사하였다. 선지자들은 한결 같이 예루살렘이 하나님의 백성이 모이는 위대한 집합지가 되는 것은 마지막 날이라고 명시하였다. 선지자 요엘은 종말의 때에 하나님께서 남녀노소 모든 사람들에게 그리고 만민들에게 성령을 부어주실 것을 예언하였으며(욜 2:28-

32),²⁶⁴⁾하박국은 종말에는 여호와를 아는 지식으로 가득하게 하심(합 2:14)을 증거 하였다.

오늘 이 시대에 진정한 선교가 계속되기 위하여 성경을 통하여 하나님의 선교 메시지를 깊이 묵상하는 전략이 필요하다. 부활하신 예수 그리스도께서 제자들에게 선교의 사명을 가르치시고 맡기실 때도 율법서와 선지서를 사용하였다(눅24:15-53). "그리스도가 이런 고난을 받고 자기의 영광에 들어가야 할 것이 아니냐 하시고 이에 모세와 및 모든 선지자의 글로 시작하여 모든 성경에 쓴바 자기에 관한 것을 자세히 설명하시니라" (눅 24:26-27).

초대교회의 선교의 부흥은 이러한 성경에 근거한 예수 그리스도에 대한 인격적인 수용과 체험, 그리고 그들의 헌신적인 선교사역으로 말미암았음을 알 수 있다. 여기서 우리가 확증하는 것은 참된 선교란 성경을 통해 예수 그리스도를 믿고 아는 것에서 시작한다는 점이다(눅 24:31; 44-46). 오늘도 우리는 예수님처럼 율법과 선지서를 통해 선교의 방법과 메시지를 삼는 사역을 시작해야 할 것이다.

---

264) "그 후에 내가 내 신을 만민에게 부어 주리니 너희 자녀들이 장래 일을 말할 것이며 너희 늙은이는 꿈을 꾸며 너희 젊은이는 이상을 볼 것이며 그 때에 내가 또 내 신으로 남종과 여종에게 부어 줄 것이며 . . . 누구든지 여호와의 이름을 부르는 자는 구원을 얻으리니 이는 나 여호와의 말대로 시온산과 예루살렘에서 피할 자가 있을 것이요 남은 자 중에 나 여호와의 부름을 받을 자가 있을 것임이니라" (욜2:28-32).

제10장
복음서에 나타난 선교 메시지

1. 신약성경과 선교

구약성경과 함께 신약성경은 처음부터 끝까지 선교의 책이다. 그 중에 복음서는 선교적 메시지의 "생생한 기록들"이며, 서신서들도 선교적 변증서로서 선교사역의 실제적인 수단이요 도구인 점에서 풍성한 선교의 보고이다. 과거에 신구약 성경의 상호관련성에 대해 신약성경에 나타난 탁월한 선교메시지에 대해서 모두가 일치된 견해를 나타낸 점도 이러한 선교가 신약에서 차지하는 비중을 확실히 보여준다고 하겠다.

시기적으로 구약과 신약성경 사이에 먼저 중간사 시대의 선교도 성경의 선교를 연구함에 있어서 중요한 비중을 차지한다. 이 기간 동안은 유대인들이 흩어져 살던 기간으로 그들은 이방사람들을 개종시키려고 했던 흔적을 찾아 볼 수 있다(마 23:15). 이러한 개종의 노력은 후일 그리스도인들의 선교적 노력과 연결되었다고 볼 수 있다. 그러므로 신약의 초대교회가 왕성한 선교활동을 펼칠 수 있게 된 것은 바로 이 중간사시대의 유대인 디아스포라와 회당 및 70인역의 덕택이었다고 본다.

첫째로, 유대인 디아스포라들은 포로 귀환 후에도 많은 유대인들이 이방 지역에 남아 있게 되었는데(느 7:66; 에 2:64), 소아시아, 마게도니아, 아가야, 이탈리아, 애굽, 골 등에서 유대인들은 이 디아스포라를 통하여 헬라 세계에 여러 영향을 미쳤다. 아울러 이들은 기독교 기초를 마련하는데 섭리적 준비가 되었다. 유대인 디아스포라들이 하나님의 심판을 받아 흩어졌지만, 그들을 통해 하나님을 전세계에 알리게 하는 도구가 되게 하였다(호 2:23). 사도행전에 많은 하나님을 경외하는 이방인들의 존재들을 언급하고 있으며(행 2:10; 6:5; 13:43), 로마의 백부장 고넬료는 그 가운데 한 사람이다. 이런 점에서 볼 때, 디아스포라는 세계선교를 위한 하나님의 섭리였음을 알 수 있다. 우리도 모이는 교회와 함께 세상에 흩어져 선교하는 교회의 모습으로 적극적인 선교의지를 가져야 한다고 본다.

둘째로, 흩어진 유대인들이 가는 곳마다 회당(Synagogue)을 건립하여 경건생활과 공동체 질서를 위한 장소로, 그리고 율법을 가르치기를 계속하였다. 이 유대인의 회당은 어디든지 존재했으며, 회당은 선교의 장소로 이용되었다. 신약에서 사도들이 이런 회당에서 지속적으로 유대인 전도와 주변의 이방인 선교에 효과적으로 사용되었음을 사도행전에서 보여준다(행 6:9; 13:15; 15:21; 24:12).

셋째로, 70인경(LXX)은 셉투아진트(Septuagint)라고 불리는데, 이것은 주전 200년경에 유대인학자 70인이 번역한 구약성경의 헬라어 번역으로서, 이러한 번역성경은 구약성경의 진리를 그 당시의 헬라세계에 전하는데 유용한 역할을 하였다. 그러므로 초대교회가 헬라어로 된 구약성경을 사용해서 분명한 선교와 교회확장을 기할 수 있었다. 이러한 70인경의 역할에서 현대 선교사역에서 각 선교현장에서 가장 먼저 성경을 번역하는 사역이 무엇보다 중요함을 보여준다.

신약성경의 온전한 이해에 그 배경이 되는 중간사의 연구는 지금까지 그렇게 많은 관심과 연구의 대상이 되지 못하였는데, 여기 언급된 유대인 디아스포라들과 그들의 예배 처소로서의 회당, 그리고 헬라어 번역성경 70인경의 존재는 열악한 그 당시의 선교환경에도 불구하고 놀라운 초대교회 선교에 크게 이바지하는 결과를 나타내었다.

오늘 한국교회는 지구촌화 시대에 걸맞게 사방으로 나가서 공무로 혹은 사업상, 유학생으로 선교현장에 또는 근처에서 살아간다. 이들 중에 많은 헌신된 그리스도인들이 그 곳에서 한인교회들을 세우고, 그 곳에서 활동하는 선교사들을 지원하고, 현지문화와 언어에 익숙한 모습으로 실제 선교사로서의 역할도 감당하고 있다. 21세기 본격적인 한국교회 선교를 위해서 한국 그리스도인 디아스포라들은 신약성경에서 나타난 초대교회 디아스포라들처럼 보다 적극적인 복음전파에 투입되고 활용되는 전략이 필요하다고 본다.

2. 복음서(福音書)의 선교

복음서는 무엇보다 선교의 당위성을 강력하게 주장한다. 특별히 예수님의 초림과 재림사이의 중간시기는 선교에 집중되어 있음을 알 수 있다. 예수께서 이사야의 글을 인용하여서 메시야의 새 시대가 도래하였음을 선언하셨다(눅 4:18-19): "주의 성령이 내게 임하셨으니 이는 가난한 자에게 복음을 전하게 하시려고 내게 기름을 부으시고 나를 보내사 포로된 자에게 자유를 눈먼 자에게 다시 보게 함을 전파하며 눌린 자를 자유롭게 하고 주의 은혜의 해를 전파하게 하려 하심이라" 그리고 눅 4:21에서 "이 글이 오늘날 너희

귀에 응하였느니라."라고 하심으로 새로운 시대의 도래를 선언하셨다. 그리고 마 24:14에서 "이 천국 복음이 모든 민족에게 증거 되기 위하여 온 세상에 전파되리니 그제야 끝이 오리라"는 말씀대로 종말의 시기에 복음 선교의 중요성에 대해 말씀하셨다.

그리고 예수님의 초림과 재림사이에 선교의 중요성에 대해서 눅 14:15-24과 마 22:8에서 강조하셨다. 그 이유는 모든 것이 다 준비되어 있기 때문이며, 하나님 편에서는 모든 것이 다 이루어졌으며, 예수님의 고난도 그리고 그리스도 안에서 화목도 성취되었으며, 이제 주님의 오심은 이미 예비 되고 절정에 있지만, 그 이전에 먼저 주님의 종들은 열심히 일해야 하는 기간으로 중간기를 주신 것이다. 예수님의 재림을 준비하는 이 중간 기간은 선교명령에 집중되어 있으며, 중간 기간에 의미를 부여해 주는 것은 바로 선교의 명령이다.

복음서에 나타난 예수님의 이방 선교의 모습은 오늘 우리에게 귀중한 선교의 모델이 되신다. 예수님의 죽으심은 우리의 죄 문제를 위한 것이며, 다시 부활하심은 우리의 선교사역을 위하심이다. 특별히 예수님의 공생애는 대개 "이방인의 갈릴리"에서 보내셨다(마 4:15). 예수님의 이방인을 위한 사역들은 요 4:39-42에서 "사마리아인들"에게 복음을 전파하시며, 눅 17:11-19에서 "열 한센병자들" 가운데 사마리아인들을 치유하신 사역, 그리고 마 8:5-13에서 백부장의 하인을 고치심과, 그리고 막 5:1-20에서 거라사 지방의 귀신들린 자를 고치신 일과, 마 15:21-28에서 수로보니게 여인에게 복음을 선포하시고 기적을 행하셨다.

우리가 따라야 할 선교의 모범이신 예수님의 선교 원리에 대해서 허버트 케인(J. Hebert Kane)은 세 가지 원리를 제시하였다.[265]

---

265) Herbert Kane: *Christian Missions in Biblical Perspective*, 44-45.

첫째로, 동일시의 원리(The Principle of Identification)로서 예수님은 "거룩하고 악이 없고 더러움이 없고 죄인에게서 떠나 계신" 분(히 7:26)이지만, "세리와 죄인들의 친구"(눅 15:1-2)가 되어 주시며, 마 3:13-17에서는 세례요한에게서 세례를 받으시며, 낮아지신 모습, 그리고 마지막에 골고다에서 두 강도 사이에 십자가형(눅 23:32-33)을 받으시고 섬기시던 예수님의 모습은 자신을 낮추시고 섬기시는 예수님의 선교 모습이라고 볼 수 있다. 사도바울은 빌립보 교인들에게 "그리스도의 마음을 품고" 선교하라고 강조하였다(빌 2:5-9).

둘째로, 예수님의 선교사역의 주요 3가지 형태는 "복음전파," "가르침," 그리고 "치유" 사역이었다. 마4:23에서 "예수께서 온 갈릴리에 두루 다니사 저희 회당에서 가르치시며 천국 복음을 전파하시며 백성 중에 모든 병과 모든 약한 것을 고치셨다." 예수님의 사역에서 몸과 영혼, 그리고 인간의 슬픔과 고통과 질병 죽음의 문제들을 다루신 것을 보면서, 오늘의 선교는 교회와 병원과 학교도 같이 세운다. 지난 로잔대회의 중심에도 선교사역에서 복음전도와 함께 사회봉사와 구제활동이 필요한 것이다.

셋째로, 예수님의 선교사역은 성령의 능력으로 행하심이다(The Power of the Holy Spirit). 눅 4:18에서 "주의 성령이 내게 임하셨으니 이는 가난한 자에게 복음을 전하게 하시려고 내게 기름을 부으시고 나를 보내사 포로된 자에게 자유를 눈먼 자에게 다시 보게 함을 전파하며 눌린 자를 자유케 하셨다." 그리고 행 10:38에서 "하나님이 나사렛 예수에게 성령과 능력을 기름 붓듯 하셨으매 저가 두루 다니시며 착한 일을 행하시고 마귀에게 눌린 모든 자를 고치셨으니 이는 하나님이 함께 하셨음이라"라고 기록하였다. 그러므로 예수께서 성령의 능력으로 의지하고 시종일관 사역하셨다면, 오늘의 현대 교회들도 동일한 성령의 능력을 의존하여 사역에 임하여야 할

것이다(행1:8).**266)**

부활하시고 승천하시기까지 40일 동안 예수 그리스도께서 제자들에게 하나님의 나라와 선교에 대하여 강조하심으로 제자들을 성공적인 선교사역자들로 삼으셨다. 예수님의 선교학 강의는 자신의 인격적인 삶을 통해서 그의 제자들에게 구약성경을 열어 보여주셨다(눅 24:25-27). 그리고 제자들에게 복음전파의 사명을 위임하셨다(눅 24:48). 그리고 지상명령은 저들 자신의 힘만으로는 수행할 수 없음을 말씀하시고 성령의 강림하심을 기다리라 하셨다(눅 24:49-53).

예수님의 선교위임령(The Great Commission: 마 28:19-20)은 사복음서에 다양하게 제시되어 있다. 막16:15 "또 가라사대 너희는 온 천하에 다니며 만민에게 복음을 전파하라." 요 20:19-23 "아버지께서 나를 보내신 것같이 나도 너희를 보내노라." 마 28:18-19 "예수께서 나아와 일러 가라사대 하늘과 땅의 모든 권세를 내게 주셨으니 그러므로 너희는 가서 모든 족속으로 제자를 삼아 아버지와 아들과 성령의 이름으로 세례를 주고."

이것은 교회의 선교사명에 관한 것으로서, 교회의 선교는 새로운 것이 아니라, 그리스도의 선교의 확장임을 보여주시며, 세상 끝 날까지 교회와 함께 하심을 약속하셨다(마 28:20). 그리고 교회의 선교는 결국 그리스도의 선교를 계속하는 일이다. 아울러 교회를 핍박하는 것은 그리스도를 핍박하는 것이 된다(행 9:4). "너희를 영접하는 자는 나를 영접하는 것이요, 나를 영접하는 자는 나 보내신 이를 영접하는 것이라." (마 10:40) 우리가 복음을 전파함은 우리가 원하기 때문이거나 우리가 선택하기 때문이거나 좋아하기 때문

---

266) J. Herbert Kane, *Christian Missions in Biblical Perspective*, Grand Rapids: Baker, 45. :"If Jesus' mission was carried out from first to last in the power of the Holy Spirit, it stands to reason that our mission is equally dependent on the same power (Acts 1:8)."

이 아니라, 명령을 받았기 때문이다. 특별히 부활하신 주님은 교회에 선교를 명령하시는 주님이시다. 그리스도께서 교회와 함께 계시며(마 28:20), 교회 안에 살아 계시고(골 1:27), 그리고 교회를 통하여 역사하신다(막 16:20).

선교대명령(마 28:19-20)에 나타난 4가지 주요 단어들은 우리가 선교사역을 수행할 때 많은 교훈을 준다. 먼저 "가라"는 말은 분사형태로서 "가서, 가면서"(having gone, as you go)라는 뜻으로 흩어져 복음을 전파할 것을 의미한다(행 8:4; 11:19-21). 이 단어는 명령형이 아니라, 부정과거 분사(Aorist Participle)로서 "출발하다, 떠나다, 경계를 넘다"의 의미로 사회적 경계, 인종적 경계, 문화적 경계, 지리적 경계를 넘어서 선교하는 일을 보여준다. 이것은 초대교회로 하여금 계속적으로 경계를 넘어 순회 전도하던 예수님과 그의 제자들을 생각하게 하는 말이다. 초대교회 교부 터툴리안의 기록에는 다음과 같이 기록되었다: "우리는 새로 태어난 무리임에도 불구하고 이미 로마 제국의 모든 분야에 침투해 들어가 있다. 도시, 마을, 시장, 야영장, 궁전, 법정, 원로원 등 성전을 제외하고는 거의 모든 곳을 그리스도인들이 점하고 있다."[267]

그리고 "제자를 삼으라."는 말은 명령형(make disciples)으로 나타난다(마 4:19). 오늘의 제자훈련은 어떤 새로운 것이 아니라 예수님의 선교사역의 방법임을 알 수 있다(마 4:19): "말씀하시되 나를 따라 오너라 내가 너희로 사람을 낚는 어부가 되게 하리라 하시니" 여기서 제자됨의 의미는 그의 죽음과 부활에 참여함을 의미하며, 그의 메시아적 왕국의 도래를 향한 행진에 참여함을 의미한다.

특히, 마가복음 3:13-14에서 예수께서 제자를 세우시는 목적

---

267) Tertullian, Apology, 37.

이 잘 나타난다. 예수와 함께 하면서 제자로서 배우는 일과 전도사역을 수행하며, 각종 봉사하는 일을 위함임을 밝히셨다(막 3:13-14): "또 산에 오르사 자기의 원하는 자들을 부르시니 나아온지라 이에 열둘을 세우셨으니 이는 자기와 함께 있게 하시고 또 보내사 전도도 하며." 예수께서 제자훈련을 통해서 보다 성숙한 사역자의 길을 갈 수 있다고 주장하셨다(눅 6:40): "제자가 그 선생보다 높지 못하나 무릇 온전케 된 자는 그 선생과 같으리라." 사도바울도 예수님처럼 이러한 제자도를 실천하여 디모데에게 전수하는 모습을 보여주었다(딤후 2:2): "또 네가 많은 증인 앞에서 내게 들은 바를 충성된 사람들에게 부탁하라 저희가 또 다른 사람들을 가르칠 수 있으리라"

특별히 예수님 승천하신 후에 초대교회 공동체는 가룟 유다를 대신할 사도의 자격으로 예수님과 삼년 동안 함께 하던 자들 가운데 선발하여야 함을 강조하였다(행 1:21-22): "이러하므로 요한의 세례로부터 우리 가운데서 올리워 가신 날까지 주 예수께서 우리 가운데 출입하실 때에 항상 우리와 함께 다니던 사람 중에 하나를 세워 우리로 더불어 예수의 부활하심을 증거 할 사람이 되게 하여야 하리라 하거늘."

그리고 지상명령 가운데 "세례를 주라"(baptizing)는 말은 분사형으로 나타나 있는데, 이것은 선교사역에서 세례의 중요성을 말씀하시며, 이것은 제자삼는 방법에서 중요한 과정임을 의미한다. 아버지와 아들과 성령의 이름으로 세례를 주라고 하시며, 세례받은 자는 지위의 변화가 일어나서 노예에서 자유인으로, 그리고 공적인 고백으로 세상에서 새로운 왕께 충성의 고백인 것이다(마 10:26-33; 요 19:38-40).

마지막으로, "가르치라"(teaching)는 말은 분사형으로서, 이것 역시 제자삼는 방법의 구체적인 모습으로서 예수님의 가르침을 전한다. 예수님의 말씀을 힘입어 가르침을 통하여 초대교회는 놀라운 부흥을 경험하였다(행 2:42). 사실 구약시대 가운데 사사시대의 영적인 암흑기의 비극도 제자도의 부재였다고 볼 수 있다(삿 2:10): "그 세대 사람도 다 그 열조에게로 돌아갔고 그 후에 일어난 다른 세대는 여호와를 알지 못하며 여호와께서 이스라엘을 위하여 행하신 일도 알지 못하였더라."

가르침의 사역은 새롭게 세례 받은 자를 돕기 위해 훈련시키고 지도하였는데, 이처럼 세례가 제자되는 사건과 그 특성이라면, 가르침은 제자된 자가 걸어 가야할 과정을 보여준다. 그리고 가르침은 단순한 지식의 전파가 아니라, 예수님과 동행하는 삶을 살면서, 또 다른 사람들에게 복음을 전하는 자로 살게 하는 것이다(골 1:28): "우리가 그를 전파하여 각 사람을 권하고 모든 지혜로 각 사람을 가르침은 각 사람을 그리스도 안에서 완전한 자로 세우려 함이니." 사도 바울은 이렇게 강조하였다(엡 4:13): "우리가 다 하나님의 아들을 믿는 것과 아는 일에 하나가 되어 온전한 사람을 이루어 그리스도의 장성한 분량이 충만한 데까지 이르리니."

제11장
사도행전에 나타난 선교 메시지

1. 서론

제52차 한국복음주의신학회 학술세미나의 총 주제는 "세속주의와 기독교영성"인데, 신학의 어떤 영역보다 선교신학 분야에서 세속주의의 영향력은 참으로 컸다고 볼 수 있다. 선교신학은 그 특성상 항상 변화하는 선교현장과 세상에서의 다양한 문화현상들에 대한 적절한 복음 선교적 접근을 그 특징으로 하기 때문에, 지난 한 세기 동안 선교신학은 세속주의 선교신학과의 전쟁이라고 해도 과언이 아닐 것이다.[268]

지난 19세기 말부터 오늘날까지 현대교회는 신학적 좌경화를 표방하는 급진적인 신학을 통해 결과적으로 신학과 선교개념의 변질을 가져왔다. 이후 사회구원의 신학이 등장하고 대전도(Larger Evangelism)의 개념이 소개되면서 교회는 전통적인 영혼구원과 교

---

268) Arthur Johnston, *The Battle for World Evangelism,* (Wheaton: Tyndale, 1978); Harvey T. Hoekstra, *The World Council of Churches and the Demise of Evangelism,* (Wheaton: Tyndale, 1979); 김의환 편저, 『복음주의 선교신학의 동향』, (서울: 생명의 말씀사, 1990); 김명혁, 『현대교회의 동향: 선교신학을 중심으로』, (서울: 성광문화사, 1987).

회성장의 선교를 포기하였다. 1938년 인도의 마드라스에서 열린 제3차 국제선교협의회(International Missionary Council)는 전통적인 영혼구원의 선교를 낡은 것으로 여기고 사회구원 선교로 방향을 선회하였다.[269]

특히 하버드 대학 교수 윌리엄 혹킹(William E. Hocking)은 『선교의 재고(再考)』(Rethinking Mission)에서 전통적인 선교신학을 부정하며 그러한 선교는 더 이상 필요 없다고 주장하였는데, 그 이듬 해 미국교회 선교비를 절반으로 감소하게 만드는 결과를 만들었다.[270] 더 나아가 그는 모든 종교는 다 나름대로의 구원의 길을 제시하기에 선교사를 파송할 필요가 없다는 식의 종교 다원주의적 발언을 하였다.[271] 그의 이러한 발언은 기독교의 전통적 선교개념을 전적으로 뒤집어 놓은 결과를 가져왔다. 이러한 그의 선교신학이 실제 선교사역에 엄청난 선교의 축소를 가져오게 되었던 것이다.

1950년대에 와서 에큐메니칼 선교신학은 제5차 빌링겐(Willingen) 국제선교협의회와 제6차 가나(Ghana) 국제선교협의회를 통해 소위 하나님의 선교(Missio Dei)를 주장하면서 "선교의 시대는 가고 새로운 선교시대가 도래하였다"고 주장하였다.[272] 전통적 영혼구원의 선교시대는 끝났다고 말하면서, 곧 서구 교회가 비서구 세계에 선교사를 파송하는 타문화선교(Cross-Cultural)의 선교 시대는 사라지고, 이제 새로운 선교 곧 개인구원보다 사회구원 선교를 해야 하는 시대가 되었다고 주장하였다.

---

269) WCC, The World Missions of the Church: Findings and Recommendations of the International Missionary Council, Tambaram, Madras, India, December 12th to 29th, 1938, 128-30.
270) William E. Hocking, Re-Thinking Missions: A Laymen's Inquiry after One Hundred Years, (New York: Harper & Brothers, 1932), 59.
271) Ibid.
272) Arthur Johnston, op., cit., 84-89.

혹켄다이크(J. C. Hockendijk)는 "선교신학의 세속화"를 주장하면서 전통적 교회론 중심의 선교는 기독교의 근본진리의 왜곡이라고 주장하면서, 그의 선교론은 이 지상에서 메시아 왕국을 세우는 소위 평화(shalom)의 선교임을 주장하였다.[273] 선교는 정의와 평화를 증진시키며 구조적인 악과 투쟁하며, 교회뿐만 아니라 세속단체와 타종교를 통해서도 수행된다고 주장하며 세상 속에서 하나님의 샬롬(Shalom)을 구현하는 행위로 주장하였다.[274] 그의 선교개념은 성경적인 것이 아니라, 세속적인 것으로 선포란 평화가 이미 도래하여 그리스도가 현존하고 있음을 선포하는 것이고, 교제란 이미 사람들 가운데 나타나 있는 평화를 표현하는 것이며, 봉사란 평화를 의미하는 겸손한 봉사임을 주장한다. 그의 이러한 주장들은 타종교에 대한 무분별한 관용으로 몰고 가서 오늘의 상대주의적 신학을 부추기는 결과를 가져왔다.

1960년대에 와서 세계교회협의회(World Council of Churches)의 에큐메니칼 선교신학은 사회문제에 본격적인 관심을 표현하고 선교의 정의를 복음전파가 아니라 인간화로 선포하였다. 웁살라 제4차 WCC 총회에서 "우리는 인간화를 선교의 목표로 규정한다… 현재의 중요한 문제는 참 인간의 문제이다."[275]라고 말했다.

제5차 WCC 총회는 1975년 아프리카 케냐의 나이로비에서 "예수 그리스도는 자유케 하시고 하나 되게 하신다."라는 주제로 모였는데, 거기서 남미 출신의 신학자 구스타보 구티에레즈(Gustavo Gutierrez)의 해방신학(A Theology of Liberation)[276]을 적극적으로

---

[273] J. C. Hockendijk, "The Call to Evangelism," *The Conciliar Evangelical Debate: The Crucial Documents 1964-1976,* ed., Donald McGavran, (Pasadena: William Carey Library, 1977), 50.
[274] J. C. Hoekendijk, *The Church Inside Out,* (Philadelphia: The Westminster Press, 1966), 13-31.
[275] WCC, *Drafts for Sections: Uppsala '68* (Geneva: International Review of Missions), 34.
[276] Gustavo Gutierrez, *A Theology of Liberation: History, Politics and Salvation,* (Maryknoll: Orbis, 1973).

수용하는 결과를 맞이하게 되었다. 남미의 경제적 상황에 공산주의 이론을 응용한 해방신학은 수단과 방법을 가리지 않고 목적을 쟁취하는 그 논리에 따라, 선교는 사회의 구조적인 악으로부터 해방을 강조하여, 해방을 위해 때론 폭력사용도 정당화하는 국면을 맞이하게 되었다.277)

여기서 나타난 나이로비의 선교관은 현대판 바로의 권력으로부터 피압박자를 해방시키는 것으로 여기고, 구원의 신학을 해방의 신학으로, 그리고 선교를 사회정의를 위한 투쟁으로 전락시켰던 것이다. 그 당시 세계교회 협의회 총무 스티븐 니일(Stephen Neill)은 "해방이 필요하지만 우리가 필요로 하는 것은 죄로부터의 해방이며, 만일 우리가 죄로부터의 해방을 말하지 않는 것은 복음의 진리를 배신하는 것이다."278)라고 말했다.

특히 WCC 제7차 총회는 1991년 호주의 캔버라(Canberra)에서 열렸는데, "성령이여 오소서! 전 세계를 새롭게 하소서"(Come, Holy Spirit: Renew the Whole World)라는 총주제로 한국의 여성신학자 정현경은 극단적으로 성령론을 주장하였는데, 곧 성령은 인성 회복과 정의구현의 영으로서 억울한 영들의 신원을 위해 역사하며 분열되고 황폐한 인성과 생태계를 치료하고 연합시키는 역사를 한다고 주장하면서, 이러한 성령의 이미지는 대승불교의 관세음보살 사상에 잘 나타나 있다고 주장하였다.279) 이러한 에큐메니칼의 선교신학은 복음전파와 사회활동 사이에 불균형을 초래하여 교회의 주요 관심이 세계복음화보다 사회활동에 치우치게 만들었으며, 교회의 주된 선교가 인권운동이나 정치적 경제적 해방운동으로 치우

---

277) Philip Potter, "Christ's Mission and Ours in Today's World," in *Bangkok Assembly 1973*, 55.
278) Steven Neill, "The Nature of Salvation," *The Churchman*, Vol., 89, No., 3, 1975, 230.
279) Chung Hyun-Kyung, "Come Holy Spirit, Renew the Whole Creation," *The National Council of Churches Review*, Vol. CXL, No. 6, 1991, 1076-1087.

치게 됨으로 성경적 개념의 선교에서 벗어났다고 볼 수 있다. 에드먼드 클라우니(Edmund P. Clowney)는 이러한 세속화된 선교신학에 대해 "정치적 행동으로는 교회가 사회를 구원할 수 없다. 만일 복음전도가 정치화 된다면, 그것은 더 이상 그리스도의 복음이 아니다."(The Church cannot redeem society by political action, when evangelism become politics; it is no longer the Gospel of Christ's Kingdom)[280] 라고 말했다.

본 장은 이러한 세속화 신학이 난무하는 상황에서, 성경적인 복음주의 선교신학과 선교적 영성을 정립하기 위해 사도행전에 나타난 성령과 선교를 살펴볼 것이다. 세속화시대에서 성경 중심적 선교신학은 절실한 것이다. 특히 사도행전에 오순절 성령 강림으로 시작된 초대교회의 선교는 현대교회 선교사역에 필요한 선교적 영성을 보여 주기에 충분하다고 본다.[281]

성경에 나타난 구속사는 그 마지막 시대에 복음전파를 통하여 이방나라들에게까지 복음이 편만히 선포될 것을 보여준다(슥 4:6; 8:23). 이러한 하나님 나라의 확장은 그의 성령을 통해서 이루어 질 것임을 증거한다(슥 4:6). 예수님께서도 오순절 성령 강림에 대한 약속에서 이 신약시대 마지막에 임하실 성령의 역사에 대해 제자들에게 반복하여 강조하셨다(요 7:37-39; 행 1:8).

현대 세속화시대에서 사도행전에 나타난 선교적 영성은 오늘

---

280) Edmund P. Clowney, "A Critique of the 'Political Gospel,'" *Christianity Today*, Vol. 11 (1967, April, 28th), 11.
281) Rolland Allen, *Missionary Methods: St. Paul's or Ours?* (Grand Rapids: Eerdmans, 1993, reprinted); Harry Boer, *Pentecost and Missions*, (Grand Rapids: Eerdmans, 1961); George Peters, 『선교성경신학』, (김성욱 역), (서울: 크리스찬출판사, 2004); William J. Larkin Jr. and Joel F. Williams, eds, 『성경의 선교신학』, (김성욱, 홍용표 공역), (서울: 이레서원, 1998); Roger E. Hedlund, 『성경적 선교신학』, (송용조 역), (서울: 서울성경학교출판부, 1990); 박형용, 『사도행전: 교회확장의 원리』, (서울: 성광문화사, 1983); 임영효, 『사도행전에서의 선교와 교회성장』, (부산: 고신대학교출판부, 1997).

현대교회 선교사역의 모델이 된다. 본 장에서는 사도행전에 나타난 성령강림과 그리고 초대교회의 성령을 통한 선교사역을 중심으로 이 시대의 진정한 선교적 영성에 대해 살펴보고자 한다.

2. 오직 성령이 임하시면 내 증인이 되리라(행 1장): 성령과 초대교회 선교

사도행전은 초대교회 선교활동에 대한 교과서로서 선교사역의 모델을 보여준다. 사도행전 처음부터 마지막 부분까지 선교적인 활동으로 이루어져 있다고 볼 수 있다. 행1:8절에 나타난 대로, 행1장에서 7장까지 예루살렘과 온 유대지방으로 복음이 확산되었으며, 7장의 스데반 집사의 순교 이후에, 8장부터 예루살렘교회 성도들의 흩어짐을 통해서 사마리아로 복음이 퍼지게 되었음을 기록한다(행 8:4). 그리고 9장에서 이방선교를 위한 하나님의 섭리 속에서 사울이라는 유대 청년의 변화를 기록하며 그의 선교적 역할을 통해 이방에까지 복음이 전파될 것을 기록하였다(행 9:15). 13장에서 안디옥교회를 통해 바울과 바나바는 선교사로 파송을 받게 된다. 이 안디옥 교회는 선교지에 세워진 교회로서 선교 중심적인 교회로 사역을 펼치게 되었으며, 15장에서 예루살렘 총회가 소집되어 이방인들에게 펼쳐지는 하나님 나라의 확장을 논의하며 초대교회는 그 선교적인 행정과 전략들을 논의하게 된다.

사도 바울은 안디옥교회의 파송을 받아 선교한 지역을 다시 돌아보기 위해 2차 선교여행을 수행하면서 유럽에 교회를 세우는 선교적 확장을 감당하였다. 그리고 이어지는 3차 선교여행과 사역을 통해 우리에게 선교가 무엇임을 모범적으로 보여준다. 로마까지 가서 주의 복음을 전하는 사도 바울의 삶은 모든 그리스도인들에게 선교의 모델이 되기에 충분하다고 본다. 이처럼 사도행전은 예루살렘과 유대지역(1장-7장), 그리고 사마리아(8장)와 땅 끝까지(28장)

복음 선교가 이루어지는 과정을 잘 다루고 있다.

우리가 사도행전을 읽을 때마다 이러한 하나님의 선교적인 목적이 이루지는 과정을 간과하지 않도록 주의 깊게 살펴볼 필요가 있다. 이처럼 사도행전에서 행 1:8은 선교학적 연구의 핵심적인 구절로서 사도행전 전체의 선교구조를 보여준다고 볼 수 있다. "오직 성령이 너희에게 임하시면 너희가 권능을 받고 예루살렘과 온 유대와 사마리아와 땅 끝까지 이르러 내 증인이 되리라 하시니라"(행 1:8). 여기서 주요 단어는 성령으로 "권능"을 받는 일과 땅 끝까지 이르러 예수님의 "증인"이 되는 것이다. 여기서 사도행전 전체에 걸쳐서 나타난 주요한 몇 가지 선교적인 특징은 다음과 같다.

3. 사도들을 통한 예수 그리스도의 선교

초대 교회의 선교사역의 특징으로 부활하신 그리스도께서 항상 함께하시고 교회로 하여금 선교사역을 잘 수행하도록 돌보시고 이끌어 가심을 묘사한다. 초대교회 선교사역에서 가장 큰 특징은 예수 그리스도의 선교사역이라고 할 수 있다. 곧 사도들의 선교활동은 그들을 통해 살아 역사하시는 그리스도의 선교활동임을 분명하게 묘사한다.

그래서 화란의 선교학자 요하네스 바빙크(J. H. Bavinck)는 예루살렘교회 선교사역에서 핵심적인 주인공은 살아계신 그리스도이심을 주장하였다(The central theme of the Christian witness is Christ).[282] 바빙크는 "무엇보다 놀라운 사실은 사도행전의 선교활동이 영화로우신 그리스도의 사역으로 묘사된 점"이라고 강조하면서, 선교가 교회의 본질적인 활동(The Activity of the Church)이지

---

282) J. Herbert Kane, *Christian Missions in Biblical Perspective*, (Grand Rapids: Baker, 1976), 51.

만, 이것은 교회를 도구로 사용하여 선교하시는 그리스도의 활동(The Activity of Christ)임을 강조하였다.[283]

사도행전은 사도들을 통한 그리스도의 행전으로서 이루어졌음을 강조하고 있다(행 2:33, 3:16; 4:10, 30; 9:15). 초대 예루살렘 공동체에 임한 오순절 성령 충만의 체험을 경험한 것도 그리스도께서 역사하신 것으로 기록한다(행 2:33): "하나님이 오른 손으로 예수를 높이시매 그가 약속하신 성령을 아버지께 받아서 너희 보고 듣는 이것을 부어 주셨느니라."

사도행전 3장에서 베드로와 요한이 성전에 앉아 구걸하던 나면서 앉은뱅이 된 자를 일으켜 세운 기적 또한 사도 베드로는 부활하신 그리스도께서 시행하신 기적의 역사로 증거하고 있다(행 3:16): "그 이름을 믿으므로 그 이름이 너희 보고 아는 이 사람을 성하게 하였나니 예수로 말미암아 난 믿음이 너희 모든 사람 앞에서 이같이 완전히 낫게 하였느니라." 여기서 특히 베드로는 그를 둘러싼 사람들에게 이 일이 인간적인 주도로 이루어진 것이 아님을 강조하여 기록하고 있다(행 3:12): "이스라엘 사람들아 이 일을 왜 기이히 여기느냐 우리 개인의 권능과 경건으로 이 사람을 걷게 한 것처럼 왜 우리를 주목하느냐."

그리고 사도행전 4장에서 베드로는 법정에서 이러한 초대교회의 기적의 역사는 그리스도께서 행하신 사역임을 다시 드러내고 있다(행 4:10): "너희와 모든 이스라엘 백성들은 알라 너희가 십자가에 못 박고 하나님이 죽은 자 가운데서 살리신 나사렛 예수 그리스

---

[283] J. H. Bavinck, *An Introduction to the Science of Missions*, (Phillipsburg: Presbyterian and Reformed Publishing Co., 1960), 36: "It is first of all striking that the work of missions in the book of Acts is portrayed as the work of the glorified Christ. In this respect its name is actually improper: it should be called the Acts of Christ through his apostles rather than the Acts of the Apostles. For it repeatedly emphasizes that everything that is done by Christ."

도의 이름으로 이 사람이 건강하게 되어 너희 앞에 섰느니라." 초기 사도행전의 선교사역은 이렇듯 사도들이 그리스도와 함께하며 초자연적인 표적을 통해 힘 있게 사역하였다(행 4:30): "손을 내밀어 병을 낫게 하옵시고 표적과 기사가 거룩한 종 예수의 이름으로 이루어지게 하옵소서 하더라."

사도 바울이 다메섹 도상에서 변화의 시간을 통해 이방인을 위한 사도로 부름을 받을 때도 성경은 그는 예수 그리스도께서 사용하시는 선교의 도구임을 강조하면서, 그를 통하여 그리스도께서 이방선교사역을 수행하실 것은 분명히 기록하고 있다(행 9:15). 다메섹을 가는 도중에 사울 청년에게 나타나시고 사명을 주시는 분도 예수 그리스도이셨다(행 9:4-5): "사울아 네가 왜 나를 핍박하느냐 주여 뉘시오니이까 나는 네가 핍박하는 예수라." 초대교회의 선교사역의 현장에 주님께서 항상 함께 하시면서 교회의 기초를 세워주셨다. 사도 바울은 사도행전을 통해서 초대교회의 선교사역의 놀라운 사역을 감당하였다.

4. 사도행전에 나타난 선교의 주역들

사도행전의 선교의 주역은 초대교회의 모든 구성원들을 중심으로 일어났다. 허버트 케인(Herbert Kane)은 사도행전의 선교역사에서 교회를 통한 선교활동은 교회의 본질적인 사역으로서, 선교는 교회가 이 땅에 존재하는 목적으로 초대교회 선교사역에서 핵심적인 역할을 감당하였다고 주장한다.[284]

바빙크는 특별히 선교를 정의할 때 선교는 교회의 본질적인 존재 이유이며, 선교사를 파송하고 후원하는 것이 교회의 활동이지

---

[284] Hebert Kane, op. cit. 51.

만 실제로 선교는 그리스도의 활동으로서 교회를 통해 사역하심을 강조하였다.[285] 바빙크는 선교는 교회의 소명이라고 말하면서 선교사역을 수행할만한 기구는 교회 그 자체이며,[286] 교회 이외의 어떤 기구도 이러한 선교사역을 감당할 수 없다고 하면서 교회의 선교적인 본질을 강조하였다.[287]

바빙크(J. H. Bavinck)는 특별히 사도행전에 나타난 선교의 주역들을 "비공식적인 설교자들"(Informal preachers)로 강조하면서 실제로 수많은 교회의 성도들이 각각 받은 소명대로 복음을 전하였다고 강조한다(행 8:4; 11:19, 20; 16:3; 19:29; 20:4). 스데반 집사의 순교 이후에 많은 초대교회의 성도들은 흩어져 가는 곳마다 복음을 전하였다(행 8:4): "그 흩어진 사람들이 두루 다니며 복음의 말씀을 전할새." 초대교회 집사 빌립은 사마리아로 들어가서 백성들에게 그리스도를 전하였으며(행 8:5), 그의 선교사역에는 기적과 이적들이 함께 함으로 사마리아성에 큰 기쁨을 가져다주었다(행 8:8). 그리고 흩어진 자들이 베니게와 안디옥까지 이르러 유대인과 헬라인들에게도 복음을 전하였다(행 11:19-20).[288]

사도행전에 나타난 성공적인 선교사역의 특징은 모든 지역의

---

285) Johannes H. Bavinck, *An Introduction to the Science of Missions*, (Phillipsburg: Presbyterian and Reformed Publishing Co., 1960), 62: "Missions is that activity of the church - in essence it is nothing else than an activity of Christ, exercised through the church - through which the church in this interim period, in which the end is postponed, calls the peoples of the earth to repentance and to faith in Christ, so that they may be made His disciples and through baptism be incorporated into the fellowship of those who await the coming of the kingdom."

286) J. H. Bavinck, op., cit., 58: "It is not without reason that we state that missions is the calling of the church."

287) Ibid., 59: "It is indeed the church itself which is called to perform missionary work. There are no other institutions that can take over this responsibility."

288) "때에 스데반의 일로 일어난 환난을 인하여 흩어진 자들이 베니게와 구브로와 안디옥까지 이르러 도를 유대인에게만 전하는데 그 중에 구브로와 구레네 몇 사람이 안디옥에 이르러 헬라인에게도 말하여 주 예수를 전파하니"(행 11:19-20).

교회가 성령의 충만함을 입어 사도와 교회 지도자뿐만 아니라 교회 전체가 선교사역에 참가하였다는 점이다(행 8:4). 교회 존재의 주요 임무가 세계 선교로서 초대교회 평신도들의 뛰어난 선교활동들을 보여준다. 최근에 WEC 선교회의 패트릭 존스턴(Patrick Johnstone)은 『교회는 당신의 생각보다 큽니다』라는 저서에서[289] 선교하는 교회의 이 땅에서의 존재 목적을 잘 드러내었다. 사도 바울은 로마서에서 선교사를 보내고 후원하는 교회에 대하여 이 땅에서의 그 교회의 존재는 아름답다고 노래하였다(롬 10:15): "보내심을 받지 아니하였으면 어찌 전파하리요 기록된바 아름답도다 좋은 소식을 전하는 자들의 발이여 함과 같으니라."

5. 선교의 궁극적인 범위

선교학자 해롤드 쿡(Harold Cook)은 사람들이 선교에 소극적인 이유 가운데 하나로 세계에 대한 이해의 부족과 자기중심적인 자세를 지적하였다.[290] 현대교회 그리스도인들이 선교를 사치라고 여기고, 외국보다 국내에 먼저 그리스도의 사랑을 실천하자는 선교에 소극적인 주장들은 이기적인 민족주의나 소위 자민족중심주의(Ethnocentrism)에서 나온 발상이다. 그러나 초대교회는 성령의 역사를 통해 세계를 향하여 열린 교회로 선교중심적인 교회였다(행 1:8; 8:4; 13:1-4).

사도행전은 예루살렘과 온 유대와 사마리아와 땅 끝은 모두 우리 그리스도인들의 동등한 선교사역지가 되어야 함을 강조한다(행 1:8): "오직 성령이 너희에게 임하시면 너희가 권능을 받고 예루

---

289) Patrick Johnston, *The Church is Bigger than You think*, (Pasadena: William Carey Library, 2000).
290) Harold R. Cook, *An Introduction to Christian Missions*, (Chicago: Moody, 1954).

살렘과 온 유대와 사마리아와 땅 끝까지 이르러 내 증인이 되리라 하시니라." 행 1:8에 나타난 지명들에 대해 그 동안의 오해가 있어서 국내선교가 완성되면 그 때 다른 나라에로 선교한다는 식의 성경 해석은 현대선교의 걸림돌이 되었다. "오늘은 한국, 내일은 세계"라는 문구가 벌써 세계선교의 발목을 잡는 표현인 셈이다.

행1장에서 28장까지 펼쳐지는 초대교회의 선교는 하나님의 섭리 속에서 예루살렘과 온 유대와 사마리아를 거쳐 땅 끝까지 전개되는 모습을 위해, 선교사 바울을 로마로 인도하여 거기서 복음 사역하는 것을 기록하고 있다(행 28:14): "거기서 형제를 만나 저희의 청함을 받아 이레를 함께 유하다가 로마로 가니라." 그래서 성경기자는 이것을 통해서 "그런즉 하나님의 이 구원을 이방인에게로 보내신 줄 알라 저희는 또한 들으리라 하더라." (행 28:28)라고 증거한다.

사도행전의 특이한 기록 가운데 하나는 베드로에게 일어난 선교에 대한 그의 의식 변화의 기록인데, 베드로가 고넬료를 만나러 가는 과정 중에 하나님의 선교적 열심을 체험한 후에 그가 이방인에게 임한 성령의 역사를 인정하게 되었다는 점이다. 유대인의 통념상 이방인들과 상종치 않는 비선교적 세계관에 사로잡힌 사도 베드로가 하나님께서 깨끗케 하신 것을 인간적인 관습으로 더럽다 하지 말라는 강력한 주님의 말씀을 듣고 복음의 지리적인 선교적 확장에 비로소 눈을 뜨게 되었다(행 10:34-35; 행 11:17-18).

이방인의 사도로 불리는 사울이 다메섹으로 가는 도중에 부활의 주님을 만나 변화되어 이방인을 위한 사도로 부름받았으며(행 9:15),[291] 그 후 바울은 안디옥교회에 의해 선교사로 파송 받아 사역하였다. 사도행전에 사용된 그의 이름에 대한 기록은 바울의 선교사

---

291) "이 사람은 내가 나의 이름을 이방인과 임금들과 이스라엘 자손들 앞에 전하기 위해 택한 나의 그릇이라."

로서 역할을 잘 보여준다. 그가 선교사로 본격적으로 사역할 때의 이름은 바울로 기록되었으며, 다메섹으로 가던 길에서 사도로 부름 받고 준비할 때까지 그의 이름은 사울을 사용하고 있다.

사도행전 9장에서 13장 초두까지 곧 그가 선교사로 파송받기 전까지 그의 이름은 일관되게 사울이라는 이름으로 기록되었으며, 행13장에서 안디옥교회의 선교사 파송식이 끝난 후에 그의 이름에 대한 기록은 사울의 로마식 이름인 바울이라는 명칭으로 일관되게 기록되어 행28장 끝까지 기록되어 선교적인 목적을 보여준다(행 13:9-10): "바울이라고 하는 사울이 성령이 충만하여 그를 주목하고 가로되 모든 궤계와 악행이 가득한 자요 마귀의 자식이요 모든 의의 원수여 주의 바른 길을 굽게 하기를 그치지 아니하겠느냐." 사실 사도행전의 선교적 확장에 대한 기록은 바울의 주치의로 사역한 누가에 의해 사도 바울의 선교적인 확장에 대한 기록이라고 할 만큼 상세하게 사도 바울의 선교를 기록하고 있다.

아울러 행 15장에 기록된 예루살렘 총회에서 이러한 선교적 확장으로 말미암아 일어날 수 있는 타문화에 대한 합당한 성경적 선교전략들을 세우기에 합의함으로서 초대교회는 선교 중심적인 교회로 자리 잡게 된다. 예루살렘 총회를 통해서 선교와 문화의 문제를 잘 해결하였는데, 예루살렘 교회의 최초의 총회는 정치총회가 아니라, 땅 끝까지 선교를 위한 총회였다(행 15:28-29).[292]

그 모임의 주제는 복음 전파시 할례 등 유대의 문화와 의식을 어느 정도 이방인 교회에 부과하는가에 대한 것이었는데, 그 회의의 결정은 성령과 더불어 이루어졌으며, 그 내용은 더 이상 유대

---
292) "성령과 우리는 이 요긴한 것들 외에 아무 짐도 너희에게 지우지 아니하는 것이 가한 줄 알았노니 우상의 제물과 피와 목매어 죽인 것과 음행을 멀리 할지니라 이에 스스로 삼가면 잘되리라 평안함을 원하노라 하였더라" (행 15:28-29).

인의 의식을 이방인에게 부과치 말고 다만 이방인의 부도덕을 금하라고 결정하였다(행 15:28-29). 사도 바울은 땅 끝까지 복음이 파급되어야 함을 주장하며 몸소 땅 끝까지 선교하였다(행 15:19; 15:24; 20:23; 26:10). 그는 이방인 중에 하나님께로 돌아오는 자들을 괴롭게 하지 말고(행 15:19),[293] 하늘 아래 모든 피조물들에게 복음이 전파되어야 함을 강조하였다(골 1:6): " 이 복음이 이미 너희에게 이르매 너희가 듣고 참으로 하나님의 은혜를 깨달은 날부터 너희 중에서와 같이 또한 온 천하에서도 열매를 맺어 자라는도다."

아울러 초대교회의 복음 선교는 사회속의 각계각층의 사람들에게 선포되었다. 행 8장의 사마리아들에게, 그리고 유대인들에게(행 11:19),[294] 헬라인이나 야만이나 지혜 있는 자나 어리석은 자들에게 복음을 전파하였다(롬 1:14): "헬라인이나 야만이나 지혜 있는 자나 어리석은 자에게 다 내가 빚진 자라." 바울은 갈라디아서에서 "유대인이나 헬라인이나 종이나 자주자나 남자나 여자 없이 그리스도 예수 안에서는 하나이니라" (갈 3:28)고 강조하였다. 초대교회 이단 중에 셀수스(Celsus)는 기독교를 비난하면서 초대교회의 선교 현장이 다양한 계층들, 곧 무가치한 사람들, 바보들, 노예들, 가난한 여인과 아이들을 포함한다고 기록하였다.[295]

6. 초대교회의 성공적인 선교 사역[296]

승천하시기 전에 초대교회 성도들에게 주님의 선교사가 되는 삶을 주신 "오직 성령이 너희에게 임하시면 너희가 권능을 받고"

---

293) "그러므로 내 의견에는 이방인 중에서 하나님께로 돌아오는 자들을 괴롭게 말고"(행15:19).
294) "때에 스데반의 일로 일어난 환난을 인하여 흩어진 자들이 베니게와 구브로와 안디옥까지 이르러 도를 유대인에게만 전하는데"(행11:19).
295) Michael Green, *Evangelism in the Early Church*, (Grand Rapids: Eerdmans, 1991), 173.
296) Herbert Kane, op. cit. 51: "The unfailing secret of the Christian witness is the Holy Spirit."

(행 1:8)라는 예수님의 말씀에서 성령의 중요한 역할을 볼 수 있다. 사실 사도행전 전체에서 성령의 역사에 대한 방대한 선교사역의 내용들을 보여준다. 초대교회 사도들과 성도들이 성령의 충만함이 없었더라면 놀라운 선교사역의 성공도 없었을 것이다.

약속하신 성령의 강림하심으로 교회가 세워지고 담대하게 복음을 선교하는 교회로 변화되었다. 행2장에 나타난 오순절 성령강림의 한 특징으로 나타난 방언은 외국인에게 복음증거하기 위해 주신 은사였다(행 2:1-4).[297] 사도 베드로는 이러한 성령의 역사는 신약의 모든 신자들에게 남녀노소 빈부귀천을 무론하고 주시는 새 시대의 축복이었다(행 2:17-18)[298]라고 기록한다.

성령께서 교회선교의 주체가 되시고 성도들이 성령의 도구로서 복음 선교 사역을 힘차게 감당하였다(행 2:1-4; 8:26; 9:4, 5; 10:3). 안디옥교회가 그 당시에 선교사를 파송하고 후원하는 선교적인 교회가 된 것도 성령의 역사였다(행 13:2): "주를 섬겨 금식할 때에 성령이 가라사대 내가 불러 시키는 일을 위하여 바나바와 사울을 따로 세우라 하시니." 그리고 바울과 바나바는 성령의 보내심을 받아 실루기아와 구브로로 나아갔다(행 13:4).[299] 그리고 사도바울 일행이 아시아에서 유럽으로 선교지를 바꾸게 된 것도 성령의 인도하심이었다(행 16:6-7): "성령이 아시아에서 말씀을 전하지 못하게 하시거늘 브루기아와 갈라디아 땅으로 다녀가 무시아 앞에 이르러 비두니아로 가고자 애쓰되 예수의 영이 허락지 아니하시는지라." 또한 성

---

[297] "오순절 날이 이미 이르매 저희가 다 같이 한 곳에 모였더니 홀연히 하늘로부터 급하고 강한 바람 같은 소리가 있어 저희 앉은 온 집에 가득하며 불의 혀같이 갈라지는 것이 저희에게 보여 각 사람 위에 임하여 있더니 저희가 다 성령의 충만함을 받고 성령이 말하게 하심을 따라 다른 방언으로 말하기를 시작하니라."
[298] "하나님이 가라사대 말세에 내가 내 영으로 모든 육체에게 부어 주리니 너희의 자녀들은 예언할 것이요 너희의 젊은이들은 환상을 보고 너희의 늙은이들은 꿈을 꾸리라 그 때에 내가 내 영으로 내 남종과 여종들에게 부어 주리니 저희가 예언할 것이요."
[299] "두 사람이 성령의 보내심을 받아 실루기아에 내려가 거기서 배 타고 구브로에 가서" (행 13:4).

령의 인도하심 가운데 마게도냐로 선교의 행선지를 바꾸어 가게 되었다(행 16:9-10): "밤에 환상이 바울에게 보이니 마게도냐 사람 하나가 서서 그에게 청하여 가로되 마게도냐로 건너와서 우리를 도우라 하거늘 바울이 이 환상을 본 후에 우리가 곧 마게도냐로 떠나기를 힘쓰니 이는 하나님이 저 사람들에게 복음을 전하라고 우리를 부르신 줄로 인정함이러라." 아울러 바울은 고린도서신에서 선교사역은 오직 성령의 나타나심으로만 가능함을 알고 두려워 떨면서 성령의 역사를 사모하며 그의 성공적인 사역을 수행하였다(고전 2:1-5).[300]

롤랜드 알렌(Rolland Allen, 1869-1947)은 초대교회에 나타난 선교역사를 논하면서 오늘의 현대교회와 비교해서 성령에 대한 탁월한 인식을 가지고 사역함으로 놀라운 선교적 사역의 결실을 거둘 수 있었다고 주장한다.[301] 레슬리 뉴비긴(Lesslie Newbigin)은 그 책의 개정판(1993년) 서문에서 사도행전에 나타난 사도 바울의 선교 사역에서 어느 곳에서나 성령에 대한 깊은 관심과 실제의 삶 속에서 성령의 역사들에 대한 월등한 관심을 가지고 사역한 점을 강조하였다.[302] 알렌은 초대교회의 선교전략으로 사도들이 예수 그리스도의 방법으로 선교를 시행함으로 성공하였듯이 오늘도 그리스도와 사도들의 방법으로 사역할 것을 강력하게 주장하였다. 특히 사도바울은 어떤 환경에서든지 예수 그리스도와 성령께 전폭적으로 의존하며

---

[300] "형제들아 내가 너희에게 나아가 하나님의 증거를 전할 때에 말과 지혜의 아름다운 것으로 아니하였나니 내가 너희 중에서 예수 그리스도와 그의 십자가에 못 박히신 것 외에는 아무 것도 알지 아니하기로 작정하였음이라 내가 너희 가운데 거할 때에 약하며 두려워하며 심히 떨었노라 내 말과 내 전도함이 지혜의 권하는 말로 하지 아니하고 다만 성령의 나타남과 능력으로 하여 너희 믿음이 사람의 지혜에 있지 아니하고 다만 하나님의 능력에 있게 하려 하였노라"(고전 2:1-5).

[301] Rolland Allen, *Missionary Methods: St. Paul's or Ours?* (Grand Rapids, Eerdmans, 1993).

[302] Ibid., ii: "He joined us in a deep concern for the place and pre-eminence of the Holy Spirit in all the work of the Church everywhere, and in the practical activities that this conviction involved."

사역을 수행하였으며, 교회의 선교는 성령의 사역임을 전적으로 믿었으며, 그것이 그 당시 사도들의 사역철학이었다고 주장한다.[303]

남미에서 선교사역하는 니우자 이티오카(Neuza Itioka)박사는 오늘날 선교현장에서 가장 필요한 것은 성경적 세계관으로 무장한 성령 충만한 선교사들이며, 특히 성령의 인격과 초자연적인 역사에 대한 바른 이해를 가지고 선교지의 영적 전쟁에 임해야 할 것을 강조한다.[304] 아울러 현대선교의 선교지에서의 사역 실패의 주요 요인으로 성령에 대한 바른 성경적 세계관의 부재를 지적하면서, 특히 오늘의 서구 신학이 성령의 초자연적인 역사를 부정하고 있어서 이러한 서구 출신의 선교사들은 선교지에서 자주 실패한다고 주장한다.

과거와 현재 기독교 선교의 주요 실패원인 중에는 성경적 세계관의 부재가 그 원인이다. 성경적 세계관이 사탄의 세력에서 사람들을 구원하여 하나님의 통치하에 인도하는 참된 성경적 세계관을 갖지 않음으로 실패하였던 것이다."[305]

이티오카에 의하면, 이렇게 서구 교회가 선교에 실패하게 되는 원인으로, 그동안 서구교회가 오로지 지적인 면에만 치중함으로, 성경에서 기록된 초자연적인 표현들에 대해 실제적으로 가르치지 못한 결과 때문이라고 밝힌다. 그러면서 현대 교회의 선교의 문제점으로 성경적 세계관들과는 다르게 합리주의, 과학주의, 물질주의적

---

303) Ibid., ii : "St. Paul's faith in Christ and of the Holy Spirit would have forced him to act as he did, under any circumstances. . . The very heart and life of his message was that the mission of the Church is the work of the Spirit, ... This is the way of Christ and His Apostles."
304) Neuza Itioka, "Recovering the Biblical Worldview for Effective Mission," Mission in the Nineteen Nineties, Gerald H. Anderson, James M. Phillips, and Robert T. Coote, eds., (Grand Rapids: Eerdman, 1991), 34-38.
305) Ibid., 35: "A major failing of much of the church in the past and today is the loss of a biblical perspective of reality."

인 세계관에 사로잡혀 성령의 역사에 대해 무지함을 들었다.306) 그는 현대 선교신학의 문제로서 성령의 인격과 그 역사에 대해 깊이 있게 관심을 갖지 않음으로 오늘의 선교현장에서 사역의 문제점으로 드러나고 있다고 밝힌다. 그에 의하면 유럽의 교회가 종교개혁 당시에 로마 가톨릭의 미신적인 요소들에 대해 신학적 논쟁에 치중하면서, 한편으로 성경에 나타난 성령의 초자연적인 역사를 상대적으로 버리게 되었다고 주장한다.

> 불행하게도 우리 서구 신학과 선교학은 성령의 인격에 대해 심각하게 다루지 아니하였다. 이러한 문제의 시작은 종교개혁시대부터이다. 로마 가톨릭의 미신적인 요소들 때문에, 신앙에 있어서 모든 신비적인 요소들을 강조하지 못하였던 것이다. 하나님의 초자연적인 능력의 역사에 대해 더 이상 가르치지 아니하였던 것이다. 교회가 성경에서 주장하는 성령을 무시하고 살아계신 하나님의 아들 예수 그리스도의 역사를 교회의 현장에서 인정하지 않게 되었다. 신비주의에 빠지지 않기 위해 성령의 인격과 역사에 대한 왜곡된 견해를 갖게 되었는데, 곧 성령의 은사들과 역사는 초대교회에만 국한된 것이며 오늘의 현대교회에 적용되지 않는다는 견해를 가지게 되었다.307)

---

306) Ibid.: "In a gradual and subtle way, the western church has identified itself with a rationalistic, scientific, materialistic worldview that leaves little room for the supernatural. Even when humanistic anthropologists and sociologists began to investigate supernatural manifestations, Christians failed to take note. How ironic it is that it is Christians who ignore or at best only pat lip service to supernatural reality in the world today."
307) Ibid., 36.: "Unfortunately our western theology and missiology have not taken seriously the person of the Holy Spirit. Part of the problem began with the Reformation. In reaction to the mystical elements of Roman Catholicism, all mystical approaches to faith were discouraged. Supernatural manifestations of God and his power were no longer expected. . . To the extent that the church presented the Bible in a way that emphasized the letter and ignored the Spirit, a living Christ who intervenes today in human affairs was put aside. Fear of fanaticism became a constraining factor, as did distorted views of the person and work of the Spirit. As a result, it was easy to deny a contemporary manifestation of the

그는 이러한 문제점을 해결하고 타문화권 선교사역에 잘 대처하기 위해서, 현대교회는 합리주의와 지식주의를 넘어서, 성령의 초자연적인 역사에 대한 바른 이해가 절실하다고 주장하였다.[308] 성경적 세계관 곧 성경이 가르치는 부활하신 그리스도의 영적인 임재와 성령의 역사로 효과적인 선교사역을 이룰 수 있다고 제시한다.[309]

7. 구속사에서 성령강림의 의의

사도행전은 "오직 성령이 너희에게 임하시면 너희가 권능을 받고"(행 1:8)의 말씀대로 예수님의 증인이 되는 사역을 감당하는 선교사역이 그 중심이라고 볼 수 있다. 그래서 사도행전을 "성령행전"이라고 부르기도 한다.[310] 사도 베드로는 오순절의 성령 강림이 구약의 선지자 요엘의 성령의 보편적인 역사에 대한 예언이 성취된 것으로 선포하였다(행 2:17-18): "하나님이 가라사대 말세에 내가 내 영으로 모든 육체에게 부어 주리니 너희의 자녀들은 예언할 것이요 너희의 젊은이들은 환상을 보고 너희의 늙은이들은 꿈을 꾸리라 그때에 내가 내 영으로 내 남종과 여종들에게 부어 주리니 저희가 예언할 것이요"(행 2:17-18). 롤랜드 알렌(Rolland Allen)은 오늘 현대교회가 사도행전에 나타난 방법대로 선교전략을 추구해야 함을

Holy Spirit and to relegate his gifts and ministries to apostolic times."
308) Ibid., 36. "If Christian missionaries are to be effective in these cultures, their ministry must be contextualized. Conventional prayer will do little to conquer these peoples, tribes, and nations for Christ. Our preaching and teaching cannot include only the rational and intellectual. It must go beyond, to deal with spiritual powers."
309) Ibid., 38.: "We must acknowledge in a new way the realities of the spirit world presented in the Bible, and we must have the ability to discern this spiritual reality when it is present. Only then, as we employ spiritual weapons in the power of the Holy Spirit, will the church do the job it was called to do: deliver people from the power of darkness and transfer them to the kingdom of his beloved Son (Col. 1:13)."
310) 최홍석,『성령행전』, (서울: 솔로몬, 2000).

강조하면서 초대교회의 선교방법은 오직 성령에 근거해서 복음을 전파하였다는 점을 강조하였다.[311]

초대교회의 부흥의 원동력은 오순절의 성령 강림으로 인해 온 교회가 성령의 충만을 받고 힘 있게 선교하는 교회가 된 점이다 (행 2:42, 47) "저희가 사도의 가르침을 받아 서로 교제하며 떡을 떼며 기도에 전혀 힘쓰니라… 하나님을 찬미하며 또 온 백성에게 칭송을 받으니 주께서 구원 받는 사람을 날마다 더하게 하시니라." 사도의 가르침을 받아 교제와 복음증거를 통해 선교하는 교회는 사도들이 힘 있게 움직이는 교회, 일하는 교회, 봉사와 수고하여 선교의 열매가 있는 교회였다.

개혁파 선교학자 해리 보어(Harry Boer)는 오순절의 성령의 역사로 선교가 시작되었다고 주장하였다: "선교는 대 사명을 받음으로 시작된 것이 아니라 오순절에서 내적 효력이 나타남으로 시작되었다."[312] 바빙크에 의하면 사도행전은 그리스도께서 계속하여 성령을 부어주시는 기적 중에 초대 교회 안에 거하심을 강조하고 있다고 말한다.[313] 롤랜드 알렌(Rolland Allen)은 그의 책에서 "인간의 영혼이 구원받도록 갈망하고 노력하게 하는 것은 성령"이심을 주장한다.[314] 초대교회의 선교 열정은 인간적인 열심에서 나온 것이 아니라 성령에 의한 것이었다. 이처럼 오순절 성령의 강림은 초대교회의 놀라운 선교사역이 열리게 만들었다.

행 2장에 나타난 오순절 성령강림의 결과 중 하나로 각 방언으로 교통하는 기적은 바로 이방인들에게 복음증거를 위해서 부어

---

311) R. Allen, op. cit., 6: "St. Paul distrusted elaborate systems of religious ceremonial, and grasped fundamental principles with an unhesitating faith in the power of the Holy Ghost to apply them to his hearers and to work out their appropriate external expressions in them."
312) Harry Boer, Pentecost and Missions, 128.
313) J. H. Bavinck, op. cit., 40.
314) Rolland Allen, *The Spontaneous Expansion of the Church*, 9.

주신 것이었다(행 2:4).315) 예수님의 성육신이 구속사에 유일한 사건이듯이 성령의 강림은 또한 구속사에 유일한 단회적인 사건으로서 구약의 예언이 성취되고 예수님의 약속이 이루어진 특별한 역사였다.

에드먼드 클라우니(Edmund Clowney)는 이러한 성령의 강림은 구속사에서 "새 시대의 시작"이라고 말하고,316) 사도 베드로는 이것이 구약에서 요엘 선지자에 의해 예언된 성령이 함께하는 생활이 임한 것이라고 증거하였다(욜 2:28-29; 행2 :17-18): "하나님이 가라사대 말세에 내가 내 영으로 모든 육체에게 부어 주리니 너희의 자녀들은 예언할 것이요 너희의 젊은이들은 환상을 보고 너희의 늙은이들은 꿈을 꾸리라 그때에 내가 내 영으로 내 남종들과 여종들에게 부어주리니 저희가 예언할 것이요." 선지자 요엘은 성령이 하나님 나라의 회복의 상징이고, 성령은 성도를 재창조하고 새롭게 하고 더욱 경건하게 주의 날을 바라보도록 격려하시는 분으로 증거한다(욜 2:28, 32).317)

구약학자 W. 벤게메렌(Willem VanGemeren)은 이러한 요엘서의 "모든 육체"(욜 2:28)를 성령강림의 예언의 특징인 "성령의 민주화"(The Democratization of the Spirit)로 설명하면서,318) 구약시대에 특정한 사람들에게 곧 모세와 칠십인 장로들(민 11:25), 여호수아(신 34:9), 왕들(삼하 23:2; 시51:11), 그리고 선지자들(왕하 2:9; 벧후 1:21)과 같은 지도권에게 임하던 성령이, 이제는 새로운 구속사의 시대에서 신약시대 "주의 이름을 부르는"(욜 2:32) 모든 성도들

---

315) 저희가 다 성령의 충만함을 받고 성령이 말하게 하심을 따라 다른 방언들로 말하기를 시작하니라"(행2:4).
316) Clowney, op., cit., 69: "It was the beginning of a new epoch in the history of redemption."
317) Willem A. VanGemeren, *Interpreting the Prophetic Word*, (Grand Rapids: Zondervans, 1991), 124: "The token of the restoration of God's kingdom is the Spirit; he recreates, renews, and motivates the godly as they yearn for the day of restoration."
318) Ibid., 124-127.

에게 곧 어린 아이나 청년, 모든 장년들을 포함하는 모든 연령대가 성령의 임재를 누리며, 더 나아가 인종적 구분을 뛰어넘어 성령의 보편적이고 확장적인 역사를 경험하게 됨을 강조하였다.319)

이것과 관련되어 구약학자 팔머 로벗슨(O. Palmer Robertson)도 그의『계약신학과 그리스도』에서320) 구속사에서 새 언약의 특징으로 "율법의 내재화"(The Internalization of the Law of God, 렘 31:33-34)를 강조하면서 이것은 하나님의 백성들과 함께하시는 성령의 보편적인 역사를 통해 모든 새 언약이 하나님의 백성들에게 성취됨을 누릴 것을 설명하였다: "성경은 새 계약 하에서 하나님의 법이 지배되는 새 모습을 강조한다. 옛 계약에서 율법은 돌판을 통해 나왔다. 그러나 이제 이 계약은 새로운 양상으로 이루어진다(렘 31:33-34). 새 계약에서 하나님의 법의 특징은 내부적인 성격에 있다. 율법은 표면적으로 지배하기보다 마음속 안에서 부터 지배될 것이다. 모든 사람은 하나님을 알게 될 것이고 자연적으로 그의 뜻을 따를 것이다. 명백히 돌판에 있는 모세 율법의 글은 이 새 계약의 영광과 비교할 수가 없다." 321)

오순절 성령강림은 구속사에서 새 시대의 축복으로 모든 성도에게 성령의 내주하심을 경험하게 만든 것이다. 사도 바울이 로마서에서 지적하듯이 모든 그리스도인은 성령을 소유하고 있으며, 그렇지 않으면 그들은 그리스도인이 아닌 것이다(롬 8:9). 그리스도인으로서 성령의 세례와 충만은 영광스런 그리스도의 보좌에서 주어지는 성령의 선물이요, 구속사에서 새로운 시대의 시작으로서 주신

---

319) Ibid. 127: "The extension of the work of the Sprit increase in number regardless of sex, social standing, age, and ethnic origin."
320) O. Palmer Robertson, *The Christ of the Covenants*, (Phillipsburg: Presbyterian and Reformed Publishing Co., 1980), 290.
321) Ibid., 190.

것이다(욜 2:28-29). ³²²⁾

    에드먼드 클라우니(Edmund Clowney)는 성령은 우리에게 하늘의 맛을 보게 할 뿐만 아니라 그리스도의 부활의 능력을 줌으로서 우리로 하여금 악을 대적하고 고난을 견디며 주의 오심을 고대하게 한다고 주장한다.³²³⁾ 아울러 성령은 우리에게 이 세상 밖에는 궁극적으로 악한 제국보다 더 강한 하나님의 나라가 있다는 것을 증거하며, 역사는 하나님의 최고의 목적을 향해서 나가고 있으며, 성령은 그 과정을 지배하여 그 결과를 내도록 한다고 성경은 증거한다(빌 1:6; 요 10:28-29).³²⁴⁾

    이처럼 세상 속에서 새 언약을 누리는 그리스도인은 하나님의 교회의 영적인 실체를 성령을 통해서 인식하여 무목적의 세상에서 삶의 의의와 목적을 찾는 열매를 맺게 하는 것이다. 그래서 우리는 주님의 임재에 대해 사라져 가는 기억과 함께 살고 있는 것이 아니라 성령 안에서 그분이 오신 현실과 함께 살고 있는 것이다.³²⁵⁾

8. 오순절 성령 강림과 선교사역

    오순절 성령 강림 사건은 본격적인 선교사역의 시대가 열려지게 되었다. 행 1:8의 승천하시기 전에 주 예수께서 약속하신 바대로 "오직 성령이 임하시면" 너희가 권능을 받고 예루살렘과 온 유대

---

322) Clowney, op. cit., 69.
323) Ibid., 66: "The Spirit is with us because we are in the last days(Acts 2:17; 3:24; 1 Pet. 1:10-12). Christ has conquered Satan; he sends the Spirit from his throne to finish on earth what he has completed in heaven. Along with taste of heaven, the Spirit brings the power of Christ's resurrection so that we can resist the devil, endure suffering, and wait for the coming of the Lord."
324) Ibid, 68: "There is abroad in the world a greater power than that of the ultimate evil empire. History does move toward God's consummation, and his Spirit controls the outcome."
325) Ibid, 50: "The church does not live with a fading memory of the presence of the Lord, but with the reality of his coming in the Spirit."

와 사마리아와 땅 끝까지 이르러 예수님의 증인이 되리라는 말씀은 그대로 이루어졌다. 여기서 성령의 강림은 초대교회 선교사역에 핵심적인 역할을 하였다. 특히 사도행전에 나타난 대표적인 선교사역 가운데 성령의 역사에 대해 분명하게 기록하고 있다.

사도행전은 먼저 선교사 파송에 있어서 성령의 주재권을 보여준다(행 13:1-3). 선교지에 세워진 안디옥교회는 성령의 지시함에 따라 바울과 바나바를 선교사로 파송하였다(행 13:1-3): "주를 섬겨 금식할 때에 성령이 가라사대 내가 불러 시키는 일을 위하여 바나바와 사울을 따로 세우라 하시니 이에 금식하며 기도하고 두 사람에게 안수하여 보내니라." 안디옥교회는 피선교지 교회로서 최초로 선교사를 파송하는 교회로서 그 역할을 감당하였다(행 13:1-4). 성경에서 그 교회의 규모나 교인 수에 대해서는 알 수 없지만 성령의 인도에 순종하여 선교하는 교회임을 알 수 있다.

또한 성령께서 무엇보다 세계선교의 역사에 있어서 선교사 일행을 아시아보다 먼저 유럽으로 선교의 방향을 주도하심을 기록한다(행 16:6-9): "성령이 아시아에서 말씀을 전하지 못하게 하시거늘 브루기아와 갈라디아 땅으로 다녀가 무시아 앞에 이르러 비두니아로 가고자 애쓰되 예수의 영이 허락지 아니하시는지라… 밤에 환상이 바울에게 보이니 마게도냐 사람 하나가 서서 그에게 청하여 가로되 마게도냐로 건너와서 우리를 도우라 하거늘."

9. 사도행전의 선교사역에 나타난 성령의 주요 사역

예수께서 오순절에 임할 성령에 대해 소개하실 때 제자들에게 "또 다른 보혜사"로 설명하시면서, 삼위 하나님으로 성령을 말씀하셨다(요 14:16): "내가 아버지께 구하겠으니 그가 또 다른 보혜사를 너희에게 주사 영원토록 너희와 함께 있게 하시리니."

성령의 역사는 이처럼 새 언약 시대의 가장 특징적인 축복으로서 그 사역은 다양하게 나타난다. 첫째로, 성령의 중생의 역사이다(요 3:3, 5). 성령은 성도의 삶을 살아가는 데 가장 중요한 사역인 중생, 곧 거듭남의 신비한 역사를 일으킨다. 성령의 단독적인 사역으로 거듭남으로 믿음을 갖게 되며(요 1:12-13), 중생을 통한 영생의 삶으로 나아가게 된다(요 17:3). 존 칼빈(John Calvin)은 성령으로 말미암아 일어나는 중생의 역사를 "전 인격의 혁명"(The renovation of the whole nature)으로 표현하고, 아서 핑크(Arthur Pink)는 중생이야말로 창조주이신 성령님의 새로운 창조임을 강조하였다.

둘째로, 성령은 구원받은 그리스도인들에게 예수 그리스도의 구속의 역사를 적용시키고 믿게 한다(고전 2:12; 행 5:32): "우리가 세상의 영을 받지 아니하고 오직 하나님께로 온 영을 받았으니 이는 우리로 하여금 하나님께서 우리에게 은혜로 주신 것들을 알게 하려 하심이라." 성경의 구속사에서 새 언약에서 주시는 하나님의 선물은 성령으로 말미암아 오는 율법의 내재화(The Internalization of the God's Law, 렘 31:33-34; 롬 8:3-4)이다.[326] 성령께서 우리 신자의 마음속에 역사하심으로 하나님의 법이 이제는 돌판이 아니라 신자의 심령 속에 성령으로 기록되게 하시며 깨닫게 하심으로 구약시대에 누리지 못한 하나님의 말씀에 대한 깊은 이해와 적용이 되는 생활을 허락하신 것이다.

셋째로, 성령은 선교사역을 수행하는 일어나는 많은 시험과 고통 속에서도 기쁨으로 감당하게 하였으며(행 13:52),[327] 아울러 성령은 선교사역자들에게 기적과 표적을 일으키는 능력 있는 사역

---

[326] Willem A. VanGemeren, op. cit., 243.
[327] "제자들은 기쁨과 성령이 충만하니라."

을 가능케 하였다(행 13:9-10). 안디옥교회의 파송을 받아 복음을 전하는 바울은 바보에서(행 13:6) 성령이 충만하여 담대하게 적대하고 핍박하는 유대인 거짓 선지자 바예수에게 능력 있게 사역할 수 있게 하고, 총독을 믿음의 길로 인도하였다(행 13:12). 바빙크(J. H. Bavinck)는 성령이 없었더라면 초대교회는 집안에서 나오지 못하는 겁먹은 빈약한 무리들이 될 수밖에 없었을 것이지만, 성령의 능력을 힘입고 세계로 뻗어나갔으며 그들의 힘이 증가하게 되고, 그들은 매일같이 하나님의 기적을 경험하였다고 주장하였다.[328]

넷째로, 초대교회 선교현장에서 나타난 성령의 역사로서 위험한 지경에서 사역하는 선교사역자들을 위로하고 보호하였다(행 18:9): "밤에 주께서 환상가운데 바울에게 말씀하시되 두려워하지 말며, 잠잠하지 말고 말하라 내가 너와 함께 있으매 아무 사람도 너를 대적하여 해롭게 할 자가 없을 것이니 이는 이 성 중에 내 백성이 많음이라 하시더라." 초대교회 선교역사는 "오직 성령"으로 충만함을 받은 사역자들에 의해 성공적으로 수행되었다(엡 5:18; 행 1:8). 사도 바울이 에베소에서 선교사역 중에 고통과 핍박 속에 있을 때, 성령께서 그에게 위로와 격려의 말씀을 주신 것이다.

오늘도 영적으로 '사면초가' 같은 시대적 상황에서 밀려오는 세속주의의 범람 속에서 우리가 의지하고 이 시대 속에서 맡겨주신 사명을 감당하려면, 어떻게 해야 할 것인지에 대해서 성경적인 해답을 주고 있다. 5절에 "바울이 하나님의 말씀에 붙잡혀 유대인들에게 예수는 그리스도라 밝히 간증하니 저희가 대적하여 훼방하거늘"(Paul was constrained by the Spirit, and testified to the Jews Jesus is the Christ. They opposed him and blasphemed). 밤에 주께서 환상

---

[328] Bavinck, op. cit., 40.

가운데 바울에게 말씀하시되 "두려워하지 말며, 잠잠하지 말고 말하라 내가 너와 함께 있으매 아무 사람도 너를 대적하여 해롭게 할 자가 없을 것이니 이는 성중에 내 백성이 많음이라" 고 위로하셨다.

엘리야가 주위에 어려움이 몰려올 때에, 그를 위해 참 선지자 7,000명을 남겨두신 하나님의 위로의 말씀처럼(왕상 19장), 하나님께서는 함께 하신다는 사실을 보여주심으로 바울은 성공적인 선교사역을 감당할 수 있었다(cf. 롬 11:3-4). 하나님께서는 바울에게 여러 명의 돕는 사람들을 인하여 위로하셨는데, 그들 가운데, 행 18장 2절에 아굴라와 브리스길라 부부는 함께 텐트메이커로서 바울을 도왔으며, 그 외에도 "하나님을 공경하는 디도 유스도라 하는 사람의 집"(행 18:7)과 "온 집으로 더불어 주를 믿는" 회당장 그리스보의 가정들로(행 18:8) 인해 바울은 큰 위로가 되었다. 이처럼 초대교회 선교사역에서 성령의 역사는 선교사들을 사역의 현장에서 격려하고 위로하심으로 핍박과 순교의 위험에서 지속적인 사역을 감당하게 하였다.

10. 사도행전에 나타난 사도들의 선교사역의 특징들

사도들은 유대인뿐만 아니라 세계 열방의 선교사로 사역하였다. 이들의 생애 속에 가장 큰 전환점은 교회역사 속에 복음 선교의 분수령인 오순절 성령강림이었다. 성령의 임재가 그들을 변화시켰으며, 그들을 하나님의 사람으로 그리고 진정한 사도로 만들었다.[329] 특히 사도들은 그리스도의 내적 임재를 체험하였으며, 이것이 그들에게 항거할 수 없는 역동적인 힘으로 인하여 폭발적인 선교사역으로 나타났다. 사도들은 성령의 확신가운데 그들의 사역 속에 역동성을 갖게 되었으며, 성령이 충만하여 효과적이고 온전한 봉사

---

329) George Peters, 『선교성경신학』, (김성욱 역), (서울: 크리스챤출판사, 2004).

를 감당하였다. 성령의 임재가 그들의 선교적 열정을 맹렬하게 추진하게 만들었다.

사도들이 이렇게 복음서에 나타난 그들의 모습보다 확신 있는 선교사역자로 변화하게 된 것은 오순절의 성령 강림과 함께 예수님의 부활사건과 승천하시는 예수 그리스도, 그리고 재림하실 예수 그리스도를 목격한 사건이었다.[330] 그래서 그들은 복음선포할 때 예수 그리스도의 십자가의 구속사역(행 2:38; 13:38-39)과 초자연적인 부활의 역사(행 4:2; 10:40; 17:31; 24:15, 21; 25:19; 26:8, 23), 그리고 성령의 내적 임재를 통하여 살아있는 선교사역을 수행하여 초대교회의 놀라운 선교사역과 교회 성장을 이루었다.

특히 사도들에게 부활하신 예수님의 영적인 내재하심이(엡 3:17)[331] 그들의 모든 경험에서 가장 역동적인 사실이었다(엡 1:19-20)[332]: "그의 힘의 강력으로 역사하심을 따라 믿는 우리에게 베푸신 능력의 지극히 크심이 어떤 것을 너희로 알게 하시기를 구하노라 그 능력이 그리스도 안에서 역사하사 죽은 자들 가운데서 다시 살리시고 하늘에서 자기의 오른 편에 앉히사."

이러한 오순절 성령의 충만한 체험은 제자들의 사역에 많은 변화가 일어나게 되었다. 먼저 그들은 성경에 대한 새로운 통찰력을 가지게 되었으며, 오순절 이전에 성경의 약속을 더디 믿는 자들이라고 책망을 받았지만(눅 24:25-27),[333] 오순절의 성령 강림은 새 언약

---

330) Hebert Kane, op. cit., 58: "To know Christ and the power of His resurrection was their highest ambition (Phil. 3:10)."
331) "믿음으로 말미암아 그리스도께서 너희 마음에 계시게 하옵시고 너희가 사랑 가운데서 뿌리가 박히고 터가 굳어져서."
332) Hebert Kane, op. cit., 59: "That Jesus Christ was alive and lived in their hearts(Eph. 3:17) was the most dynamic fact in their entire experience (Eph. 1:19-20)."
333) "가라사대 미련하고 선지자들의 말한 모든 것을 마음에 더디 믿는 자들이여 그리스도가 이런 고난을 받고 자기의 영광에 들어가야 할 것이 아니냐 하시고 이에 모세와 및 모든 선지자의 글로 시작하여 모든 성경에 쓴바 자기에 관한 것을 자세히 설명하시니라."

의 축복으로서 만민에게 넘치게 부어주시는 성령의 보편적인 역사로 인하여(욜 2:28-32; 행 2:18),334) 구약의 성경말씀들을 효과적으로 분별하며 사역에 적용하였으며(행 2:25),335) 구약성경을 가지고 담대히 유대인들과 청중들을 향하여 선포하였다.

또한 그들은 성령으로 말미암아 선교사역에서 일어나는 모든 문제들에 대해 후퇴함이 없이 주도적으로 처리하였다. 초대교회가 당면했던 모든 문제들, 곧 사마리아 사람들도 복음을 받아들이는 것에 대하여(행 8:14-25), 행15장에서 총회를 소집하여 은혜와 율법에 대한 규정을 수립하였다.

성령의 임재는 그들에게 새로운 용기의 사람으로 역동적인 사역자로 변모시켜 사역의 현장에서 귀신을 축출하고(행 16:18), 표적과 기사들이 따르는 사역을 할 수 있게 하였다(행 3:1-10; 행 15:12).336) 더 이상 유대인 지도자들이나 회당관계자들을 두려워하지 않고 사람들보다 하나님께 순종함이 더 옳다고 여기고 담대하게 하나님의 말씀을 전파하였다(행 4:19-20; 4:29; 5:29).

사도들은 복음선포의 방법으로 말로써 분명하게 증거하였다(행 4:33): "사도들이 큰 권능으로 주 예수의 부활을 증거하니 무리가 큰 은혜를 얻어" 그들은 위험과 협박에 직면하였지만 담대하게 "우리는 보고 들은 것을 말하지 아니할 수 없다"(행 4:2)고 증거하였다. 곧 복음의 진리는 우선 언어를 통해 표현이 되어야 했다(롬 10:14, 17). 또한 말과 함께 힘 있는 이적과 표적을 함께 행하면서 효과적으로 복음을 전할 수 있었다. 그들의 설교와 기적들로(행

---

334) "그 때에 내가 내 영으로 내 남종과 여종들에게 부어 주리니 저희가 예언할 것이요"
335) "다윗이 저를 가리켜 가로되 내가 항상 내 앞에 계신 주를 뵈웠음이여 나로 요동치 않게 하기 위하여 그가 내 우편에 계시도다."
336) "온 무리가 가만히 있어 바나바와 바울이 하나님이 자기들로 말미암아 이방인 중에서 행하신 표적과 기사 고하는 것을 듣더니"

4:16)³³⁷⁾ 인해, 청중들은 "다 놀라 기이히 여기게" 되었다 (행 2:7; cf. 3:10).³³⁸⁾

11. 결론

세속화시대에 기독교 영성을 회복하는 일은 오늘 한국교회의 최대 과제이다. 지난 20세기에 나타난 선교신학 분야에서 이러한 세속화현상은 어떤 분야보다도 치열한 것이었다고 볼 수 있다. 에큐메니칼 계통의 세속화 선교신학의 흐름은 전통적인 선교사역을 위축시키고 유럽 교회들로 하여금 선교적 열정이 식어지게 하였으며, 오히려 유럽이 오늘의 현대교회의 선교지가 되게 만들었다.

이러한 현 상황에서 초대교회의 선교적 영성을 연구함은 매우 유익하다고 볼 수 있는데, 이러한 사도행전의 선교적 활발한 사역은 현대교회의 중요한 모델이 되기 때문이다. 롤랜드 알렌도 우리의 선교방법보다 초대교회 사도행전에 나타난 선교방법으로 돌아갈 것을 촉구하기도 하였다.

사실 초대교회의 활발한 선교사역의 근거는 오순절 성령 강림사건을 중심으로 이해될 수 있다. 성령의 오심은 구속사에서 하나님께서 베푸시는 그리스도인의 최대의 축복이자, 성령의 보편적인 역사(행 2:17-18; 욜 2:28-29)로 이전 시대보다 성령의 충만하신 임재를 누리는 역사가 전개되면서, 초대교회 선교역사가 힘 있게 일어나게 만들었다. 오늘의 세속화시대에서 효과적인 선교적 영성을 위해 다시 초대교회로 돌아가서, 성령에 대한 바른 이해를 가지고 선교사역을 수행하여야 하리라. 선교사역에 대한 바울의 기도제목처럼 교

---

337) "이 사람들을 어떻게 할꼬 저희로 인하여 유명한 표적 나타난 것이 예루살렘에 사는 모든 사람에게 일러졌으니 우리도 부인할 수 없는지라"
338) "다 놀라 기이히 여겨 이르되 보라 이 말하는 사람이 다 갈릴리 사람이 아니냐"(행2:7)

회와 선교사역 위에 성령이 함께하기를 바라는 기도가 오늘 우리에게 절실하다(고전 2:4-5).339)

오늘날도 초대교회의 선교적 영성을 따라 오직 성령으로 충만한 선교사역을 수행하며, 성령에 대한 바른 이해와 성령 충만한 은택을 통하여 초대교회 선교역사처럼 이 시대의 세속주의의 어두움을 극복하기를 기도하면서 이 글을 마친다(행 2:17-18): "말세에 내가 내 영으로 모든 육체에게 부어 주리니 너희의 자녀들은 예언할 것이요 너희의 젊은이들은 환상을 보고 너희의 늙은이들은 꿈을 꾸리라 그 때에 내가 내 영으로 내 남종들과 여종들에게 부어 주리니 저희가 예언할 것이요."

---

339) 내 말과 내 전도함이 지혜의 권하는 말로 하지 아니하고 다만 성령의 나타남과 능력으로 하여 너희 믿음이 사람의 지혜에 있지 아니하고 다만 하나님의 능력에 있게 하려 하였노라."

제3부

선교와 문화

Theology of Reformed Missions

제12장
선교인류학의 동향

1. 서론

근대적인 선교의 시작을 윌리엄 캐리(William Carey)로 보는 것은 그가 선교사역에 있어서 선교신학과 함께 현지 문화에 대한 연구와 선교지 언어 연구를 통하여 실질적인 선교의 열매를 맺었기 때문이다. 선교에 있어서 문화인류학적인 연구가 없이 시행하다가는 오히려 혼란만 가져오게 되며 복음의 효과적인 전파를 방해할 수 있다. 이러한 문제에 대해서 20세기 문화인류학은 새롭게 발전됨으로 선교활동에 빛을 던져주게 된 것이다.

문화인류학이란 하나님의 선교명령을 보다 효과적으로 수행하고 타문화 속에서 발생할 수 있는 문제들을 미리 막기 위하여 선교지의 민족들의 문화와 세계관을 연구하는 학문이다.[340] 다양한 문화를 이해하고 최소한의 시행착오 및 문화충격을 극복하여 복음을

---

[340] Stephen A. Grunlan and Marvin Mayers, *Cultural Anthropology*, (Grand Rapids: Zondervan, 1988), 29: "Missions is the communication of the gospel. The role of cultural anthropology is to insure that the message is communicated in a culturally comprehensible way."

전하기 위해서, 전세계의 여러 민족과 문화를 사회과학적 방법으로 비교 연구하는 문화인류학에 대해서 알아야 한다는 것은 이제 선교학자에게나 선교사 훈련 담당자 및 선교사 자신에게 하나의 상식이 되었다.

그러므로 "가장 좋은 선교사는 유능한 인류학자가 되어야 한다"는 주장도 서슴지 않고 나오고 있다. 어떤 전문인에게보다 문화인류학은 선교사에게 필요한 연구의 대상이다. 과거에 충분한 선교사로서 준비가 없이 문화가 다른 선교지에 투입되어 많은 시행착오를 겪은 베테랑 선교사들도 종종 "만일 오늘의 인류학을 그 때에 이해하였더라면 나의 전체 사역은 크게 달라졌을 것이고 훨씬 효과적이었을 것이다"고 고백하는 것도 선교완수를 위해 문화인류학의 필요성을 더하게 한다고 본다. 본 장에서 필자는 그 동안에 발전되어 온 인류학연구의 제분야들과 문화인류학의 역사적인 발전과정을 살피고, 그리고 선교와 문화인류학의 관계와 공헌도에 대해서 논하고, 마지막으로 선교학자들 중에 문화인류학을 위한 연구가 어떻게 진행되어 왔는가를 살펴보고자 한다.

2. 인류학의 연구분야

조직신학의 주제별 연구가운데 인간론(Anthropology)은 보통 신학서론, 신론, 그 다음에 등장한다.[341] 신학적인 인간론은 하나님의 창조와 연관해서 하나님의 형상을 지닌 인간론, 그리고 죄로 말미암아 타락한 인간론, 그리고 그리스도 안에서 회복된 인간론의 여러 주제를 다룬다. 선교사역을 준비 중인 선교학도들은 이러한 성

---

341) 참고: Charles Hodge, *Systematic Theology*, (Grand Rapids : Eerdmans, 1993); Louis Berkhof, Systematic Theology, 『조직신학』, (고영민 역), (서울: 기독교문사, 1978); Millard Erickson, *Christian Theology*, 『기독신학』, (김광열 역), (서울: 기독교문서선교회, 1993); 박형룡, 『교의신학』, (서울: 한국기독교교육연구원, 1977).

경적인 진리에 기초해서 선교인류학을 연구하게 되지만, 지금까지 일반적으로 주장되어온 인류학의 주장들에 대해서 개론적인 지식이 필요하다고 본다. 필자는 여기서 간단히 지금까지의 인류학의 주요한 분야로서 언급하고자 한다.

1) 인류학이란 무엇인가?

인류학(Anthropology)이란 헬라어 "Anthropos"(사람)와 "Logos"(강론)에서 유래된 말로 "인간연구"로써 사람을 대상으로 연구하는 학문이라고 볼 수 있다. 박형룡 박사는 인류학은 과학적으로 신학적으로 함께 사용하는 명칭으로 보면서 인류학의 정의에 대해서 다음과 같이 밝힌다. 과학적으로는 이 명칭은 "인류의 기원과 역사, 인류의 일반적인 인종들의 특수한 생리적 구조와 심리적 특징, 그들의 인종적, 언어적, 문화적, 종교적 발전 등을 논구하는" 학문으로 정의한다.[342]

서울대 한상복 교수는 인류학에 대한 정의로 세 가지로 나누어서 설명한다. 곧, 인류학의 대상으로서 "인간의 체질적 특징과 문화적인 특징"을 그 연구의 대상으로 하고, 인류학의 연구 범위로 "인간역사의 전시대 및 전세계의 인간과 문화"를 그 학문연구의 범위로 하며, 그리고 인류학의 연구관점은 "인간생활경험의 총체적 접근"을 통해서 연구하는 학문으로 설명하였다.[343]

2) 인류학의 연구 주제

이러한 인류학의 분야는 그 연구대상의 측면에 따라 인간의

---

342) 박형룡, 『교의신학 인간론』(박형룡저작전집, 3권), (서울: 한국기독교교육연구원, 1977), 15.
343) 한상복, "문화인류학의 개요", 『문화인류학개론』, 한상복, 이문웅, 김광억 공저, (서울: 서울대학교출판부, 1985), 1-5

체질적 특징을 연구하는 체질인류학(體質人類學)과 인간의 문화적 특징을 연구하는 문화인류학(文化人類學)으로 크게 대별된다. 전자는 인간의 사회적인 것과 함께 육체적인 총체적 환경에 대한 관계 속의 육체적 유기체로서 인간에 관한 연구로, 이 분야는 다시 "고인류학" (Paleoanthropology)과 "종족학"(Somatology)으로 발전되어 연구되어 지고 있다.

한편 인류학의 또 다른 분야인 문화인류학은 지금까지의 생존하고 있는 인류의 삶의 방법과 문화적인 특징 등을 비교분석하는 학문으로서, 여기에는 고고인류학(Archaeology)과 언어인류학(Linguistic Anthropology), 그리고 넓은 의미로 민족학(Ethnology)의 연구분야가 있다.

고고인류학은 고대시대의 문화적 특징을 인간생활의 유물과 유적들을 통하여 재구성하고 해석하여 설명하는 학문이며, 언어인류학은 인간 문화의 특징중에서 언어를 연구하는 인류학의 분야이다[344]. 그리고 민족학은 인류학중에서 그 범위가 넓다. 선교문화인류학자인 루즈베탁(Louis J. Luzbetak)은 민족학에는 민속지학(民族誌學; Ethnography)과 협의의 민족학, 그리고 사회인류학으로 세분해서 설명하였다.[345] 먼저 민족지학은 현존하는 어떤 인간집단의 기본 자료를 수집하여 그 사람들의 생활양식, 즉 문화의 여러 측면을 상세하고 정확하게 기술한 보고서를 작성한 단계이며, 협의의 민족학은 민족지학적인 일차적인 재료들에 대하여 역사적 관점에서

---

[344] 언어인류학에는 역사언어학, 기술(記述)언어학, 사회언어학 등이 있다. 역사언어학은 비교언어학이라고 하는데, 언어의 변화와 역사를 재구성하고 비교 연구하는 분야이며, 기술언어학은 구조언어학이라고도 하는데, 현대의 여러 가지 언어들의 구성과 소리와 말의 연결방식을 결정해주는 법칙을 찾는 연구이다. 그리고 사회언어학은 민족언어학이라고도 하는데, 인간관계나 사회적 맥락과 속성에 따라 사람들이 실생활에서 언어를 다른 방식으로 사용하는 것을 집중적으로 연구한다(한상복 1985, 15).

[345] Louis J. Luzbetak, *The Church and Cultures: New Perspectives in Missiological Anthropology*, (New York: Orbis Books, 1995).

분석과 비교를 한다. 그리고 사회인류학은 사회적 구조와 사회적 행위에 관한 법칙들의 발견과 형성에 그 관심을 제한시킨다.

문화인류학에는 인간의 주변 환경과의 상호작용을 연구하는 생태인류학(Ecological Anthropology)이 있고, 개인과 문화와의 관계성을 규명하는 심리인류학(Psychological Anthropology)이 있으며, 그리고 인간의 근대적인 삶의 환경으로서 도시문화권 하에서 인간의 문화적인 특징을 연구하는 도시인류학(Urban Anthropology)등이 있다. 이외에도 문화인류학은 그 중심주제들에 따라서 경제인류학[346], 정치인류학[347], 법인류학[348], 예술인류학[349], 응용인류학[350] 등이 있다.

3. 문화 인류학의 발달과 제 이론들

인류학자들에 따르면 현대적인 의미의 인류학 연구가 19세기에 와서야 가능하게 되었다고 주장한다. 지금까지의 문화인류학에 대한 제 이론들로는 문화진화론, 문화기능주의 이론, 문화구조주의 이론, 그리고 문화상징주의 이론 등으로 나타난다고 볼 수 있다.

1) 19세기의 문화진화론

먼저 문화진화론(Cultural Evolutionism)은 19세기의 계몽주

---

346) 경제인류학은 토지, 노동, 자본, 기술 등 문화와 경제행위 및 경제발전의 여러 문제들을 집중적으로 연구하는 학문이다.
347) 정치인류학은 여러 차원의 정치체계와 정치 조직 및 정치 과정을 서로 다른 문화의 맥락에서 비교분석하여 연구하며, 특히 지도자, 권위, 권력구조 및 국가의 기원과 정쟁들에 강조를 두어 연구한다.
348) 법인류학은 사회마다 다양하게 나타나는 법의 성격과 개념을 그 문화의 맥락에서 파악한다.
349) 예술인류학은 미술, 조각, 음악, 무용, 연극, 문학, 특히 전설, 미담, 민요 등의 예술을 인간이 가지고 있는 감정, 사상, 신념의 정서적 표현과 미적 표현의 산물로 보고 예술의 본질과 기원, 발달 및 사회적 기능을 주로 연구한다.
350) 최근에 발전한 인류학으로 의류인류학, 산업인류학, 교육인류학, 인구인류학 등이 있다(한상복, 1985, 14).

의의 유물로서, 문화가 단순한 것에서 복잡한 조직으로, 그리고 비이성적인 데에서 이성적인 사고로, 그리고 주술적인 것에서 종교적인 형태로, 그리고 최종적으로는 과학적인 것으로 진화해 간다는 이론이다. 벨하우젠(Julius Wellhausen, 1844-1918)이나 타일러(E. B. Tylor, 1832-1917)가 대표적인 주창자들로서 다윈(Charles Darwin)의 진화론에 근거해서 그들의 주장을 펼치고 있다. 이들에게는 단계적으로 문화가 원시적이고 정령숭배적인 문화에서 고등문화로 진화되어 발전했다는 가설에 의존하고 있기 때문에 그 주장의 정당성이 희박할 수밖에 없다. 특히 전세계가 세계 1차대전 후에 커다란 파괴에 처하면서 이러한 낙관론적인 문화진화론적 인류의 진보개념은 의문시되게 되었다.[351] 폴 히버트(Paul G. Hiebert)는 이러한 막연한 무목적적인 진화론적 문화론으로는 인간의 역사가 하나님의 분명한 목적과 인간의 반응에 의해서 이루짐을 설명할 수 없다고 비판하였다.[352]

2) 20세기 초반의 다양한 문화인류학

20세기에 들어오면서 문화진화론은 거의 거부당하였는데, 특히 미국의 인류학자 프란츠 보아즈(Franz Boas 1858-1942)는 진화론을 비판한 대표적인 학자로서 그는 모든 인간의 문명은 어떤 보편적

---

[351] Paul Hiebert, *Anthropological Insights for Missionaries*, (Grand Rapids: Baker, 1991), 20: "This theory of cultural evolution was called into question after World War I. The optimism about human progress that preceded that war had been shattered."

[352] Paul G. Hiebert, *Anthropological Insights for Missionaries*, (Grand Rapids: Baker, 1991), 20: "The Bible itself explains humanity in terms of cosmic history, a drama in which there is a 'plot' with a beginning, a development, and an ending. Scripture rejects the idea that human experience is a random set of events with no direction, no purpose, and hence no meaning. Moreover, it claims that the driving force behind history is not blind chance, but God's purposes and human responses. We need to understand people and divine revelation within the context of history."

인 발전의 법칙이 존재한다는 소위 "역사적 특수주의"(歷史的 特殊主義, Historical Particularism)를 주장하였다. 그는 인간의 문화가 인종이나 지리적 환경에 의해서 결정되는 것이 아니라 각 집단의 특수한 역사적 배경과 과정에 의해서 결정된다는 주장을 펼치게 되었다.

　　19세기말과 20세기 초반에 활동한 인류학자들 가운데 문화의 차이가 진화의 관점에서가 아니라 문화의 전파과정(傳播過程)의 관점에서 보는 전파주의(Diffusionism)를 주장한 학자들이 있는데, 영국, 독일, 오스트리아 출신의 인류학자들이다. 전파주의 대표적인 학자들로는 스미스(G. Elliot Smith 1871-1937), 페리(William J. Perry), 슈미트(Wilhelm Schmidt 1868-1954) 등이다. 그들은 고등문명의 대부분이 원래 이집트에서 계발이 된 후에 이집트를 거쳐 간 사람들에 의해 세계의 여러 지역으로 전파되어 갔다고 주장함으로 일명 이집트학파라 부르기도 한다. 빌헬름 슈미트는 가장 초기의 종교형태로 유일신교라고 주장하면서, 이것이 지방으로 전파되면서, 중심지로부터 멀어질수록, 다신교나 마술적인 형태의 종교를 가지게 된다고 주장하기도 하였다.[353] 이러한 전파주의의 약점은 문화의 전파과정에서 어떤 요소는 거절되고 어떤 것은 변형되는가를 설명치 못한다는 한계를 가지고 있다. 아울러 전파주의는 각 문화가 가지는 독특한 특성을 못 보게 하는 근본적인 오류를 가지고 있다고 평가된다.

　　한편 20세기 초반에 프랑스 인류학자 뒤르켕(Emile Durkheim 1858-1917)은 그의 저서 『사회학적인 방법의 법칙』(1895)에서 사회인류학에 중요한 기초가 될 이론을 발전시켰는데, 곧 문화는 개인의 의지나 심리적인 것과는 관계없이 사회의 보편성과 강제성의 제도

---

[353] Wilhelm Schmidt, *High Gods in North America*, (Oxford: Clarendon Press, 1933).

나 법이라는 집단적인 의식의 총체에 의해서 사회적으로 결정된다는 논리를 주장하였다.[354]

3) 20세기 중반의 문화인류학자들

20세기 중반에 이르러서 인류학자들은 구조기능주의(Structural Functionalism)라는 문화해석의 중요한 시각이 계발되었고, 현지조사를 가장 근본적인 방법으로 간주하는 경험주의적 전통이 확립되었다. 이러한 새로운 인류학 이론들의 대표적인 학자로는 유럽의 인류학자 말리놉스키(Bronislaw K. Malinowski, 1884-1942)[355]와 옥스퍼드 대학의 레드클리프-브라운(Alfred. R. Radcliffe-Brown, 1881-1965)[356]이 있다.

말리놉스키는 모든 문화제도와 요소들은 통합적인 전체를 구성하는 부분들이며, 그 전체를 형성하고 유지하기 위하여 각기 적절한 기능(機能)을 가진다고 보았다. 이렇게 하여 파악한 문화를 해석함에 있어 말리놉스키는 기능주의(Functionalism)라고 부르는 관점을 취하였다. 특히 말리놉스키는 전문적인 현지조사(fieldwork)를 문화인류학의 방법으로 강조하면서, 현장체험을 통해서 각 문화가 그 사회 속에서 가지는 역할과 기능을 이해하고 체험할 때, 어떤 문

---

[354] Emile Durkheim, *The Rules of Sociological Method*, (New York: Free Press, 1938).
[355] 말리놉스키(Bronislaw Malinowski)는 폴란드에서 태어나 문화인류학자로 영국 런던정경대학의 사회인류학 정교수가 되어서 후학을 지도하며, 오스트레일리아, 뉴기니, 태평양 트로브리앤드 섬 등을 자주 방문하여 그의 인류학의 이론을 검증하여 인류학발전에 많은 영향을 끼쳤다. 인류학계에서는 그를 "현지조사와 참여관찰(participant observer)의 확립자로 알려져 있다: Cf. B. Malinowski, "Kula: The Circulating Exchanges of Valuables in the Archipelagos of Eastern New Guinea" in Man, Vol. 20, 97-105; B. Malinowski, "The Group and the Individual in Functional Analysis", in *American Journal of Sociology*, Vol. 44, 938-964; Cf. Grunlan and Mayers, op., cit., 53.
[356] A. R. Radicliff-Brown, "Functionalism: A Protest", in American Anthropologists, Vol. 51, 320-323; A. R. Radicliff-Brown, "The Mother's Brother in South Africa" in *South African Journal of Science*, Vol. 21, 542-555.

화도 열등한 문화는 있을 수 없음을 강조했다. 그에게 있어서 "미개인들"은 진화주의자들의 주장처럼 선사시대의 모습을 알려주는 일종의 유물이 아니며 그들의 삶 자체가 학술연구의 대상이 되어야 한다는 것이었다. 외부인에게는 이상하고 어색하게 보이는 문화요소나 제도, 관습들이 그 맥락 내에서는 의미를 가지고 있으며 나름대로의 역할과 기능을 수행하고 있다고 주장하였다.

말리놉스키가 현지 조사자로 알려졌다면 레드클리프-브라운은 이론가로 더 알려져 있다. 두 사람 모두 인류학의 기능주의를 주장한 점은 동일한 점이지만, 레드클리프-브라운은 문화에 있어서 사회 구조(Social Structure)의 중요성을 강조하여 그의 주장을 구조주의 또는 구조기능주의라고 부른다. 그에게 있어서 사회구조는 그 사회 내에 존재하는 개개인의 대인관계 전체에서 파악된 기본적인 행위의 원리이며 이것이 의해 표면적으로 나타난 것이 문화적 현상으로 보았다. 그러나 이러한 구조기능주의에 대한 학자들의 비판은 구조기능주의가 사회의 기능적인 유지에만 치중한 나머지 사회구조의 변화의 가능성에 대해서는 간과하였다는 비판을 받고 있다.

4) 문화상징주의 학자들

한편으로 레드클리프-브라운이 사회구조를 강조한 나머지 인간의 특성이 오히려 무시되는 결과가 초래되자 에반스-프리챠드를 중심으로 한 인류학자들은 사회적 기능보다 그것들의 의미가 무엇인가에 대해서 관심을 갖기 시작하였다.[357] 이들은 의미의 체계, 즉

---

357) 문화상징주의 학자들로는 Clifford Geertz, Mary Douglas, 그리고 Victor Turner등이다. 참고: Clifford Geertz, "Religion as a Cultural System", in Reader in Comparative Religion, W. A. Lessa and E. Z. Vogt, eds., (New York: Harper and Row, 1972), 168-169; Mary Douglas, *Natural Symbols*, (New York: Random House, 1970); Victor Turner, *The Ritual Process: Structure and Anti-Structure*, (Chicago: Aldine, 1969).

상징체계를 사회의 맥락 속에서 파악하는데 주력하였다. 곧 모든 상징체계 밑에서 사회 및 문화적인 의미가 숨어 있다고 본 것이다. 이러한 문화상징주의학자들은 문화현상을 상징체계의 표현으로 보고, 그러한 행위를 행하는 사람들이 사용하는 의미와, 그것을 관찰하는 사람이 파악하는 의미를 구분해야하며 하나의 요소는 상황에 따라서 여러 가지 상징적인 의미를 가질 수 있다는 점을 지적한다. 이러한 경향의 연구는 문화를 단순히 물질적이거나 기능적인 것으로 보지 않고 의미의 체계로 보려는 많은 인류학자들의 관심을 받고 있다.

지금까지 오늘날까지 펼쳐진 문화인류학의 역사적인 발달과정과 거기에 따른 다양한 문화인류학의 제이론들을 살펴보았다. 우리는 여기서 현대 문화인류학에 있어서 영향을 주고 있는 문화상대주의 개념을 느낄 수 있다. 이러한 문화인류학의 이론, 곧 인간사회는 다양하다는 점에 초점을 맞추어 그 사회들은 독립적이고 유기체적 사회로 존재한다는 문화이론은 현대의 문화상대주의적 견해의 핵심이다. 이러한 문화상대주의적 인류학 이론은 결과적으로 지난 20세기 서구 문명의 우월성과 서구적 가치의 보편성에 대한 서구인들의 확신을 뒤흔들어 놓았으며, 신학적으로 이러한 문화상대주의 사상은 절대적인 성경진리를 상대화시키려는 사상으로 나타나 종교다원주의의 시녀로 사용되었던 것이다. 이러한 문화인류학의 사상이 20세기에 인간의 모든 신앙체계를 상대화시키는 인본주의적 종교다원주의의 결과를 가져오게 되었다. 그러므로 피터 버거(Peter Berger)는 이러한 상대주의적인 문화인류학의 이론들의 한계에 대해서 다음과 같이 주장한다. "상대화하는 사람들이 상대화되었고, 헐뜯던 사람들이 헐뜯음을 당하므로, 그야말로 상대화라는 말 자체가 어느 정도는 폐기되기도 한다."[358]

요약하면, 이러한 인류학의 사상적 변화 속에서 나타난 것이 문화인류학인데, 진화론적 인류학을 부정하면서 문화에 대한 그 동안의 연구를 배경으로 나타났다. 문화가 단순히 인간의 사상이나 행동의 축적물들이 아니라 더 깊이 내려가서 각 민족마다 가지는 가치 체계로서 문화의 개념을 확대 해석하려는 학문이다. 이러한 연구들은 특히 선교학에 커다란 도움을 주게 되었다. 즉 선교사로 하여금 선교지 문화를 이해하는데 있어서 문화적 차이를 보게 하는 눈을 열어주고 타문화권에 복음전달과 사회변화 등에 대한 시각을 주었다는 점에서 큰 발전이었던 것이다.[359] 문화인류학의 등장은 선교사로 하여금 선교지에서 사역할 때, 표면적인 문화차이만이 아니라 그 이면적인 문화에 대한 이해도 가능하게 되었다는 점에서 유익한 전개였다고 보는 것이다.

4. 선교와 문화인류학과의 관계

선교지에서 겪는 선교사의 어려움은 문화의 장벽이다. 선교사가 효과적으로 복음을 전파하려면 문화인류학에 대한 연구가 반드시 필요하다고 본다. 지금까지의 선교학에서 논의되고 발전된 문화인류학이 선교학에 끼친 공헌에 대해서 학자들마다 다양하게 주장하고 있다.[360] 폴 히버트(Paul G. Hiebert)는 선교학과 문화인류

---

358) Peter Berger, Brigitte Berger, and Hansfrid Kellner, *A Rumor of Angels: Modern Society and the Rediscovery of the Supernatural*, (Garden City, N.Y.: Anchor Books, 1970), 42: "The relativisers are relativized, the debunkers are debunked indeed, relativization itself is somehow liquidated".
359) Paul Hiebert, 1991, 21.
360) 선교학과 문화인류학간의 관계에 있어서 학자들은 많은 연구를 제시한다. 참고: Harvie M. Conn, *Eternal Word and Changing Worlds: Theology, Anthropology, and Mission in Trialogue*, (Grand Rapids: Zondervan, 1984); Robert J. Schreiter, "Anthropology and Faith: Challenges to Missiology," *Missiology: An International Review*, Vol. 19, No.3, (July,

학 사이는 그 관계가 참으로 가까움을 그의 논문이나 저서를 통하여 제시하여 주었다. 그는 선교와 인류학의 관계를 한 마디로 "사랑과 미움의 관계"(A Love/Hate Relationship)로 규정하였다.361) 히버트 (Hiebert)는 문화인류학이 선교에 무슨 도움을 줄 수 있는가에 대해서 지난 25년 동안 문화인류학이 선교사역에 중요한 필수과목이 되었으며, 이제는 문화인류학을 어느 정도 이해하지 않으면 선교훈련을 적절히 받았다고 인정되지 않을 정도"362)라고 주장한다.

히버트(Hiebert)는 계속해서 선교학과 인류학의 상관관계에 대해서 조심스럽게 접근할 것을 제안한다. 그는 선교분야에서 인류학의 교훈을 무비판적으로 받아들인다면 성경의 근거를 세속적 근거로 대치하는 위험에 처하게 되는데 곧, 기도나 성령의 인도보다는 선교계획이나 전략을 논하게 되는 경우가 될 것이기 때문이라고 주장한다. 반면에, 히버트(Hiebert)는 인류학이 선교에 기여한다는 것을 무시한다면 선교사역은 절름발이가 될 것이라고 주장하면서, 과거의 선교사들은 성경을 이해했지만 그들이 섬기는 사람에 대해서는 잘 이해하지 못하는 경향이 있었다는 점을 예로 들고 있다. 그러므로 오늘의 선교는 "선교사역에 있어서 성경뿐만 아니라 선교지의 사회문화적 상황도 연구해야 하며, 이때에 선교지 사람들이 이해하는 방식으로 복음을 전달할 수 있다"363)고 주장한다.

폴 히버트(Paul Hiebert)의 문화인류학의 공헌은 성경적 권

1991), 283-94; Paul G. Hiebert, *Cultural Anthropology*, (Grand Rapids: Baker, 1983); Paul G. Hiebert, *Anthropological Insights for Missionaries*, (Grand Rapids: Baker, 1991); Stephen A. Grunlan & Marvin K. Mayers, *Cultural Anthropology: A Christian Perspective*, (Grand Rapids: Zondervan, 1988).
361) Paul G. Hiebert, "Missions and Anthropology: A Hate/Love Relationship", *Missiology*, Vol. 6, 1978, 165-80.
362) Paul Hiebert, *Anthropological Reflections on Missiological Issues*, (Grand Rapids: Baker, 1994), 『인류학적 접근을 통한 선교현장의 문화이해』, (김영동, 안영권 역), 서울: 죠이선교회, 1997), 9.
363) Paul G. Hiebert, 1994, 10-11.

위있는 계시의 우월성을 인정하는 가운데 선교와 문화인류학을 논한 점이라 본다. 히버트(Hiebert)는 성경의 메시지야말로 모든 문화를 초월하는 진리로서 모든 문화권속에서 바르게 이해되고 적용되어야 한다고 주장한다(The Message of the Bible is supracultural - it is above all cultures. But it must be understood and applied in all cultures).364) 그러므로 선교를 위한 문화인류학은 "성경적 세계관, 즉 성경은 인간을 위한 하나님의 계시라는 확신에서 시작해야 하며, 이러한 세계관에 기초해서 우리는 모든 실체를 이해하고 비판해야 한다고 제시한다.365) 히버트는 성경적 세계관의 핵심내용들을 다음과 같이 제시한다: 1)하나님은 역사의 주관자시다. 2) 인간은 완전한 존재로 창조되었고, 죄로 타락했다. 3) 하나님의 구원은 그리스도를 믿는 자에 한한다. 4) 그리스도는 우리 가운데 거하시는 하나님이다. 5) 그리스도는 온 세계에 의의 왕국을 세우러 다시 오신다.

그러면 현대 선교에 끼친 문화인류학의 공헌은 무엇인가? 히버트는 선교에 끼친 문화인류학의 공헌에 대해서 다음과 같이 주장한다.366) 첫째로, 인류학은 선교지 문화의 상황에 대한 바른 이해를 가져다 줄 수 있다.(Anthropology can bring understanding of cross-cultural situations). 둘째로, 인류학은 성경번역과 같은 그런 특별한 선교 업무에 많은 통찰을 우리에게 제공한다.(Anthropology can provide us with many insights into such specific mission tasks as Bible translation). 셋째로, 인류학은 사람들이 그리스도인 될 때 일어나는 사회적인 변화를 포함하여 회심의 진행을 이해할 수 있도록 선교사들을 도와준다.(Anthropology can help missionaries

---

364) Paul G. Hiebert, *Cultural Anthropology*, xvii.
365) Paul G. Hiebert, 1994, 11.
366) Ibid, 15-16.

understand the processes of conversion, including the social change that occurs when people become Christians). 넷째로, 인류학은 우리에게 복음을 듣는 자들과 관계를 맺을 수 있도록 도울 수 있다.(Anthropology can help us make the gospel relevant to our listeners). 마지막으로, 인류학은 모든 문화적인 다양성 속에서 우리가 세상에 살고 있는 사람들과 관계를 맺을 수 있도록 도와준다.(Anthropology can help us relate people around the world in all their cultural diversity and assist us in building bridges of understanding between them).

한편 스티븐 그루넨(Stephen A. Grunlan)과 마빈 마이어스(Marvin K. Mayers)는 이러한 문화인류학이 선교에 커다란 공헌이 있지만 그러나 문화인류학이 만병통치약은 아니며, 그것은 단지 잘 준비된 선교사를 위한 도구일 뿐이라고 주장한다.[367](Cultural anthropology is not a cure-all for missions. It is just one tool of a well-prepared missionary). 그들은 인류학이 성령의 역사를 대체할 수 없으며, 참된 선교의 역사는 성령을 떠나서는 이루어질 수 없다는 점을 밝힌다. 그리고 선교정책은 결코 성령의 대체나 보조가 아니며, 바른 선교정책은 성령의 감동으로, 성령의 지배에 의해서 나타나며, 성령을 경쟁할 만한 것이 아니라, 성령에 의해 사용되어지는 것이라고 주장한다[368](Missionary strategy is never intended to be a substitute for the Holy Spirit. Proper strategy is Spirit-inspired and Spirit-governed. Rather than competing with the Holy Spirit, strategy is to be used by the Holy Spirit).

그루넨(Grunlan)과 마이어스(Mayers)는 인류학이 선교에 미

---

367) Grunlan and Mayers, op., cit., 21.
368) Ibid., 21.

친 공헌으로 선교사가 선교지에 입국할 때 그들의 문화를 이해하는 데 도움을 주며, 복음을 제시할 때에 효과적인 전달이 가능하게 돕는다. 곧 인류학은 선교사로 하여금 문화우월주의나 자문화중심주의(Ethnocentrism)에서 벗어나게 하는데 도울 뿐 아니라, 새로운 선교지 문화 속에서의 겪는 "문화충격"(Culture Shock)을 덜 겪게 하거나 최소한의 충격으로 견딜 수 있게 만드는 점에서 인류학의 공헌을 인정하고 있다. 더 나아가 인류학은 선교사가 현장에서 교회를 개척해서 부흥시키는데 유용한 역할을 할 수 있음을 제언한다.

5. 현대 선교인류학자들의 다양한 연구

선교학에 인류학이 적용된 시간은 그리 길지 않다. 사실 2차 대전이 지나기까지 아직 인류학의 발전은 미약하였기 때문에, 선교학자 간에 그렇게 중요시 여기지 않았다. 그러나 선교의 확대와 선교지 경험을 근거로 많은 선교사들과 선교학자들의 경험을 근거로 인류학의 발전에도 많은 기여를 끼치게 되었다. 북미의 복음적 선교단체인 여름언어연구소(Summer Institute of Linguistics, SIL)와 위클리프 성경번역선교회(Wycliffe Bible Translators) 등이 선교를 통한 문화인류학에 필요한 많은 이론들을 체계적으로 발전시킬 수 있었다.

일찍이 선교역사상에 나타난 체계화된 선교를 위한 인류학의 중요성을 깨달은 선교학자로는 14세기 중세시대 모슬렘선교에 큰 공적을 남긴 레이먼 럴(Ramon Lull, 1235-1315)을 들 수 있다. 그는 이슬람선교를 체계적으로 실천한 선교학자로 선교학교를 세워서 선교지 언어와 문화에 대한 철저한 훈련과 준비를 강조하였다. 그는 선교사는 먼저 그 지역의 문화와 언어를 이해함이 필요함을 역설하였다. 그리고 선교사는 열정과 순교적인 선교사명을 가지고 사역에

임할 것을 강조하였다.[369]

　근대선교학의 주창자인 독일 선교학자 구스타프 바르넥(Gustav Warneck, 1834-1919)은 여러 권의 선교학 교재를 남겼는데, 곧 『기독교 변증학』(1870), 『대학에서의 선교연구』(1877), 『현대선교와 문화』(1879), 『복음주의 선교학 강의』(1897-1903), 『현대선교와 문화의 대응관계, 개신교 선교 역사』(1882-1910) 등이다. 바르넥(Warneck)은 그의 선교학 강의 중에서 "오직 기독교만이 교회를 가지며 그것에게 세계선교라는 고유한 임무를 부여한다." 그리고 교회란 "모든 인간을 치유하는 기관"이며, "교회는 그 자체의 목적을 위해 선교에 참여해야 한다. 선교는 교회의 생명이다. 만일 교회가 이를 포기하면, 그 자신의 생명줄이 잘리게 되는 셈이다. 선교사들은 "민족적 관습과 태도들에 대해 마땅한 주의를 기울여야 할 것이다".

　이러한 복음전파 시에 문화에 대한 바른 이해를 추구하는 노력으로 1980년 윌로우뱅크(Willowbank Report on the Gospel and Culture)에서 모인 복음주의 신학자들은 WCC의 토착화이론에 대해서 복음주의적인 연구의 결과로 다음과 같은 주제들로 발표하였다. 문화의 성경적 기초, 문화의 정의, 성경계시 속의 문화, 오늘의 하나님 말씀의 이해, 복음의 내용과 전달, 복음의 겸손한 전파자들, 회심과 문화, 그리고 결론적 교회와 문화로서 총 8개의 대주제와 그에 따른 소주제들로 구성되어 있다.[370]

　오늘날 선교학계에 주요한 공헌을 한 문화인류학자들로는

---

[369] Stephen Neill, *A History of Christian Missions,* (London: Penguin, 1986), 117. "Missionaries will convert the world by preaching, but also through the shedding of tears and blood and with great labour, and through a bitter death".

[370] Robert T Coote and John Stott, eds., *Down to Earth: The Papers of the Lausanne Consultation on Gospel and Culture,* (Grand Rapids: Eerdmans, 1980).

폴 히버트(Paul G. Hiebert), 찰스 크래프트(Charles Chraft)[371], 유진 나이다(Eugene Nida), 하비 칸(Harvie M. Conn), 마빈 메이어스(Marvin Mayers), 찰스 타버(Charles R. Taber), 렝겐펠터(S. J. Lengenfelter), 그리고 데이비드 헤셀그레이브(David Hesselgrave) 등이다. 유진 나이다(Eugene Nida)는 그의 저서 『관습과 문화(Customs and Culture)』[372]는 그 당시 미국선교사 후보들에게는 기념비적인 책으로서 그들에게 필독서가 되었으며, 선교지에서의 일화나 기능주의적 용어, 그리고 생생한 예화들의 수록으로 지금도 선교 헌신자들에게 유익한 것으로 여겨진다. 가톨릭 선교학자로서 루이스 루즈베탁(Louis Luzbetak)은 그의 저서 『교회와 문화』(*The Church and Cultures*)에서 "미국의 프로테스탄트 선교사가 크게 기여한 분야는 사회인류학이나, 민속학(ethnography)이 아니라 언어학이며, 그들의 업적은 대단한 것이었다. 이것은 특히 SIL의 언어 훈련프로그램 덕분이었다"고 주장한다.[373]

그런데, 현대 구미의 선교인류학자들의 연구경향을 살펴보면 크게 두 가지 방향으로 나아간다. 먼저 현대 문화인류학계에서 주장되는 구조기능주의적인 연구가 유진 나이다, 루이스 루즈베탁, 찰스 크래프트, 그리고 마빈 마이어스 등에 의해서 이루어지고 있다. 이들은 문화를 구조기능주의적인 면에서 접근하여 문화를 아주 낙관적이며 중립적인 입장에서 바라본다.[374] 그러나 이들의 이론적인 약

---

371) Charles H. Kraft, *Christianity in Culture,* (New York: Orbis, 1991).
372) Eugene Nida, *Customs and Culture,* (Pasadena: William Carey Library, 1975); cf. Eugene A. Nida, *Message and Mission: The Communication of the Christian Faith,* (Pasadena: William Carey Library, 1990).
373) Louis J. Luzbetak, *The Church and Cultures,* (Pasadena: William Carey Library, 1975), 49.
374) Eugine Nida, *Customs and Culture: Anthropology for Christian Mission,* (New York: Harper and Brothers, 1954); Louis J. Luzbetak, *The Church and Cultures,* (Maryknoll: Orbis, 1993); Charles Kraft, *Christianity in Culture,* (Maryknoll: Orbis, 1984); Stephen A. Grunlan and Marvin K. Mayers, *Cultural Anthropology: A Christian Perspective,* (Grand Rapids:

점이 있다면 문화를 중립적으로 본다는 점에서 죄악에 물들어 있는 문화의 특징을 간과하여 버림으로 혼합주의에 노출되어 있다는 데에 있다.

반면에 선교인류학자들 중에 폴 히버트(Paul G. Hiebert)나 데이비드 헤셀그레이브(David Heselgrave) 등은 문화상징주의 입장에서 문화를 세계관의 심층구조에 대한 반영으로 본다. 이들은 성경의 권위에 입각하여 하나님의 말씀을 통한 문화 속에서의 선교변혁을 강조하는 "비판적 상황화"(Critical Contextualization)를 주장한다. 그리고 전통적인 개혁주의 선교신학에서 문화는 보통은총의 교리를 가지고 설명하면서, 문화는 결코 중립적일 수 없고, 죄와 사탄의 영향을 받아 치우친 것으로 보고 있다. 개혁주의 조직신학자 헤르만 바빙크(Hermann Bavinck)는 "보통은총이 수여되지 않았다면 만물은 존재할 수 없었을 것"이라고 주장한다. 그의 조카인 선교학자 요하네스 바빙크(Johaness H. Bavinck)는 문화 속에 내재된 보통은총은 복음의 접촉점이 될 수 있지만[375], 보통은총 그 자체만으로는 구원에 이를 수 없음을 분명히 밝힌다. 즉 특별계시의 간섭 없이는 구원의 하나님을 만날 수 없음을 분명히 제시하고 있다. 이런 관점에서 하비 칸(Harvie M. Conn)은 개혁주의 신학입장에서 선교인류학을 그의 저서 『영원한 말씀과 변천하는 세계』(*Eternal Word and Changing Worlds*)에서 체계적으로 주장하였다.[376]

Zondervan, 1988).
[375] Johaness H. Bavinck, op. cit., 173: "In the first place, we must remember that although man has fallen from God, and that the result of this fall are in evidence in his every thought and deed, nevertheless, thanks to God's common grace, man is safeguarded against complete deterioration".
[376] Harvie M. Conn, *Eternal Word and Changing Worlds*, (Grand Rapids: Zondervan, 1984), 47-85.

6. 결론

지금까지 선교의 효과적 수행을 위한 문화인류학의 필요성과 선교학에서 인류학이 어떤 공헌을 하였는가에 대해서 살펴보았다. 근대선교가 이루어지기까지 선교학에서 문화인류학의 분야는 그렇게 크게 부각되지는 않았다. 효과적인 선교를 위해서 모든 선교학을 가르치는 학교에서는 이미 문화인류학이 필수과목이 된 지가 오래된다. 선교학과 문화인류학과의 관계를 여기서 살펴보았다. 문화인류학은 선교사들에게 다른 문화를 이해하는데 영향을 주고 그들에게 복음 전파시에 유용한 도구가 됨을 살펴보았다. 이러한 문화인류학은 다른 문화권에서 사역하는 선교사들의 효과적인 사역을 위해서 필수적인 요소임을 알게 된 것이다. 오늘날은 이러한 다양한 인류학적인 연구를 도구로 해서 선교학은 보다 풍성하고 효과적인 선교사역을 가능하게 한다. 그러나 우리는 오늘의 효과적인 선교사역의 열매가 하나님의 주권적인 역사임을 알고, 먼저 기도하는 자세로 성령의 인도하심을 받는 지혜를 잃어버리지 않아야 할 것이다.

제13장
종교다원주의에 대한 선교변증학적 연구

1. 서론

한국교회의 어느 지도급 인사가 한 대학교 강연에서 말하기를 "기독교에만 구원이 있는 것이 아니라 모든 종교에 똑같이 구원이 있다"는 식으로 말했다고 해서 커다란 물의를 빚은 적 있다. 지금 한국 사회적 분위기는 온통 다원주의적 상황으로 가고 있다. 불교계가 성탄절에 가톨릭 교회를 찾아가 축하의 메시지를 전하는가 하면 가톨릭 교회도 석가탄생을 축하하는 현수막을 내걸 정도로 온통 종교적 화합과 협력을 추구하는 것처럼 보인다. 여기다가 최근 텔레비전이나 다른 언론 매체들은 기독교진리에 대한 공개적인 도전을 하면서 혼합주의적인 발언을 서슴지 않고 있다.

선교학적으로 현대는 민주화 시대의 바람과 혼합주의, 상대주의 신학과 포스트모더니즘과 같은 사상들로 보다 분명한 예수 그리스도의 유일성에 대한 자세가 필요한 시점이다.[377] 한국복음주

---

[377] 기독교 진리에 대한 변증학적 연구 자료는 다음과 같다: Norman L. Geisler, *Christian Apologetics*, (Grand Rapids: Baker, 1976); Alan Richardson, *Christian Apologetics*, (London: SCM Press, 1947); Harold Netland and Edward Rommen, eds., *Christianity and the Religions*,

의 협의회는 최근에 "종교다원주의"라는 주제로 학술발표회를 갖고 이에 대한 대책을 논의하였다.[378] 발제자인 전 독일 튀빙겐대학교 교수인 피터 바이어하우스(Peter Beyerhaus) 박사는 종교다원주의는 그리스도의 유일성을 부정하고 정통기독교에 대한 도전으로서 결과적으로 예수를 대적하고 기독교인을 핍박하고, 다원주의적 상대주의는 그리스도에게 상대적인 자격을 부여하는 동시에 그리스도 외에도 다른 경배의 대상이 있음을 인정하는 것이라고 분석한다. 그러므로 종교다원주의 사상은 전통적 선교에 중대한 도전이며 영혼구원의 선교를 부정하는 선교이론이다.

본 장에서 이러한 변화 많고 혼란스러운 현대사회 속에서 효과적인 선교사역을 위하여, 선교변증학의 필요성에 대해서, 그리고 종교다원주의가 가지는 사상과 그 주장들, 그리고 성경적인 기독교 유일성에 대하여 살펴보고자 한다.

2. 현대 다원화 사회와 선교변증학적 과제

반세기 전만 해도 서구사회는 종교현상은 일시적인 것이며 산업화되고 과학적 사회가 되면 종교는 사라질 것이라고 주장하였지만, 사실 현대 전세계는 그 어느 때보다도 종교의 부흥을 구가하는 시대가 되었다. 현대 세계인구들을 종교분포별로 살피면 22억의 기독교 신자 외에, 회교도가 16억, 힌두교도가 7억 5천, 불교도가 2

(Pasadena: William Carey Library, 1995); Lesslie Newbigin, *The Gospel in the Pluralist Society*, (Grand Rapids: Eerdmans, 1991). Lesslie Newbigin, *Foolishness to the Greeks*, (Grand Rapids: Eerdmans, 1986); Alister E. McGrath, *Intellectuals Don't Need God: Building Bridges to Faith Through Apologetics*, (Grand Rapids: Zondervan, 1993); R.C. Sproul, John Gerstner, Arthur Lindsley, *Classical Apologetics: A Rational Defense of the Christian Faith and a Critique of Presuppositional Apologetics*, (Grand Rapids: Zondervan, 1984).

378) 한국복음주의 협의회가 2004년 11월 12일 서울 역삼동 화평교회(안만수 목사)에서 학술발표회를 가졌으며, 발제자는 독일 튀빙겐대학교에서 35년간 선교학 교수로 봉직하고 2003년에 연세대학교 용재 백낙준박사 기념 석좌교수로 초빙 받아 한국에서 활동하였다.

억 5천에 이른다.

오늘의 선교는 다종교사회(Religious Pluralist Society) 속에 살고 있는 현대인들에게 복음을 전하는 것이다. 바빙크는 기독교선교의 합당한 토양은 타종교에 대한 정확한 숙지가 우선시 된다고 주장한다.[379] 곧 비기독교적인 타종교에 대한 탐지, 바른 평가와 파악은 기독교선교의 필수이며 이것이 없을 때 선교사역은 성공적으로 수행할 수 없다고 특별히 이 분야를 연구할 필요를 강조하였다.[380]

이러한 상황에 대한 성경적 가르침으로서 다른 종교인들에게 복음증거의 사명에 대하여 베드로는 모든 그리스도인은 자기 안에 있는 소망에 대한 이유(Apologia)를 설명할 준비가 항상 되어 있어야 함을 명령한다(벧전 3:15): "너희 마음에 그리스도를 주로 삼아 거룩하게 하고 너희 속에 있는 소망에 관한 이유를 묻는 자에게는 대답할 것을 항상 예비하되 온유와 두려움으로 하라."

사도 바울이 아테네 선교에서 나타난 그의 설교와 기독교 유일성의 선교적 변증은(행 17:22-27; 19:8-10) 현대선교 현장에서 자주 일어나는 모델이기도 하다. "바울이 아레오바고 가운데 서서 말하되 아덴 사람들아 너희를 보니 범사에 종교성이 많도다 내가 두루 다니며 너희의 위하는 것들을 보다가 알지 못하는 신에게 라고 새긴 단도 보았으니 그런즉 너희가 알지 못하고 위하는 그것을 내가 너희에게 알게 하리라"(행 17: 22-23). 바울은 그들에게 하나님을 "우주와 그 가운데 있는 만유를 지으신 신"으로 그리고 "천지의 주재"로 소개하고(행 17:24), 부족하신 분이 아니라 오히려 사람에게 "생명

---

379) Johanness Bavinck, *Introduction to the Science of Missions*, (Phillipsburg: Presbyterian and Reformed Pub. co., 1960)
380) Ibid. xxi: Elentics is "the ascertainment of a view of non-Christian religions which is responsible from the biblical point of view. Such a study is so indispensable for a proper view of non-Christian religions that missionary science cannot possibly do without it. For a theory of missions is incomplete unless it can be properly evaluate non-Christian religions."

과 호흡과 만물을 친히 주시는 자"(행 17:25)로 하나님을 증거하였다. 바울의 다종교사회인 그리스 아테네 선교모델은 오늘의 현대 선교현장에서 깊이 적용되고 본보기가 되는 내용이다.

바울처럼 선교역사는 선교현장에서 만나는 이교도들에 대한 기독교의 진리에 대한 변증을 우리에게 보여주고 있다. 비록 오늘의 현실에서 이러한 변증학적인 진리수호와 추구가 과거보다 더 활발하지 않는 안타까움은 있지만, 오늘의 종교다원주의 상황에서 분명한 성경적인 변증론(Apologetics)은 더욱 소중하다고 본다. 사실 복음진리를 증거하기 위해 변증학은 신약시대부터 선교의 한 부분이었다(딤후 4:16). 사도바울은 이렇게 제시한다. "모든 이론을 파하며 하나님 아는 것을 대적하여 높아진 것을 다 파하고 모든 생각을 사로잡아 그리스도에게 복종케 하니"(고후 10:5). 미국 개혁주의 신학자 스프로울(R. C. Sproul)박사는 이러한 변증학적인 사역은 모든 그리스도인에게 주신 하나님의 명령으로서 누구나 순종해야하는 덕목이라고 주장한다(By divine example and divine command apologetics is a mandate God gives to His people… If God commands us to do the work of apologetics it is disobedience to refuse the task).[381]

이러한 선교역사 속에 나타난 변증학을 사전적으로 다음과 같이 정의한다. 선교를 위한 변증학(Apologetics)에 대해 웹스터 사전에서 "변증학은 기독교 신학의 일분과적 학문으로서 기독교의 변호와 증명을 그 관심지사로 한다"[382]고 정의하고 있다.

구미의 진보적 신학사상이 범람할 때 기독교의 진리를 성경

---

381) R. C. Sproul, op. cit., 20.
382) *Webster's New Word Dictionary of the American Language*, Second College Edition, (New York: The World Publishing Co., 1970), 64.

적으로 변증하고자 애썼던 개혁신학자 코넬리우스 밴틸(Cornelius Van Til)은 "변증학은 각양각태의 비기독교적 생의 철학과 대결하는 기독교적 생의 철학의 변호"라고 밝힌다(Apologetics is the vindication of the Christian philosophy of life against the various forms of the non-Christian philosophy of life).[383] 그리고 리처드슨(Alan Richardson)은 "변증학은 우주와 그 속에서의 인간의 실존에 대한 합리적 이해를 기독교적 입장에서 도모하며 촉구하는 학문"[384]이라고 밝힌다.

한국개혁주의 신학자 박형룡 박사는 "변증학은 기독교의 진리와 사실을 학술적으로 변호 증명하는 학문이라고 생각한다"[385]고 주장한다. 미국 웨스트민스트신학교 조직신학교수 싱클레어 퍼거슨(Sinclair B. Ferguson)은 변증학이 "기독교 복음메시지가 진리임을 증거하는 그리스도의 마음 자세"(Apologetics is an activity of the Christian mind which attempts to show that the gospel message is true in what it affirms)[386]로 주장하였다.

이러한 종교다원주의 사회속에서 바른 선교 변증학을 세우기 위해 우리는 선교변증학이 필요한 시대에 살고 있다. 선교변증학 (Missionary Apologetics)을 정의하면, 변증학이 비기독교 철학에 대해서 신학이 기독교 진리를 변증하는 것이라면, 선교변증학은 비기독교 종교, 곧 이방종교와 이교주의를 대항하여 기독교 신앙을 곧 예수 그리스도의 유일성을 변증하고 적극적으로 제시하는 것이라고 할 수 있다. 이것은 비기독교적인 경향과 이교주의에 대항하여 기독교의 유일성을 방어하는 일에 주된 관심을 가진다. 오늘날 신학의

---

[383] Cornelius Van Til, *Apologetics*, 1.
[384] Alan Richardson, *Christian Apologetics*, London: SCM Press, 1947, 21.
[385] 박형룡, 『변증학』(박형룡저작전집 XI), (서울: 한국기독교교육연구원, 1978), 38.
[386] Sinclair B. Ferguson, eds., New Dictionary of Theology, 36.

상대주의와 종교다원주의의 물결이 위험수위까지 오른 상황에서 개혁주의 선교변증학의 역할은 매우 크다고 볼 수 있다.

사실 역사적으로 볼 때에 선교 변증학은 하나의 커다란 기독교 교회의 사역이었다. 초대교회 교부들은 초기 기독교 신자들에 대한 애매한 비난, 정죄와 정부의 무리한 적대적 태도를 반박하며 기독교를 변호하였다. 그래서 이러한 이단의 발호에 맞서 신앙의 순수성을 정립키 위해 노력함에서 신학적인 기초와 발전을 가져왔다고 할 수 있다. 교회사의 흐름 속에서 여러 이단들의 출현에서 복음의 진리를 방어하는 초기 변증 신학자들의 저서들은 오늘날 현대의 종교다원주의에 대하여 선교적 변증학을 하는데 참고가 되기에 충분하다. 1세기말부터 2세기에 걸쳐 지중해 동해안 지역에 널리 퍼져 있는 영지주의(Gnosticism)는 지식을 중시하는 헬라철학과 동양의 세계관과 기독교 교리를 절충하여 하나의 혼합적 종교철학을 세워 혼란케 할 때, 그들은 기독교 진리를 변증하였던 것이다.

초대교회 져스틴 마터(Justin Martyr, 100-165)는 로마에서 전도하다가 지방장관 러스터스(Rusticus)에게 영웅적 순교를 당하면서 기독교진리에 대한 변증서로『제일 변증서』(*The First Apology*, 153), 그리고『제이 변증서』(*The Second Apology*, Appendix, 161)를 남기면서, "신자를 정죄하려면 그 죄목을 조사해 범죄 사실을 밝혀 처벌할 것이요 그리스도인(Christian)이란 이름만으로 벌할 수 없다"고 주장하였다. 그는 신자들을 무신론자들이라, 국가에 반대하는 자들이라는 비난에 대해 사실이 아님을 변호하고 기독교의 새 신앙과 고상한 도덕훈을 들어 참 종교임을 증명하고 기독교와 이방교리를 비교하여 그 우월성을 보이고 있다.

초대교회 교부 이레니우스(Irenaeus)도『이단반박문』(*Against Heresies*, 185)을 통해 초대 교회 영지주의에 대해 반박하였다. 그는 사도들의 복음에 대한 온전한 지식을 얻어 가지고 전도함을 강조하고 사도들의 전승에 대한 충실한 전수의 중요성을 강조하였으며, "교회는 사도들이 예수의 교훈을 맡긴 보고요 그 진리의 보관자들은 사도들의 후계자인 감독들이니 신도는 감독을 존경, 순종할 것이라" 387) 주장하였다. 영지주의의 위기는 감독직의 권위가 높아지고 사도들의 교회가 확장됨과 동시에 서방교회에 교리가 확정되게 되었다.

초대교회 오리겐(Origen, 185-254)은 알렉산드리아 감독으로서 클레멘트의 제자로 배우고 다방면의 석학으로서 많은 저작을 남겼는데, 그 중에 초대교회 이교도인 셀수스(Celsus)의 글에 대해 정통 기독교의 진리를 변증하였다. 오리겐의 저작은 『셀수스 반박문』(*Contra Celsum*, 246-248)으로서, 이것은 플라톤 철학자 셀수스(Celsus)의 『기독교 비평』(*True Discourse*, 177)에 대한 답변으로서, 셀수스가 그의 『참 대화』(*True Discourse*)라는 책에서 기독교를 비난하면서 기독교의 교회의 절대권, 성경의 기적, 성육신, 십자가 등을 부정할 때에 오리겐은 이것이 잘못된 지적임을 보여주고 기독교의 우월성을 강조하였다.

초대교회 성자 어거스틴(Augustine, 354-430)은 로마의 아프리카 식민지였던 히포의 감독으로서 서방교회 지도자요 위대한 사상가였다. 그는 그 당시의 마니교, 도나투스, 펠라기우스 이단에 대해 변증적인 글을 기록하였다. 그는 펠라기우스388)의 주장들 곧 원죄의 부인하고, 신이 부어주시는 은혜로 구원 얻음을 부인하고 인간은 죄 없이 살 수 있는 능력을 긍정한다는 주장들에 대해서, 어거스

---

387) W. Walker, 『기독교회사』, (서울: 한국기독교문화원, 1978), 55.
388) Pelagius(- 420), 영국의 수도사로 구원에 있어서 인간의 자유의지를 주장하면서, "사람의 구원은 신의 은사보다 자력으로 시작된다" 고 강조하였다.

틴은 펠라기우스의 주장이 잘못이라고 지적하면서 다음과 같이 반박한다. "인간의 실제 모습과 더불어 기독교 교리가 보여주는 것은 인간이 죄안에서 너무 타락했기 때문에 스스로 구원받을 수 없음을 보여준다. 오직 하나님만이 인간을 의롭게 하실 수 있고 인간을 죄의 결과로부터 해방시킬 수가 있다는 것이다."[389]

그리고 어거스틴은 초대교회에서 기독교인들이 핍박을 받을 때에 그의 주저인『신의 도성』(City of God, De Civitate Dei, 412-426)에서 로마가 옛 신들을 섬길 때에는 왕성했으나 기독교가 들어와 그들을 등한히 해서 몰락되었다는 비난자들에 대해 기독교를 변호하였다. 그는 로마의 옛 신들 숭배는 결코 로마에게 어떤 실력, 미덕, 영생을 주지 못했으며 로마가 그 신들을 버리고 유일하신 참 신을 섬기게 된 것은 손해가 아니라 큰 유익이었다고 주장한다. 그는 하나님 나라의 시민인 그리스도인의 삶에 대해 나그네로서 정체성을 들어 보이면서 세상 속에서 성도의 역할을 주장한다.

> 신의 도성인들은 다 세상의 나그네, 순례자들임을 고백한다… 세상의 도성도 다소의 선을 가지고 질서, 평화를 유지한다… 죄악세상도 자기애를 원칙 삼아 혼란을 억압하고 각자의 안전을 힘쓰나 신의 도성이 커짐에 따라서 그것은 몰락될 것이다. 신의 도성 시민들은 신이 구원하시려고 택하신 선민들이다. 교인이라 해서 다 선민이 아니나 신의 시민들은 지금 보이는 교회 내에 있다. 그러므로 교회는 지금도 그리스도의 왕국이요 천국이다. 따라서 성도들은 지금도 그와 함께 왕 노릇한다. 다만 후에 왕 노릇할 모습, 방법이 다를 뿐이다. 교회 안에서 밀과 함께 자라는 가라지는 그와 함께 왕 노릇할 수 없다.[390]

---

389) Colin Brown,『철학과 기독교신앙』, 문석호 역, (서울: 기독교문서선교회, 1989), 23.
390) Augustine, City of God, 20, 10.

3. 현대 신학과 종교다원주의 사상

오늘날의 종교다원주의 사상은 그 역사적인 배경이 있다. 지난 19세기와 20세기 현대교회는 신학적 좌경화를 통해 급진적인 신학을 통해 결과적으로 신학의 변질과 선교개념의 변질을 가져왔다. 곧 사회구원의 신학의 등장하고 대전도(Larger Evangelism)의 개념이 소개되었다. 1938년 예루살렘 국제선교협의회(International Missionary Council)에서 D. L. 무디(D. L. Moody)의 전도법을 낡은 것으로 여기고, 선교는 영혼만을 구원하는 것이 아니라 육체 문제도 관심을 두어야 한다고 주장하였다.

1930년대 미국에서 "선교의 재고(再考)"(Rethinking Mission)를 주창하는 하버드 대학 교수 윌리엄 혹킹(William E. Hocking)의 주장은 20세기 전반기 세계선교에 치명적인 결과를 가져다주었다. 그의 주장은 미국교회 선교의 절반에 가까운 감소를 가져오게 할 정도로 큰 영향을 가져왔다. 그의 주장의 내용은 기독교 선교과업이 타종교와 함께 진리를 공동으로 추구하는 것이라고 주장하면서 그는 이렇게 말한다:

"비기독교적 종교체제를 공격하는 것이 기독교 선교사의 의무는 결코 아니다. 그리스도인 모든 종교체계 안에 의를 실현시키고 있는 세력들과 함께 일하는 동역자로 간주해야 한다."[391] 그리고 "선교의 목적은 다른 나라 사람들과 함께, 예수 그리스도를 통해서 배운 바 말과 행위로 표현되는 하나님에 대한 참된 지식과 사랑을 추구하는데 있다."[392] 여기에 그는 모든 종교는 다 구원의 길을 제시한다는 종교다원주의 발언을 하였다: "중국의 유교는 그 나름대

---

391) William E. Hocking, *Re-Thinking Missions: A Laymen's Inquiry after One Hundred Years*, (New York: Harper & Brothers, 1932), 59.
392) Ibid., 59.

로 가치가 있고, 인도의 힌두교는 힌두교대로, 일본의 신도는 신도 나름의 가치가 있기 때문에 선교사를 파송할 필요가 없다."393) 그의 이러한 발언은 기독교의 전통적 선교개념을 전적으로 뒤집어 놓은 결과를 가져온 것이다.

1950년대에 와서 좌경적 에큐메니칼 그룹은 소위 하나님의 선교(Missio Dei)를 주장하면서 "선교의 시대는 가고 선교의 시대는 도래하였다"는 주장하게 된다. 전통적 영혼구원의 선교는 지나갔으며, 그리고 서구 교회가 비서구 세계에 선교사를 파송하는 타문화선교(Cross-Cultural)의 선교 시대는 사라지고 새로운 선교를 해야 한다고 주장하였다. 그들의 "새로운 선교"란 개인 구원보다 사회구원으로 방향을 돌렸던 것이다.

혹켄다이크(J. C. Hockendijk)는 "선교신학의 세속화"를 주장하면서 전통적 교회론 중심의 선교는 기독교의 근본진리의 왜곡이라고 주장하고, 그의 선교론은 이 지상에서 메시야 왕국을 세우는 소위 평화(shalom)의 선교임을 주장한다.394) "선교란 선포(kerygma), 교제(koinonia), 봉사(diakonia)" 임을 말하지만 그의 선교개념은 성경적인 것이 아니다. 그에게 있어서 선포란 평화가 이미 도래하여 그리스도가 현존하고 있음을 선포하는 것이고, 교제란 이미 사람들 가운데 나타나 있는 평화를 표현하는 것이며, 봉사란 평화를 의미하는 겸손한 봉사임을 주장한다. 그의 이러한 주장들은 타 종교에 대한 무분별한 관용으로 몰고 가서 결국 종교다원주의의 한 부분이 되었다.

1960년대에 와서 세계교회협의회(World Council of Churches)

---
393) Ibid.
394) J. C. Hockendijk, "The Call to Evangelism," *The Conciliar Evangelical Debate: The Crucial Documents 1964-1976*, ed., Donald McGavran, (Pasadena: William Carey Library, 1977), 50.

의 에큐메니칼 선교신학은 사회문제에 본격적인 관심을 표현하고 선교의 정의를 복음전파가 아니라 인간화로 선포하였다. 웁살라 제4차 WCC 총회에서 "우리는 인간화를 선교의 목표로 규정한다. 왜냐하면 우리는 우리 역사의 시대에서는 메시야적 목표의 의미를 다른 입장으로 전달하기 때문이다. 다른 시대에서는 하나님의 구속적 사역의 목표가 인간이 하나님께로 돌아서는 것으로 생각하였다… 선교의 목적은 기독교화로서, 그리스도와 그의 교회를 통하여 사람을 하나님께 인도하는 것으로 생각하였다. 그러나 현재의 중요한 문제는 참 인간의 문제이다. 따라서 선교교회의 주요 관심은 선교의 목표가 그리스도 안에서 인간성을 지배하는 것이다."[395]

　　20세기 현대교회 속에 나타난 이러한 종교다원주의 사상은 1970년대 이후에 본격적으로 나타나기 시작하였다. 그 배경을 분석하여 보면, 전 세계적으로 선교지의 토착종교의 발흥과 민족주의 운동의 전개 등으로 각 문화마다 자신의 우수성을 주장하고 선교적 복음전파에 대해 적대적인 방향으로 전개되었다. 이러한 분위기속에서 선교학자들은 이제 세계선교가 현대 선교에 있어서 그 성공의 열쇠는 불교, 힌두교, 회교, 유교 등 타종교의 사람들에게 어떻게 선교하느냐에 달려 있다고 주장한다.

　　과거 19세기 서양의 동양종교 이해관은 한마디로 "동양의 종교는 우상이기 때문에 곧 쇠퇴할 것이라"고 하였지만, 오히려 20세기 동양의 종교는 쇠퇴하기보다 오히려 부흥하고 있는 것이다. 그리고 과거의 서양에서 동양으로의 기독교 선교는 이제 동양에서 서양으로의 비기독교 포교 시대가 도래된 것이다. 예를 들면 한국 불교의 국제포교사 파송이나 중동의 회교 국가들이 많은 지역에 회교사원을

---

395) Drafts for Sections: Uppsala '68 (Geneva: International Review of Missions), 34.

건립하고 그것을 위해 정부적 지원을 받는 모습에서 그것을 본다.

그래서 선교학자들은 아시아에서 가장 중요한 선교 과제는 선교에 도전적 태도를 취하고 있는 아시아 종교의 이해와 거기에 대처하는 전도전략 개발임을 주장한다. 아시아 대부분의 불신자들은 엄밀히 말하면 불신자가 아니라, 타종교를 믿는 자들인 셈이다. 결국 전도란 타종교 사람들에게 복음을 전파하는 것이 된다. 사실 한국교회의 초기선교도 종교 대(對) 종교의 대결이었다. 따라서 타종교인에 대한 전도는 기독교가 절대 진리임을 말하는 변증이요, 공격이다.

20세기 현대 선교학의 아버지인 독일의 구스타프 바르넥(Gustaf Warneck)은 그의 선교학 강의록인 "복음주의 선교학"에서 선교사는 이방인들이 기독교를 이해하기 전에 먼저 상대방의 종교를 알고 논증을 해야 승리할 수 있으며, 선교 변증학의 중요성을 이렇게 주장한다: "선교학에서 종교들을 개별적으로 취급하기란 어려운 일이다. 종교적 다양성, 특히 인도같은 선교지에서는 너무 많기 때문에 구체적으로 취급하는 데는 한 권의 책이 특별히 필요하다. 모든 비기독교 종교에 대한 기독교의 선교학적 기초와 변호는 선교 변증학에서 특수한 취급이 되는데 이 선교 변증학은 선교학을 보충하는 것이다."[396]

화란의 개혁주의 선교신학자 바빙크(J. H. Bavinck)는 그의 『선교학개론』에서 "엘렝틱스"(Elentics)라는 헬라어로서 선교변증학을 주장하였다.[397] 그는 종교를 인간 삶의 가장 근원적인 것으로 보고 문화는 그 기저에 종교가 있음을 전제로 한다. 따라서 선교사

---

396) G. Warneck, *Evangelische Missionslehre* 3 Abt. (Gotha: Friedrich Andreas Perthes, 1903), 125-28.
397) J. H. Bavinck, op. cit., 221-272.

역을 수행할 시에 복음을 바로 전하고 능력 있게 전하기 위해서, 인간종교를 심층적으로 이해하고 문화를 익힌 후에, 성령의 능력을 힘입어 하나님의 말씀을 총체적으로 전하는 것으로 주장하였다. "엘렝틱스는 개혁주의 선교신학에서 중요한 비중을 차지하고 있으며… 변증학이 비기독교 철학에 대항하여 기독교 진리를 변증하는 것이라면, 엘렝틱스는 비기독교 종교에 대항하여 기독교 진리를 변증하고 적극적으로 제시하는 것이다."

4. 종교와 종교다원주의

그러면 오늘날 우리 주변에 나타나는 주장들 가운데 종교이론들과 그들이 주장하는 종교다원주의는 무엇인지에 대해 살펴보고자 한다.

T. S. 엘리어트(T. S. Eliot)는 일찍이 문화는 한 민족의 종교의 구체화라고 소개하면서 다음과 같이 주장한다: "문화는 종교와 관련되지 않고서 나타나거나 발전될 수 없다… 더 나아가서 우리는 우리가 '한 민족의 문화'라고 부르는 것과 '종교'라고 부르는 것은 같은 것의 다른 측면인지 아닌지를 물어 볼 수 있다. 근본적으로 문화는 말하자면 한 민족의 종교의 구체화이다."[398] 폴 틸리히(Paul Tillich)는 "궁극적 관심으로서의 종교는 문화에 의미를 주는 실체이며, 문화는 종교의 기본관심이 그 자신을 표현하는 형태의 총체이다. 결국 종교는 문화의 실체이며 문화는 종교의 형식"이라고 하였다.[399] 그리고 비트켄슈타인(L. Wittgenstein)은 "한 종교적 신앙은 어떤 기준 체제에 대한 헌신 같은 것이 될 수 있을 뿐이라는 생각이 문득 떠오른다. 그러므로 신앙이라 하지만 실제로 그것은 어떤 생활

---

398) T. S. Eliot, *Christianity and Culture*, (New York: Harcourt, Brace & Co., 1940), 100.
399) Paul Tillich, *Theology of Culture*, (London: Oxford Univ. Press, 1948), 42.

방식이거나 인간의 삶을 평가하는 방식인 것"임을 주장한다.[400]

그리고 바빙크(J. H. Bavinck)는 "문화의 모든 측면은 종교적 자료들로부터 생겨난다… 문화는 우주와 보이지 않는 힘들에 대한 인간의 기본적 태도에 기초한다… 우리를 숨막히게 위협하는 우리 문명의 당혹스런 측면이 있다. 우리의 곤경의 주원인은 명백히 우리가 기본 문제인 문화를 등한시했다는 사실에 있다"[401]고 주장한다.

T. S. 엘리어트(T. S. Eliot)는 "만약 우리 사회가 참된 기독교 사회라면 우리가 기독교 문화를 '가장 고도의 문화'라 감히 말할 수 있게 되는 것은 우리의 문화가 참으로 그렇게 되어야 하는 그대로라고 우리가 생각할 때인 것이다."[402] 이러한 사회와 종교의 밀접한 관계에 대한 …학자들의 분석이 지금까지 내려왔지만, 오늘날의 종교관은 종교다원주의에 의해 더 복잡한 현상을 가지고 기독교에 대해 공격적인 모습으로 나타나고 있다.

종교다원주의자 스탠리 사마르타(Stanley Samartha)는 이렇게 주장한다: "어떠한 종교에 근거하여 절대주의를 고집하는 것은 정치 이데올로기에 기초한 절대주의인 만큼 그 결과가 위험하다… 그리스도를 주로 고백하도록 전도하는 것은 신구약 성경에 위배되는 것이며 신앙은 역사적 경험의 열매이며 사람에게 강요되는 것이 아니다."[403] 그리고 종교다원주의자 존 힉(John Hick)과 폴 니터(Paul F. Knitter)는 기독교의 유일성의 주장은 서구사회가 우세하였던 상황에서 나온 산물로서, 기독교 신앙은 도덕적으로 비난의 대상

---

400) L. Wittgenstein, *Culture and Value*, (Chicago: University of Chicago Press, 1980), 64.
401) J. H. Bavinck, *The Church Between the Temple and the Mosque*, (Grand Rapids: Eerdmans, 1965), 21.
402) T. S. Eliot, op. cit., 106.
403) Stanley Samartha, "The Lordship of Jesus and Religious Pluralism" Gerald Anderson and Thomas Stransky, eds., *Christ's Lordship and Religious Pluralism*, (Maryknoll: Orbis Books, 1981), 20-21.

이며, 제국주의적이며, 비영적인 것으로 보고 기독교를 다른 종교의 사람들에게 강요할 수 없다고 주장한다.[404] 가톨릭 종교다원주의자인 칼 라너(Karl Rahner)는 비기독교 종교의 신실한 신봉자도 "익명의 기독교인"으로 보아야 하며 그들이 알지도 인정하지도 않는 어떤 신으로부터 구원을 받게 될 것이라고 주장한다.[405]

오늘날 이러한 종교다원주의가 나타난 배경으로 서구 경제와 서구 지배력의 약화, 양차 세계대전의 영향으로 유럽의 약화, 그리고 동양인의 서구사회로 이주하면서 동양종교의 포교활동, 각 민족주의의 발흥과 그들의 문화적 정통성 추구 등으로 그 목소리가 커진 것으로 분석된다. 아울러 서구 신학의 자유주의화는 결국에 기독교 절대주의 신학을 상대주의로 만들어 신학의 좌경화가 일어났으며, 또한 WCC의 종교 간의 대화가 전도의 목적이 아니라, 세속적 목적으로 변질되어서 무분별한 관용주의가 다원주의를 불러온 것으로 이해한다.

종교다원주의를 주창하는 학자들은 주로 그들의 신학적 기초로 만인구원론(보편주의, Universalism)을 가지고 모든 사람이 구원을 받으며, 다른 종교도 구원이 가능함을 주장한다. 존 힉(John Hick)은 "기독교의 절대성 주장은 무지한 세대의 발상"이라고 주장했다.

이러한 종교다원주의 신학자들의 사상은 자유주의 신학사상을 분별없이 받아들인 결과이며, 또한 신정통주의 신학자 곧 칼 바르트, 폴 틸리히, 에밀 부르너와 같은 사람들의 주장을 따르고 있다.

---

[404] Paul Knitter, *No Other Name?: A Critical Survey of Christian Attitudes Toward the World Religions,* (Maryknoll, NY.: Orbis, 1985); John Hick, God and the Universe of Faiths, London: Fount., 1977.

[405] Karl Rahner, *Theological Investigations,* David Bourke, trans. Vol. 5. (London: Darton, Longman, and Todd, 1974).

칼 바르트는 이렇게 말한다: "예수 그리스도는 믿지, 지옥은 믿지 않는다."

이러한 종교다원주의자들의 신학에 대해 복음주의 입장에서 분석하여 볼 때, 그들의 논리의 취약점을 찾게 된다. 곧 그들은 혼합주의에 빠져서 진리의 왜곡으로 혼동에 빠져 있으며, 그들은 선교의 목적을 잃어버리기 때문에, 결국 그들은 교회의 선교를 포기하게 만든다. 아울러 타종교에 대해 종교적 휴머니즘을 부르짖는 것으로 타종교에 대해 무분별한 관용주의를 취하고 있다.

성경적인 구원은 그리스도를 통해서 그 구원의 범위가 인종과 국가와 문화를 초월하여 모든 사람에게 해당되는 점에서 구원의 보편성을 말하고 있지만, 결코 만인 구원론은 아니다. 우리는 그들의 주장에 대해 예수 그리스도의 유일성을 제시하여야 한다.

초대교회 종교다원주의 상황에서 누가는 사도행전에 있는 복음을 제시할 때, "예수의 유일성" 안에 구원이 근거함을 제시한다(눅 24:46-48; 행 4:12). "이같이 그리스도가 고난을 받고 제 삼일에 죽은 자 가운데서 살아날 것과 또 그의 이름으로 죄 사함을 얻게 하는 회개가 모든 족속에게 전파될 것이라." 베드로는 "다른 이로서는 구원을 얻을 수 없나니 천하 사람에 구원을 얻을 만한 다른 이름을 우리에게 주신 일이 없음이니라"(행 4:12)고 선포하고 있다.

국제대학생선교회(Campus Crusade for Christ) 총재였던 빌 브라잇(Bill Bright)박사는 예수 그리스도 유일성을 이렇게 제시한다:[406] 첫째로, 그리스도만이 인간의 죄를 사하실 수 있다(히 9:22). 둘째로, 예수 그리스도만이 인생의 목적을 주신다(골 1:16; 시 37:23). 셋째로, 예수 그리스도만이 상한 마음에 참 평안을 주신다

---

[406] Bill Bright, *Teacher's Manual for the Ten Basic Steps Toward Christian Maturity*, (Arrowhead Springs, CA., 1982),

(요 14:27; 마 11:28). 넷째로, 예수 그리스도만이 풍성한 삶을 살 수 있는 힘을 주신다(빌 4:13).

5. 성경에 나타난 종교와 계시

지금까지 종교에 대한 일반적인 정의로서, 헤겔(Hegel)은 종교를 일종의 지식으로 보았고, 슐라이엘마허(Schleiermacher)는 종교를 감정의 일종으로 보면서, "종교는 지식과는 거의 혹은 전혀 관계가 없고, 다만 우월적 존재에 대한 의존감"[407]이라고 주장한다. 헤겔이나 슈라이엘마허의 주장은 주로 신비주의자나 경건주의자들의 종교 개념의 경향을 보여준다고 본다. 그러나 임마누엘 칸트(Immanuel Kant)는 종교를 도적적 행동(윤리)으로 정의하고 그 자리를 의지에 두었다(超然神論者). 그는 종교란 실천이성, 곧 양심의 지상명령을 느끼는바 이것을 신적 명령으로 받아들이는 것으로 보는 견해를 가진다.

그러나 어거스틴(Augustine)은 종교(religion)란 라틴어 religare에서 나온 말로 "귀속(歸屬)한다"(to bind back)는 뜻에서, 종교란 인간이 하나님께로 다시 돌아가는 것이라 정의하였지만, 그러나 그의 견해는 이방적인 종교현실을 반영한 것일 뿐이다. 사실 기독교는 인간이 하나님을 찾는 종교가 아니라 먼저 하나님이 인간에게 찾아오신 종교이기 때문이다.

종교에 대한 성경적 정의는 사도 바울이 그리스 아테네 선교에서 잘 드러나 있다. "바울이 아레오바고 가운데 서서 말하되 아덴 사람들아 너희를 보니 범사에 종교성이 많도다"(행 17:22). 종교에 대해 개혁주의 교의학자 하지(A. A. Hodge) 박사는 "종교란 인간이

---

[407] Louis Berkhof, op., cit., 18.

하나님과 맺는 관계 전체이다"**408)**고 주장한다. 그러므로 "종교는, 그 본질적인 개념상, 하나님 안에 있는 생활이며, 하나님과 교제를 이루는 생활이며, 내주하시는 성령의 지도를 받는 생활이다"**409)**고 설명한다.

여기서 나타난 종교성이란 말을 칼빈은 "종교의 씨앗"으로 해석한다. 종교성은 "종교의 씨"(Seed of Religion)이며, 바울은 이것을 "하나님을 알만한 것"(롬 1:19)으로 제시하고 있다. 전도자 솔로몬은 전도서에서 인간의 종교적 생활에 대해 "사람에게 영원을 사모하는 마음"(전 3:11)을 주셨다고 증거한다. 루이스 벌콥(L. Berkhof)은 인간의 종교성에 대해서 설명하면서 "종교는 우주적인 현상으로서 인간은 피할 수 없는 종교적인 특징을 가진다"고 주장한다(Religion a Universal Phenomenon… Man has been described as incurably religious).**410)**

루이스 벌콥(Luis Berkhof)이 이렇게 인간이 종교성을 지니는 이유로서 그가 제시하는 것은 인간이 하나님의 형상으로 창조된 존재라는 점이다. 사실 기독교 진리에 대해 급진적 회의론자인 흄(Hume)도 "종교가 전혀 없는 사람을 찾아보아라. 만일 찾는다면, 분명히 그들은 어느 정도 짐승에서 멀지 않음을 알게 될 것이다"고 **411)** 주장한다.

그러면 이방종교와 기독교의 차이점은 무엇인가? 이방종교는 일반계시의 영적 사물에 대한 미확실한 지식, 막연한 구원의 길, 불충분성 등으로 사람으로 참 진리에 이르게 못하고 피조물을 조물주보다 더 경배하고 섬긴다(롬 1:25). 그러나 기독교는 특별계시와 일

---
408) A. A. Hodge, *Outline of Theology*, (Grand Rapids: Zondervan, 1977), 15.
409) A. H. Strong, *Systematic Theology*, (the Griffith & Rowland, 1907), 21.
410) Louis Berkhof, *Manual of Christian Doctrine*, (Grand Rapids: Eerdmans, 1978), 15.
411) Ibid. 15.

반계시를 바탕으로 이루어지며, 기독교가 유일의 참 종교라는 이유는 모든 이방종교가 죄악으로 어두워진 인간의 심령에서부터 만들어진, 즉 땅에서 나온 종교라면, 기독교는 하나님께서 세우신 종교, 즉 하늘로부터 나온 종교이기 때문이다.

그리고 전통적으로 인간에게 있어서 종교의 자리는 성경적인 지지를 받고 있는 주장은 종교의 자리로서 인간의 마음임을 주장한다(The only correct and Scriptural view is that religion is seated in the heart).[412] 곧 종교는 인간의 지정의를 포함하는 전인격(heart)에 자리 잡으며, 인간의 마음은 인간의 전도덕(全道德) 생활의 중심이요, 초점, 곧 영혼의 인격적 기관이기 때문이다. 그러므로 신자가 하나님께 바쳐야 할 것은 마음이다(신 30:6, 잠 23:26). 성경대로 마음은 지성(롬 10:13, 14; 히 11:6), 감정(시 28:7; 30:12), 그리고 의지를(롬 2:10, 13; 약 1:27; 요일 1:5-7) 지배한다.

이러한 종교의 기원에 대한 성경의 교훈은 종교가 성경에 나타난 계시에 따르는 것으로 나타나 있다. 인간은 오직 하나님 안에서만이 참된 종교를 가질 수 있다는 점이다(God's special revelation can enlighten us as to the origin of religion. It acquaints us with the fact that religion finds its explanation only in God).[413] 그리고 종교의 기원에 관한 구체적인 증거는 바로 계시에 있다고 본다.

구약의 선지자들은 바로 계시의 특징을 가지고 거짓종교와 우상숭배에 빠진 이스라엘 백성을 바로 지도할 수 있었다. 종교다원주의에 빠지지 않는 방법으로 성경은 바로 계시의 특수성, 곧 계시의 유일성을 제시한다.

오늘날 다원주의 사상에서 기독교 진리의 유일성의 기초는

---

412) Ibid. 18.
413) Ibid. 21.

바로 계시에 있다. 계시는 하나님께서 은폐하셨던 자신의 베일을 벗으시고, 자신을 드러내셨다는 것을 뜻한다. 그리고 하나님의 계시는 두 가지로 구별된다. 하나님의 계시의 양식에 따라 자연계시(自然啓示)와 초자연계시(超自然啓示)로, 나누는데, 자연계시는 인간의 구조와 자연현상을 통하여 전달된 계시로서, 자연은 하나님께서 대소문자(大小文字)를 갖고 쓰신 한 권의 방대한 서적이라고 말할 수 있다. 이것을 통해 인간은 로마서 1:20의 "그의 영원하신 능력과 신성"을 배운다. 그리고 초자연계시는 하나님께서 자연의 과정 속에서 간섭하시는 계시로, 꿈이나 구전과 같은 자연적 방법을 사용하실 때에도, 하나님은 초자연적인 방법으로 그것들을 사용하신다.

그리고 하나님의 계시의 성격과 대상에 관련된 구별로서 일반계시와 특별계시(General and Special Revelation)가 있는데, 일반계시는 창조에, 하나님과 인간의 일반적인 관계에 뿌리박고 있는 계시이다. 일반계시의 목표는 인간창조의 목적을 실현시킴에 있다. 그러나 일반계시는 우리에게 불충족성을 가지는데, 1) 죄는 일반계시와 이 계시에 대한 인간의 감수성을 모두 변화시켰고, 2) 하나님과 영적인 것들에 관해 확실치 못한 지식, 3) 막연한 구원의 길, 4) 불충분한 종교의 기초 등이다. 그러나 일반계시의 가치는 1) 이교 세계에 선교메시지의 접촉점이 될 수 있는 요소를 지닌 점, 2) 일반계시는 특별계시에 대한 정당한 이해를 증진시키고, 특별계시를 전달하는 방법으로 사용된 점이다.

그러나 특별계시는 하나님의 속죄사역에 뿌리박고 있는 것으로, 죄인인 인간에게 말씀하시며, 타락한 인간의 도덕적 영적 요구에 적용되는 계시이다. 특별계시의 목적은 죄인으로 하여금 예수 그리스도 안에 계시된 하나님의 속죄에 관한 특수한 지식을 통하여 하나님께 돌아오게 하는 데 있다.

6. 이방종교와 계시종교의 차이

개혁주의 구약학자 윌리엄 밴게메렌 박사(W. VanGemeren)는 그의 『구약선지서 연구』(*Interpreting Prophetic Message*)에서 구약선지서의 바른 이해는 그 당시의 주변종교와 이스라엘이 소유한 계시의 구별에서 찾는다고 주장한다.[414] 그에 의하면, 현대 비평주의자들은 선지직의 근원을 메소포타미아의 이방종교의 점쟁이들에게서 그 근원을 찾고 있지만, 참된 성경의 선지직의 근원은 계시와 종교의 구분에서 찾는다고 주장한다. 신명기 18장의 가르침은 성경의 선지자 그룹이 다른 종교나 문화권에서 보여주는 선지자의 무리와는 본질적으로 다르다는 것이다.

구약성경의 선지자들은 하나님의 왕국과 인간왕국, 신적인 계시와 인간종교를 예리하게 대조시켰다(The prophets posited a sharp antithesis between God's kingdom and human kingdoms, divine revelation and human religion). 그러므로 계시와 종교의 구별은 선지자 역할의 성격을 이해하고 선지자의 메시지를 해석하는 데 있어 기본이 된다(The distinction between revelation and religion is fundamental in understanding the nature of the prophetic role and in interpreting the prophetic message).

구약에 나타난 하나님의 백성들이 받은 특권은 바로 계시에 있다는 것이다. 하나님이 이스라엘에게 주신 계시는 그들로 하여금 이 땅에서 큰 축복의 존재가 되게 한 것이다. 그들에게 계시를 통해 약속들과 언약, 그리고 지혜들(출 19:5-6; 신 4:6-8)을 허락하고 그들은 지상에서 "지혜와 지식이 있는 백성"으로(신 4:6) 살아가게 된 것이다. 이스라엘의 성공은 하나님을 사랑하고 그의 계시에 순

---

414) William VanGemeren, *Interpreting Prophetic Message*, (Grand Rapids: Zondervan, 1990), 18-27.

복할 때에 나타나며 그들은 여호와 하나님에 의해 보호받는 지혜로운 나라로 살게 된 것이다(By loving God and by submitting to his revelation, Israel was destined to become a wise nation, guided, protected, and blessed by the Lord).

이스라엘에게 이렇게 뛰어난 계시를 주신 이유는 세상 속에 "대응문화(counter culture)"를 발전시키고 하나님의 나라의 혜택을 누리는 데 있었다(신 30:11-14; 롬 10:6-8). 이스라엘에게는 하나님의 선물로서 계시가 주어진 것이다(God's revelation was his gift to Israel). 만유의 왕이신 여호와를 왕으로 섬기기에 이스라엘은 그 어떤 다른 신이나 능력을 찾는 것은 전혀 이치에 맞지 않았다. 이스라엘에게 제시된 계시는 말씀하신 하나님께 절대적인 충성과 복종할 것을 요구하는 것이다.

특별히 이스라엘에게 이러한 탁월한 도덕적이고 인격적인 계시를 주신 것은 이미 가나안에 살고 있던 아모리 족속들이 가진 이방종교가 가지는 저속함과 타락함 때문이었다. 여호와 하나님께서 이스라엘을 가나안으로 들여보내실 때, 특별히 이방종교에 대해 경고하고 철저히 세상종교들과는 하나님의 백성은 구별되고 차별화될 것을 기록한다(신 18:9-14).

> "네 하나님 여호와께서 네게 주시는 땅에 들어가거든 너는 그 민족들의 가증한 행위를 본받지 말 것이니, 그의 아들이나 딸을 불 가운데로 지나게 하는 자나 점쟁이나 길흉을 말하는 자나 요술하는 자나 무당이나 진언자나 신접자나 박수나 초혼자를 너의 가운데 용납하지 말라. 이런 일을 행하는 모든 자를 여호와께서 가증히 여기시나니 이런 가증한 일로 말미암아 네 하나님 여호와께서 그들을 네 앞에서 쫓아내시느니라."

이스라엘 주변의 이방나라들은 매우 종교적인 특징을 가지고 나름대로의 지역 신들을 소유하였다. "만민이 각각 자기의 신의 이름을 빙자하여 행하되 오직 우리는 우리 하나님 여호와의 이름을 빙자하여 영원히 행하리로다"(미 4:5). 그 나라들은 전문적 점쟁이, 마법사, 요술사, 해몽가를 통해 그 나름대로 지역 신신의 지시를 추구하고 그 사회의 번영과 평화를 구하였다. 이러한 종교적 사제를 통해 신의 뜻을 알려하고 인간들의 사회와 신들의 세계 사이에 조화를 유지하는 데 모든 노력을 기울여서 그 사회의 기득권과 현실을 유지하고 나름대로의 조화를 꾀하였던 것이다.

성경에 나타난 세상 종교의 모습으로는 종교가 인간에게 환경과 조화하여 살 수 있는 방법을 규정하고 있지만, 이러한 "종교는 인간으로 더불어 시작하고 인간과 더불어 끝난다"(Religion begins and ends with man). 세상적인 종교는 그 사회에서 일어난 일과 일어나고 있는 일과 일어날 일을 설명하려는 하나의 시도였던 것이다(Religion is an attempt to explain what has happened, what is happening, and what may happen).

이방나라들이 이렇게 이방종교에 얽매이는 것은 계시의 부재(不在) 때문이다. 진리의 계시의 부재는 사람들로 직업적인 사제나 점쟁이에게 의존케 만들고 자신들은 인간세계와 신의 세계와 조화시키려는 점술가들에게 매달리게 되었다. 그들에게 직업적인 점쟁이들에게 "내가 나의 운명을 어떻게 조정할 수 있을까? 어떻게 하면 나의 미래를 알 수 있는가?"(How can I control my destiny?). 이렇게 이방나라에서 나타나는 세상종교들의 배경을 보면 결국 세상종교는 교묘한 조작(Manipulation)이라는 점이다(Religion is manipulative).

세상 종교와 계시의 차이점을 비교해 볼 때, 세상종교는 모든 것이 인간 자신의 자아중심적(self-centered)이다. 그들에게 있어서 모든 지역 신들이나 인간들이나 세상은 그들의 목적을 위한 수단에 지나지 않는다. 그래서 그들은 나름대로의 종교적 조작(Manipulation)이나 점, 마술 등의 포퓰리즘(Populism)에 치중하였던 것이다.

그러나 이스라엘에게 주신 계시는 인간 중심이 아니라 하나님 중심으로 모든 사람들과 세상 사람들은 하나님의 법을 순종(Submission)하는 것이 그 특징이며, 그 말씀은 인간에게 참된 신적 지혜와 도움을(Divine guidance and protection) 가져다주고, 결과적으로 그 사회에서 대응문화(Counter-culture) 곧 참된 하나님 나라의 문화를 세우게 된다(창 18:18-19).

이처럼 세상종교와 반대되는 계시는 세상에서 대응문화를 발전시키고 인본주의적인 조잡한 세상종교체제를 하나님의 계시로 분쇄하게 되었으며, 이스라엘 주변의 이방종교들에 대해 하나님은 단호하게 말씀하셨다(신 18:14; 사 8:19). 만일 이스라엘이 하나님의 엄중한 말씀에 집중하지 않으면 곧 그들은 계시를 세상종교로 전락시킬 수 있을 것이다. 이스라엘의 역사 속에서 나타난 우상숭배의 죄악과 타락이나 오늘날의 종교다원주의와 혼합주의적 표현들은 그 대표적인 예가 된다. 세상의 종교들은 조작적이고(Manipulative), 수단과 방법을 가리지 않고 목적을 추구하는 가치체계를 가진다(The end justifies the means). 즉 세속적인 가치관에 판단의 중심을 두고 있다. 바벨론의 포로가운데서 다니엘의 삶과 증언은(단 2:27; 4:7) 이스라엘의 계시와 세속의 종교의 차이를 극명하게 보여준다고 볼 수 있다.

7. 타종교에 대한 선교전략 연구

오늘날 이러한 다원주의 상황에서 선교학적인 견지에서 타종교를 어떻게 볼 것인가? 기독교 선교는 타종교(Non-Christian Religions)들 곧 이슬람교, 불교, 힌두교, 신도 등에 대해 바른 선교 전략이 필요하다.

1) 폴 히버트(Paul Hiebert)의 타종교선교전략[415]

사도행전에서 나타난 타종교에 대한 초대교회의 전략은 사도 베드로에게서 나타난다. 베드로는 초대교회의 선교역사 속에 지도자로서 누구보다도 예수 그리스도복음의 유일성(Uniqueness of the Gospel)에 대해 확고하게 증거하였다. 이것에 관한 성경의 교훈은 요한복음 14:6과 사도행전 4:12에 잘 나타나 있는데, "천하 인간에 구원을 얻을 만한 다른 이름을 주신 적이 없다"는 말은 독선적인 주장이 아닌 것은 성경이 인간의 작품이 아니라 신적 계시이기 때문이다. 계시를 부정하고 기독교의 유일성을 무시하는 것은 기독교신앙을 뿌리 채 파괴시키는 것이다. 기독교가 "많은 종교중의 하나"라는 의식은 "힌두교"의 기초 이론이기도 하다. 그들에게는 "모든 종교들이 신 앞으로 이끌어 간다"(All religions lead to God)는 범신론적이고 혼합주의 신관을 가지고 있다.

폴 히버트(Paul Hiebert)는 기독교의 유일성은 예수 그리스도를 통한 죄인을 구원하시려는 하나님의 구속의 성경적 메시지에 그 기초를 두고 있다고 강조한다. 이 땅에 울려 퍼질 참된 복음(The Truth of the Gospel)은 인간이 만든 것이 아니며, 그러므로 우리가 복음의 초월적 진리를 주장할 때, 우리 자신이 그렇다는 것이 되어서는 안 된다. 그 복음의 초월성의 기초는 우리에게 있는 것이 아니라, 복음 곧 하나님의 계시에 있다(The superiority lies not in us, but

---

415) Paul G. Hiebert, *Anthropological Insights for Missionaries*, pp. 219-224.

in the gospel).

그러므로 타종교들 상황에서 복음의 진리를 증거할 때, 우리는 겸손과 사랑으로 전해야 한다(엡 4:15). 타종교에 대해서 인내함으로 비평을 들어주고, 그들과 이웃이 되어줌으로서 결과적으로 예수 그리스도만이 길이요, 진리요, 생명임을 전할 수 있는 권리를 가지게 된다.

폴 히버트(Paul Hiebert)에 의하면, 세상에 잘 알려지지 않은 민속종교들로서 요술(Magic), 점성술(Astrology), 마법(Witchcraft), 정령숭배(Spirit Worship) 등을 제시한다. 그리고 세상종교와 민속신앙의 차이점으로서 민속 신앙은 일상생활의 잡다한 문제를 다루고, 이방종교는 궁극적인 실체나 나름대로의 진리를 추구한다고 그 차이점을 주장한다. 그리고 민속신앙은 예언, 샤만, 선지자들을 통하여 그들의 불확실한 미래를 직면하는 사람들에게 그 나름의 지도를 제공하는 구실을 한다는 것이다.

그러므로 선교사가 선교지에서 얻은 초신자들에게 일상생활의 모든 문제들을 기독교적 해답을 주지 못한다면 그들은 전통 민속신앙으로 복귀할 수도 있음을 알고 주의 깊게 복음을 가르쳐야 한다. 매일생활의 문제들을 취급할 때에 혼합주의(Syncretism)를 경계하고 항상 성경대로 우리로 하나님께 경배하고 하나님의 뜻에 우리 자신을 쳐 복종하여야 한다. 그리고 분별 능력의 결핍을 경계하고 계시에 분명하게 일치하는 삶으로 인도한다. 의로운 지도자와 불의한 지도자들 사이에 분별력과 또한 다른 종교가 복제한 많은 기독교의 형태들로 위장한 사이비 이단들에 대한 분별력도 가르쳐야 한다. 성경대로 사탄이 하나님의 일을 가장하고 나타나기 때문에 성경에 귀를 기울이고 분별력을 가져야 한다. 아울러 잘못된 우선순위를 경계히고 무엇이 디 중요한가를 모르는 것을 경세하노록 가르쳐야 한다. 영혼구원에 이르는 길을 우선적으로 가르쳐야 한다. 성경이 일상생활의 모든 것도 하나님의 돌보심속에 있음을 증거하지만, 무엇보다 먼저 그것의 중심은 사람들의 구원과 영생에 관한 것이다. 먼저 하나님과 인간사이의 문제를, 다음에 인간들 사이에 있는 문제들을 취급하는 메시지를 주어야 한다.

그러므로 폴 히버트(Paul Hiebert)는 종교다원주의 사회 속에 최대의 선교 전력으로 다음과 같이 제시한다: 첫째로, 거절이 아니라 들어주고 복음을 나누어야 한다. 그 이유는 거절하면 복음전도의 문을 닫게 만들기 때문이다. 둘째로, 우리가 그리스도를 신뢰한다면, 그들의 소리에 두려움 없이 들을 수 있다. 이때에 우리는 그리스도 안에 발견한 새 생명의 소식을 나눌 수 있다. 마지막으로, "진리는 강하게 방법은 부드럽게"라는 방법으로 접근해야 한다.

2) 바빙크(J. H. Bavinck)의 종교다원주의 상황에서 개혁주의 선교전략

개혁주의 선교학자 J. 바빙크(J. Bavinck)는 크게 4 가지로 종교다원주의 상황에서의 선교전략을 제시한다. 효과적인 선교사역을 위하여 성령의 역할과 일반은총, 그리고 성경의 우월한 지위, 그리고 접촉점 등으로 제시한다.

첫째로, 선교변증학의 가능하게 하는 주체는 성령의 역할이다. 바빙크는 타종교의 사람들에게 전도하는 것은 궁극적으로 논증과 대결이 불가피함을 주장하면서, 그러나 어떠한 논증과 접촉점에라도 전달에 대한 설득은 보장할 수 없으며, 오직 성령만이 죄를 깨닫게 하고 설득시킬 수 있다는 점을 강조한다. 바빙크(J. H. Bavinck)는 "참된 선교변증학은 우리 마음속에서 성령께서 빛을 비추일 때 가능하다"고 주장한다(Elenctics is possible only on the basis of a veritable self-knowledge, which is kindled in our hearts by the Holy Spirit).**416)**

둘째로, 성경의 일반은총의 교리는 이러한 상황을 해결하는데 중요한 성경적 진리이다. 바빙크는 타종교상황에서 복음을 제시하야 개종자를 얻는 것을 엘렝틱스로 설명하고, 그리고 엘렝틱스는 성령의 일반적인 역사로서 하나님의 일반은총임을 주장한다. 바빙크(J. H. Bavinck)는 하나님의 자비의 표적으로서의 일반은총을 선교의 기반으로 보고 있다. 그의 주저인 『계시철학』(*Philosophy of Revelation*)에서 바빙크는 계시를 모든 존재의 기반으로 보기에, 성령의 일반적인 역사로서 일반은총은 구원을 가져올 수 없고 인간에게 하나님과의 화목을 가져다 줄 수 없다고 본다. 칼빈(J. Calvin)도 일반은총에 대해 다음과 같이 설명한다: "하나님의 성령이 신자들에게는 구원과 성결로 역사하지만 불신자에게는 '만물을 채워 주시고 움직이고 또 살려 주시는' 것으로 역사한다."**417)**

셋째로, 혼합주의적 종교다원주의 주장들을 효과적으로 대처하기 위해 성경의 탁월성이 유용함을 주장한다. 결국 종교다원주의 사회 속에서 선교하기 위해서는 성령의 특별한 역사로서 말씀선포의 중요성이 절대 요청된다. 바빙크는 두 가지 형태의 말씀선포가 있는데, 직접적인 선포와 간접적인 선포로써, 타문화권 상황에서는 간접적인 선포가 적절하다고 주장한다. 선포의 내용으로서는 구속의 선포와 교리적인 교훈으로 나눌 수 있다. 교리적인 교훈은 케리그마적인 접근으로서의 전인적인 접촉을 통해 이루어진다. 타종교 복음제시는 우선 하나님의 말씀에 귀를 기울임으로서 시작해야 한다. 하나님만이 우리에게 종교가 무엇임을 알게 하여주신다. 칼빈

---

416) J. H. Bavinck, *An Introduction to the Science of Missions*, 222.
417) John Calvin, 『기독교강요』, 제2권, 김문제역, (서울: 혜문사, 1982), 80.

(Calvin)은 신앙이란 하나님을 경외함과 맞물려 있으며, 성경계시에 나타난 대로 하나님을 소유함이 인간의 참 만족임을 주장했다.[418]

마지막으로, 종교다원주의적 상황에서 복음전파의 접촉점(Method of Confrontation: The Point of Contact)을 이용하는 것이다. 바빙크(J. H. Bavinck)는 그의 『비기독교세계에 기독교의 영향』(*The Impact of Christianity on the Non-Christian World*)의 제 7장에서 선교사역을 수행 시 하나님의 선재은총으로서의 일반은총을 선교의 접촉점으로 삼을 것을 요청한다. 보다 구체적으로 바빙크는 접촉의 원리와 접촉방법을 주장했다. 그는 접촉의 원리로 예수님의 성육신의 원리를 제시하여 살아있는 구체적인 만남과 인격적인 접근, 그리고 상대를 친숙하게 하는 접촉시간과 장소의 중요성을(요 7:38, 행 17:30) 주장한다.

그리고 접촉방법으로서 먼저 (1) 청중이 이해하고 있는 것으로서 시작한다(One begins with what is already known and is clearly understood by the audience. New ideas are not immediately presented)."[419] 일반은총을 접촉점으로 인식하고, 케리그마적인 말씀선포(The Kerygmatic Preaching)로 그 동안의 잘못된 세계관을 교정하고 진리로 인도하게 복음을 제시하여야 한다(Gospel preaching strikes against a deeply embedded way of life and a manner of thinking which is centuries old).[420]

---

418) J. H. Bavinck, *An Introduction to the Science of Missions*, 239. "The philosophy of religion must begin by listening to God's Word. God alone can tell us what religion is. Calvin tried to listen to God's Word and to understand what it teaches us concerning religion, and he came to the conclusion that it is faith, closely bound together with serious fear of God... And Calvin stated further that this implies that a man is satisfied to have God as he has revealed himself."
419) J. H. Bavinck, *An Introduction to the Science of Missions*, 132-33.
420) Ibid., 149.

8. 결론

본 논문은 오늘날의 종교다원주의 상황 속에서 예수 그리스도의 복음의 유일성을 어떻게 증거할 것인가에 대해 살펴보았다. 포스트모더니즘과 함께 상대주의적인 가치관으로 시작된 종교다원주의는 오늘날 그 어떤 세력보다도 선교사역에 치명적인 해악을 가져올 사상이다. 그러므로 개혁주의 신학의 입장에서 선교 변증학적 연구는 더욱 필요로 함을 살펴보았다. 선교변증학이 변두리 과목이 아니라, 혼합주의와 상대주의에 대하여 성경계시의 유일성을 변증하는 주제는 더욱 강조되고 관심을 가져야하는 분야이다.

이러한 사상에 대해 성경적으로 바른 계시관과 기독교에 대한 성경적 가치관을 정립하는 것이 시급하고 보수적 복음주의(Conservative Evangelical) 선교 신학을 확립하고 성경중심의 선교변증학의 중요성을 여기서 본다. 21세기 한국교회의 선교지 확장과 선교지 교회의 성장, 그리고 신학의 적용과 발전을 위해 성경 중심적 신학훈련과 선교변증학적 연구가 더욱 필요하다고 본다.

그리고 종교다원주의에 대한 선교학적 전략으로써, 폴 히버트(Paul Hiebert)는 성경을 가지고 "진리는 강하게, 방법은 부드럽게" 나아가면서, 개혁주의 신학의 영원한 방법인 계시의존사색(啓示依存思索), 곧 오직 말씀에 사로잡혀 포로가 되어서(고후 10:5; 딤후 3:16-17) 선교변증학을 전개하고, 아울러 신전의식(Coram Deo)을 가지고 하나님 중심의 신학(롬 11:36)을 전개하고 있는데, 이로써 우리는 종교다원주의의 근거 없는 주장에 대하여 분명한 복음적 계시와 예수 그리스도의 복음의 유일성을(행 4:12) 증거해야 한다.

제14장
이슬람 선교전략의 이해

1. 들어가는 글

　21세기 한국교회의 마지막 선교사역은 최대의 미전도종족이 있는 이슬람권에 사는 무슬림들이다. 하나님의 은혜로 한국교회가 오늘에 와서 미국교회와 함께 세계 2위의 선교사 파송국으로 활동하면서 세계선교의 선두주자로서 그 사명을 감당하고 있다. 앞으로 효율적인 한국교회의 선교사역을 위해서 선교사역의 중복을 피하고 미전도종족을 중심으로 선교사역을 감당하려면 이슬람권 선교의 중요성은 크다고 볼 수 있다.

　2007년 아프칸 선교단 피랍사건 이후에 한국교회의 선교에 대한 관심의 증가와 이슬람권 선교의 중요성에 대한 관심은 과거보다 크게 작용한 것으로 나타난 상황이다. 그러나 2만 명이 넘는 선교사가 세계 전역에 걸쳐서 사역하고 있지만, 아직 한국교회 전체적으로는 선교에 대한 이해가 그리 큰 편은 아니다. 더욱이 이슬람권 선교 사역은 선교사역 가운데에서도 가장 어려운 사역의 분야이며,

이슬람권 사역을 위해서 더 많은 기도와 후원, 그리고 철저한 준비가 필요한 것이 사실이다.

세계 선교역사에서 이슬람 선교로 헌신한 많은 선교사들 가운데 앗시시의 프란시스(Francis of Assisi, 1181-1226)는 이탈리아 앗시시에서 출생하여 "작은[겸비한] 형제단"(Minor or Humble Brethren)을 창설하면서, 기독교회의 단순성과 기쁨 회복을 위해 힘쓰면서, 극빈자 구제, 수도원 운동을 펼치면서 중세시대에 이슬람 선교에 헌신하였다. 프란시스는 병으로 인해 스페인 무슬림들에게는 선교하지 못했지만, 십자군 초기에 이집트의 술탄(Sultan, 회교도 왕)앞에서 복음을 전하였다.[421] 그는 그리스도를 따르는 유일한 길이 절대 빈곤과 무소유를 실천하는 것이라고 주장하며, 선교와 선행을 강조하였으며 그는 선교와 봉사의 과로로 사망하기까지 충성하였다.

앗시시의 프란시스와 같은 시대에 레이먼 럴(Ramon Lull, 1235-1315)은 선교역사상 최대의 선교학자이며 철학과 신학에 능통한 자로서 이슬람선교를 체계적으로 실천한 선교학자였다. 특히 어떤 고난을 무릅쓰고라도 믿지 않는 이슬람권 선교를 위해서, 그가 밝힌 이슬람권 세 가지 선교전략은 현대적인 관점에서 볼 때도 탁월한 것으로 보인다. 레이먼 럴(R. Lull)이 강조한 이슬람선교를 위한 효율적인 전략은 다음과 같다.

첫째로, 효율적인 이슬람권 선교는 먼저 이슬람 언어에 대한 폭넓고 정확한 지식임을 역설하여, 럴은 언어 연구를 위해 대학설립을 결정하였으며, 그가 꼭 필수적이라고 지적한 언어들은 히브리어, 아랍어, 시리아어, 그리고 헬라어였다. 이러한 언어의 중요성에 대

---

421) Williston Walker, 『기독교회사』, (이형기 편역), (서울: 한국기독교문화원, 1978), 267.

한 관심과 연구는 다른 지도자들에게도 있었지만, 언어연구가 선교에 직접적으로 관련시켜 강조한 사람은 럴이 처음이었다.[422]

둘째로, 레이몬 럴이 강조한 이슬람 선교전략으로 책을 저술하여 기독교의 진리가 꾸란의 내용보다 더 진실하며 합당한 진리임을 논증하는 것이라고 주장하였다.[423] 럴은 무슬림들은 아직도 성경은 오염된 것이라고 여기고 오히려 꾸란을 더 옹호하기에 참 진리에 대한 학문적인 연구가 필요하다고 생각하였던 것이다.

셋째로, 이슬람 선교의 필수요건은 생명을 잃는 한이 있더라도 무슬림 속에서 살면서 충성스럽고 용감하게 증거하겠다는 사명감이었다. 그는 선교사는 설교로서 복음을 전파할 뿐만 아니라 피와 눈물을 흘리고 죽기까지 하는 열정이 필요함을 역설하였다.[424] 실제로 그는 그의 생애의 마지막까지 선교지에서 복음을 전파하다가 순교하였다.

선교역사상에 레이몬 럴(R. Lull)처럼 이슬람권 선교에 큰 공헌을 한 선교사로 이슬람 선교의 아버지로 불리는 사무엘 즈웨머(Samuel Zwemer, 1867-1952)는 그의 친구들과 함께 아랍어를 배우기 위해 레바논으로 들어가 21년간 아라비아반도에서 사역하였다. 또한 이집트의 아메리칸 대학에서 강의하며 일생 동안 이슬람 연구와 무슬림에게 복음 증거하는 일에 헌신하였다.

오늘의 이슬람권 선교를 위해 선교역사상에 나타난 훌륭한 선교사들의 모습을 통해 오늘의 한국교회 이슬람권 선교에 대한 역할을 준비할 수 있어야 한다. 사실 오늘날은 이슬람교가 전세계적으로 점점 더 확산되어가는 추세에 있으며, 이미 한국사회에도 그들이

---

422) Stephen Neill, *A History of Christian Missions*, (London: Penguin Book, 1986), 116.
423) S. Neill, 116.
424) S. Neill, 117: "Missionaries will convert the world by preaching, but also through the shedding of tears and blood and with great labour, and through a bitter death."

외국인 노동자들을 통해서 어느새 영향력을 행사할 만한 세력으로 성장해 버렸다. 본 장은 효과적인 이슬람선교를 위해서 지피지기(知彼知己)면 백전백승(百戰百勝)의 전략에 따라, 먼저 이슬람교에 대해서 바르게 살피고 이해하고자, 이슬람의 정체성과 이슬람의 역사와 그들의 주장과 꾸란들에 대해서 기본적으로 살펴보고자 한다.

2. 이슬람 선교의 의의와 중요성

오늘의 마지막 선교 사명의 완수는 아직까지 미전도 종족으로 남아있는 10/40 창의 선교에 달려있다고 볼 수 있다. 그런데 이들 지역은 대부분 이슬람권 나라들과 종족들인 것이다. 21세기 최근의 세계 선교 전략을 나누는 전략가들은 한결 같이 이슬람선교의 필요성을 제기하고 있다. 유해석 선교사는 이슬람 선교 사역의 중요성에 대해 다음과 같이 주장한다.[425]

첫째로, 무슬림은 어떤 지역보다 복음을 들을 기회가 없었다는 점이다. 세계 인구가 68억 가운데 무슬림 인구는 15억으로 전 인구의 21%를 차지하는데 이들을 향한 선교는 미미한 실정이기 때문이다.

둘째로, 이슬람은 과거 기독교 지역에서 성장하고 있다는 점이다. 과거 기독교의 중심이었던 예루살렘, 알렉산드리아, 안디옥, 콘스탄티노플, 로마 중에서 4개 지역이 모두 이슬람 국가가 되어 버렸다. 그리고 지금은 유럽과 미국에서도 이슬람은 성장하고 있다.

셋째로, 이슬람은 세계에서 가장 빨리 성장하는 종교이기 때문이다. 20세기 이슬람의 인구증가율은 기독교인 수를 압도하고 있다는 점이다. 1930년 이슬람 인구는 2억3백만 명이었지만, 오늘날은

---

425) 유해석, 『우리 곁에 다가온 이슬람』, (서울: 생명의 말씀사, 2009), 88-114.

15억으로 집계되었으며, 1970년에 이슬람 인구는 세계 인구의 15%를 차지했지만, 2000년에는 20%로 5%가 늘어났다. 반면에 기독교 인구는 1970년 34%에서 2000년 33%로 1% 감소했다. 이슬람의 인구 증가율은 다산정책으로 1인당 평균 6명의 아이를 낳으며, 결혼에 의한 개종정책이나 개종자의 증가 등의 이유로 인구가 늘어나고 있다.

마지막으로, 심지어 한국에서도 이슬람이 성장하고 있다는 점이다. 과거에 한국의 이슬람교는 중동 건설 등으로 이슬람을 접촉한 한국인들이나 그곳에서 유학을 경험한 유학생들을 중심으로 이루어졌지만, 지금은 외국인 근로자 정책에 따라 한국으로 유입된 수많은 이슬람 근로자들과 그들과 결혼한 한국인들을 중심으로 그 수가 확장되었다고 볼 수 있다.

3. 이슬람교의 뿌리와 역사

교회사에서 유럽의 각지에 복음이 전파되기 시작할 즈음에 동쪽에서 새로운 종교가 일어나서 기독교의 가장 강력한 적수가 되기 시작하였는데 그것은 이슬람교였다. 이슬람교는 발생 당시부터 오늘에 이르기까지 기독교 선교의 방해자 노릇을 하여 왔고, 항상 충돌이 계속되었고, 중세의 십자군전쟁 같은 피나는 투쟁으로 점철되기도 하였음을 간과할 수 없다.

이러한 이슬람교가 공식적으로 나타난 것은 A.D. 622년, 살아있는 알라의 선지자가 되도록 영감을 받았다고 주장하는 무함마드(570-632)가 메카로부터 메디나로 이동하면서 나타났다. 십년 후 그가 죽기 전에, 그가 받았다는 "알라 외에 다른 신이 없으며, 무함마드는 하나님의 선지자"라는[426] 일신론적 주장은 흩어져 있던 아

---

426) S. Neill, 54: "There is no God but God, and Muhammad is the prophet of God."

라비아 부족들을 하나로 결집시켰으며, 하늘의 네 바람을 향해 나아가 정복하고 또 정복하는 종교로 오늘에까지 확산되고 있다.

이슬람이라는 말은 종교에 "귀의"(surrender)한다는 뜻으로, 그들은 새 종교의 이름이었고, 무슬림(Muslim)이라는 말은 알라의 뜻을 따르는 "헌신된 남자"(dedicated man)를 의미했다. 오늘의 이슬람 선교전략에서 가장 중요한 포인트는 이데올로기로서 이슬람은 비성경적인 어둠에 속한 종교의 이름이지만, 무슬림은 우리가 품고 기도하고 선교해야할 우리의 이웃인 점을 구분할 수 있어야 한다는 점이다. 그리고 우리가 잘못 사용하는 용어들이 있는데, 곧 모슬렘이라는 말과 마호메트라는 말이 대표적인 것인데, 무슬림은 서양인이 자신들을 격하하는 말인 모슬렘(Moslem)이라는 단어를 싫어하며, 아울러 마호메트(Mahomet)교도라는 말도 싫어하는데, 그러한 표현은 서양인들이 무함마드(570-632)를 격하시켜 부르는 말이라고 여기기 때문이다.[427]

이렇게 일어난 이슬람교는 점점 더 확산되었는데, 무함마드가 살아있을 때에 이미 기독교 정복이 시작되었지만(629), 그러나 이슬람교는 무함마드가 죽은 후에 이슬람교의 확산이 본격화되었다. 먼저 635년 다마스커스(Damascus)를 함락시키고, 637년에 예루살렘을 함락하였으며, 638년에 안디옥, 트리폴리, 두로, 그리고 가이사랴 등이 함락되었으며, 639년 시리아 지방의 동방제국의 모든 영토가 함락되었으며, 메소포타미아도 함락되었다. 그 후 715년까지 북아프리카까지 나아가 카르타고를 점령하였으며, 이어 유럽의 스페인까지 확산되었다.

그리고 732년 유럽으로 진격하려던 이슬람교도들을 프랑스

---

[427] 유해석, 『우리 곁에 다가온 이슬람』, (서울: 생명의 말씀사, 2009), 17.

의 심장부인 투르(Tur)에서 샤를르 마르텔(Charles Martel)이 승리함으로 이슬람의 프랑스 진입과 유럽으로의 확산을 막게 되었다. 그런데 오늘날 유럽에 거주하는 무슬림들은 점점 더 늘어나고 있는 실정인데, 그 대표적인 예로서 영국, 프랑스, 독일에 거주하는 이슬람인구는 전체 인구 가운데 수백만 명을 넘어서는 것으로 나타난다.[428]

4. 이슬람과 무함마드

1) 무함마드와 아라비아 반도

이슬람은 6세기 초반 우상숭배자들이 넘쳐났던 아라비아 반도에서 시작되었다. 이슬람 전통에 의하면 아브라함의 아들 이스마엘은 그의 어머니 하갈과 함께 아라비아 반도의 메카에서 처음 살기 시작하였다고 주장한다. 그런데 메카는 우상의 도시였으며, 여기는 아랍인, 유대인, 사바인 등의 다양한 종족들이 어울려 살고 있었다.

외부의 영향으로 그들은 다양한 종교들을 가지고 있었으며, 그들은 최고의 높은 신으로 알라를 믿었으며, 사바인의 영향으로 별, 천사, 그리고 우상들도 동등하게 믿었다. 특히 카바(Kaaba)신전 주변에는 360개의 우상을 가지고 일 년 동안 매일 하나의 우상들을 섬기는 다신론 숭배지역이었다. 특히 카바 신전은 아담이 세웠으나 무너진 것을 아브라함이 재건했다고 믿고 있으며, 이 카바 신전이 메카에 세운 최초의 경배지로서 아직도 인류에게 복을 내리고 인류를 바른 길로 인도하기 위해 지어진 것으로 믿고 있다(꾸란 3:96-97; 꾸란 2:127).

---

[428] 유해석, 99-106.

2) 무함마드의 탄생과 결혼

메카의 카바 신전을 돌보는 쿠라이쉬 부족의 하심가에 압둘 무탈립이라는 사람이었는데, 그는 열 명의 아들을 가졌는데, 그 막내 아들의 이름이 압둘라였다. 압둘 무탈립이 70세 넘었을 때 압둘라는 24세가 되어 주흐라 부족장의 딸인 아미나(Amina)와 결혼식을 올렸다. 그러나 압둘라는 대상무역을 하면서 메디나에 머물다가 사망했는데, 당시 임신 중인 아내에게 그가 남긴 유산은 낙타 다섯 마리, 양 몇 마리, 그리고 하녀인 움무를 남겼다. 그래서 무함마드는 메카에 있는 조부 압둘 무탈립의 집에서 유복자로 태어났던 것이다.

무함마드는 아랍어로 "찬양받을 자"(the praised one)라는 뜻이다. 태어난 후에 풍속에 따라 유모의 가정에서 자라나서, 여섯 살이 되던 해에 집으로 돌아오지만, 그의 어머니도 메카로 돌아오는 중에 열병으로 죽게 되어, 양친을 다 잃고 고아가 된 무함마드는 그의 친척집에서 성장하게 된다. 그는 성장하여 네 번이나 이혼한 적이 있는 갑부 카디자의 고용인이 되고, 무역사업을 시작하여 성공을 거두게 된다.

무함마드가 25세 때 그보다 열다섯 살이나 연상인 카디자의 청혼을 받고 무함마드는 카디자와 결혼하게 된다. 갑부인 부인과 결혼함으로 경제적인 여유를 갖게 되면서 무함마드는 명성, 부와 명예를 얻게 되었다. 나중에 카디자가 죽은 후에 무함마드는 열 명이 넘는 부인들을 두게 되는데 그의 신부 중에는 9세, 15세 되는 어린 신부들도 있었다고 하며, 무함마드 자신부터 이슬람의 일부다처제를 실천했다는 사실을 알 수 있다.

3) 무함마드의 결혼생활과 예언자의 지위

행복한 결혼생활을 누리던 무함마드에게 닥친 불행은 그의 자녀들의 죽음이었다. 장남과 차남은 어릴 때 죽었고, 무함마드가 모든 희망을 걸었던 셋째 아들 또한 태어난 지 얼마 안 되어 죽고 말았다. 그러나 또한 그에게 네 딸이 있었다.

이러한 결혼 생활 중에 그의 부인 카디자가 사업을 계속해서 물질적으로 풍족했던 무함마드는, 자주 주변에 있던 동굴에서 자기만의 명상과 사색의 시간을 가지다가 주체할 수 없을 정도의 무아지경을 경험하기도 했다고 한다.

어느 날 무함마드가 동굴에서 잠이 들었다가 천사가 손에 들린 종이 한 장을 보여주며 "읽어라"라고 해서 "무엇을 읽으란 말입니까?"라고 되물었다고 한다. 반복되는 "읽으라"는 명령에 "무엇을 읽으라는 말입니까?"라고 대답을 했던 것이다. 그 때 천사가 말하기를: "만물을 창조하신 주님의 이름으로 읽어라. 그분은 한 방울의 정액으로 인간을 창조하였노라. 읽어라! 그대의 주님은 가장 은혜로운 분으로 연필로 쓰는 것을 가르쳐 주셨으며, 인간이 알지 못하는 것도 가르쳐 주셨노라" (꾸란 96:1-5).

이러한 신비한 경험을 한 후에도 무함마드는 자주 육체적 아픔과 고통을 수반하고 마치 "취해서 땅에 떨어진 것처럼 느꼈으며 낙타 새끼처럼 신음했다"고 한다. 이러한 남편을 바라보던 카디자는 무함마드에게 "당신은 곧 예언자가 될 것입니다"라고 남편을 추종하기 시작한 것이었다.

무함마드는 적은 수이지만 헌신적으로 그를 따를 자들을 모았고, 그 당시 우상숭배를 하던 메카의 부족들의 미움과 박해를 받았는데 그것은 그들이 우상숭배를 거부하고 오히려 우상들을 파괴하는 일을 추진했기 때문이었다. 619년 무함마드는 자신의 추종자요, 후원자였던 카디자와 그의 삼촌이 사망하면서 더욱 위기에 처하게 되었고, 박해를 피하기 위해 메디나 쪽으로 관심을 갖는데 622년 메디나(Madina)로 이동하라고 명령을 내리면서부터 본격적인 이슬람의 모습을 찾기 시작하게 된다.

4) 히즈라와 무함마드의 죽음

히즈라는 아랍어로 "이민"을 뜻하는 말이다. 무함마드가 메디나에 도착한 것은 622년 6월 25일로, 이슬람은 바로 이 해를 이슬람의 시작으로 삼고 달력도 이때를 기준으로 시작한다. 이슬람력은 음력으로 되어 있는데, 6개월은 29일, 다음 6개월은 30일로 구성되어 일 년이 354일밖에 없으며, 30년마다 355일이 되는 윤년을 11번 가지게 된다. 그래서 무슬림과 우리가 사용하는 달력상의 오차는 한 세기에 3년이 조금 넘게 된다.[429]

메카에서 이주한 70명의 무슬림과 메디나에서 온 100여명의 무슬림으로 구성된 이슬람 공동체는 "움마"(Umma)라고 부르는데, 종교적인 공동체 외에도 정치 경제적 공동체의 모습을 가졌다. 메디나에서 기존의 메디나에 있던 유대인들이나 다른 종교인들과 경쟁에서 세력을 확보하려고 무함마드는 몇 차례에 걸친 정복전쟁을 수행하여 자신들의 세력을 확산하게 만들었다. 메카의 무역대상인들을 습격하여 상품들을 노획하는 등의 생존을 위한 투쟁을 전개하였다. "가볍게 또는 무겁게 무장하여 나아가 너희의 재산과 너희의 생명들로 알라를 위하여 싸우리니 너희가 알고 있다면 그것이 너희에게 복이 되리라"(꾸란 9:41).

이후 무함마드는 10년 동안 70여 차례가 넘는 정복전쟁에서 승리하면서 그 세를 불려갔으며, 아라비아 반도의 넓은 땅과 수많은 군대를 거느리게 되었다.

---

429) 유해석, 『우리 곁에 다가온 이슬람』, (서울: 생명의 말씀사, 2009), 48.

A.D. 632년 무함마드는 생애 마지막으로 메카의 카바 신전을 찾고 돌아오던 중에 심각한 열병에 걸리게 되었으며, 투병 중에도 비잔틴 제국과의 경쟁으로 원정을 준비하다가 병이 악화되어, A.D. 632년 6월 8일에 무함마드는 사망하게 된다. 무함마드 이후 이슬람권은 칼리프 시대를 거치면서 우마이야 왕조, 압바스와 파티마 왕조 등을 거치면서 성장하였다.

특히 중세 가톨릭의 성지 탈환이라는 미명하에 자행된 십자군 전쟁은 오늘날에도 이슬람권 선교에 큰 오점을 남긴 사건이 되었다. 십자군의 동기는 여러 가지 요소들의 복합적으로 가미되어 있었는데, 죄에서의 해방, 전리품 등등과 종교적 열심이 혼합되었고, 이것이 하나의 혼성 부대를 이루게 하였다. 그러나 십자군 전쟁의 결과는 매우 비참하였으며, 피로와 병으로 죽은 자가 무수하였고, 전사자와 포로된 자, 부상자 등이 많았고, 예루살렘도 일시 점령하였을 뿐, 다시 빼앗겨 이슬람의 수중에 들게 되었던 것이다.

5. 꾸란: 이슬람의 신학의 근원으로서 꾸란.

꾸란은 622년부터 사망한 632년까지 10년 동안 무함마드 추종자들에게 행정적, 정치적, 종교적 가르침을 남겼는데, 사후에 그가 가르쳤던 내용을 모아 책으로 만든 것이다. '꾸란'은 낭송문, 독경(讀經)을 의미한다. 꾸란 외에 구전으로 내려오는 전통을 순나(Sunnah), '길', '살아있는 전통'은 하디스(Hadith)라는 여러 책으로 만들어져 무함마드의 언행 7,000가지 조금 넘게 수록되었고, 꾸란은 신약성경의 2/3 분량이고 114장, 6200여절로 나뉘어져 있다.[430] 아랍어로 장은 수라(Sura), 절(節)은 아야(Aya)라고 부른다.

---

430) Don McCurry, 『무슬림은 무엇을 믿는가? :무슬림의 세계관』, (서울: 도서출판 예수전도단, 2008), 4.

각 장의 배열은 무함마드가 10여 년 동안 받은 계시의 순이 아니라, 제 1 장을 제외하고는 대체로 가장 긴 장에서 짧은 장의 순으로 배열되어 있다.

특별히, 이들에게 있어서 꾸란은 이슬람의 정체성을 분명히 보여주는 것으로 천사 가브리엘을 통해서 신이 무함마드에게 계시한 말이라고 믿고 있다.[431] 이러한 꾸란을 기반으로 한 이슬람교가 무엇을 믿는가를 알기 위해서는 이슬람교와 기독교의 다른 점을 살펴보는 것이 빠를 것으로 여겨지는데, 도식화 하면 다음과 같다.

〈이슬람교와 기독교와의 다른 점〉

	이슬람교	기독교
하나님	알라 외에는 없다	하나님이 성부, 성자, 성령 삼위일체로 계심
예수	무함마드보다 열등한 선지자일 뿐이고 십자가에서 죽지 않음	하나님의 아들이며 십자가에서 대속물로 죽으시고 부활하심
죄	다섯 가지 표준을 행치 않는 것	하나님께 반항하는 행위
구원	자기 스스로의 행위 (5가지 표준을 행함)로 구원을 얻고 죗값을 치룸	예수를 믿음으로 주어짐

또한, 위에 제시된 내용에 따라 무슬림은 무함마드를 선지자라고 주장하면서 무함마드를 모세나 예수와 동등한 위치에 두며, 무함마드는 마지막 선지자이며 그의 말에 순종하라고 했으며, 예수가

---

[431] 권오문, 『예수와 무함마드의 통곡』, (서울: 생각하는 백성, 2001), 186.

자신이 등장할 것을 예언했으며, 무함마드가 구약에 나오는 예언을 성취했다고 주장하며, 꾸란은 하나님이 창세 전에 준비한 말씀이며, 이전의 모든 성경을 확증하며, 꾸란은 이전의 모든 성경과 동등한 가치가 있으며, 꾸란은 이전의 모든 성경을 대체한다는 것으로 주장한다.[432]

정리해 보면, 이슬람은 꾸란을 그들 계시의 원천으로 보며, 그것을 근본주의적 태도로 꾸란을 숭배하고, 예수 그리스도의 대속을 믿지 않으며, 꾸란의 계시는 하나님의 거룩하심과 인간들의 죄성을 빠뜨림으로써, 하나님의 구속이 아닌 인간의 선행을 통한 자력종교의 모습을 가지고 있다고 할 수 있다.[433]

또한, 기독교에 대한 무슬림의 공격의 핵심은 첫째, 무슬림은 기독교의 신앙과 성경을 반박하며, 둘째, 무함마드를 선지자라고 생각하며, 셋째, 꾸란에 대한 무함마드의 주장이라고 한다(Don McCurry, 18-19).

따라서, 우리는 무슬림의 이러한 기독교에 대한 반격을 대비하고 선교하기 위해서 그들을 알아야 하는 것이다. 즉, 무슬림의 신앙에 대한 이해는 진리에 대한 타협을 의미하지 않는다. 마치 병원의 의사가 환자의 상태를 명확히 알아야 처방을 할 수 있듯이 반 성경적인 허구적인 이슬람 교리를 바로 분석하고 이해하는 것이야말로 이슬람선교에 대한 대책의 시발점인 것이다.

6. 이슬람의 6 가지 믿음의 기둥들

다원화 사회 속에서 이슬람은 더 이상 이방 종교가 아니다. 어느새 확산되어 한국 정치, 경제, 사회, 문화에 영향력을 행사하려

---

432) Don McCurry, 18-19.
433) Keith E. Swartley, 『인카운터 이슬람』, (정옥배역). (서울: 도서출판 예수전도단, 2008), 306.

는 사전 준비를 완료해가는 이슬람에 대해서 대항하기 위해서는 우리는 그들이 믿는 바가 무엇인지 먼저 알아야 한다. 정통 이슬람은 여섯 가지의 신앙과 다섯 가지의 기본 기둥을 지킨다.

1) 알라에 대한 신앙고백이다.

알라 외에 다른 신은 없다는 고백으로 이슬람의 신앙은 시작이 된다. 알라는 스스로 존재하는 절대자이며 전능한 절대자이며 유일신으로서 인간에게 절대적인 복종을 요구하는 존재로 나타난다. 알라는 99가지의 이름으로 불리는데 각 이름이 그의 속성을 나타내고 있으며, 교리적으로 삼위일체를 빼놓고는 기독교의 하나님의 속성을 다 포함하고 있다. 그의 주요 명칭은 유일한 자, 살아있는 자, 존재자, 참 진리, 숭고한 자, 전능한 자, 듣는 자, 보는 자, 전지한 자, 자비로운 자, 자애로운 자, 지혜자, 보호자, 항상 용서하는 자 등이다.

꾸란에 나타난 알라의 속성으로 전능함(수라2:19, 106, 107, 3:189, 8:41, 11:4, 40:68, 57:2), 전지함(6:59), 의지(6:35), 영원성(53:43), 편재성(2:141, 4:126), 그리고 배우자는 없으며 아들도 없으며(72:4, 112:3), 삼위일체가 아님(4:171)을 주장하고 있다. 그들의 주장에서 알라의 초월과 주권은 중시하는 반면 거룩과 사랑은 찾아볼 수 없는 점이 특이하게 드러난다. 이슬람권에서 무슬림은 자주 "인샤 알라"(insha Allh, 신의 뜻이라면)를 외치는 것은 인간 행위 배후에 신의 간섭이 있다는 것을 나타내는 말이다.

2) 천사에 대한 믿음을 가진다.

천사는 성별이 없고 알라의 종이며 자유의지가 없고 빛으로 창조되었으며, 그들은 선지자보다 낮은 존재라 생각한다. 그들이 믿는 네 천사장으로는 알라의 사자로서 가브리엘, 미카엘, 그리고 죽음의 천사인 아즈라일, 그리고 지옥을 관장하는 말리크 등이 있다 (수라 2:91-92).

그리고 특이한 영적 존재로 진(Jinn)이 있는데, 진은 천사와 인간 사이에 중간 존재로서 아담이 존재하기 수천 년 전에 창조되었다고 믿으며, 선한 진과 악한 진이 있다고 알려진다(수라 55:14-15). 악한 진의 아버지 격인 이블리스가 있는데, 이 이블리스가 아담과 이브를 유혹했다는 꾸란의 구절(수라 20:120)을 보아서 이블리스는 사탄과 같은 존재임을 알 수 있다. 이블리스는 알라를 신봉하지 않는 불신자들과 배교자들에게서 활동하고 있는 것으로 꾸란은 말한다(72장, 114장).

3) 경전에 대한 믿음이다.

이슬람은 알라가 인간에게 내려준 그의 계시가 담겨있는 경전을 104권이라고 말하는데, 그 중에서 5권이 꾸란에 기록이 되었다고 한다. 아브라함에게 준 계시문서는 지금은 유실되었다고 말하며 타우라트(Tawrat)라 불리는 모세오경과 자부르(Zabur)로 불리는 다윗의 시편과 예수의 복음서인 인질(Injil), 그리고 최종적인 계시인 무함마드에게 준 꾸란이 있다고 한다. 이슬람은 꾸란을 제외한 4권의 경전은 원래의 내용이 다 변질되었고 지금 기독교인들이 사용하는 것은 개악되고 변조된 것이라고 주장한다. 그들이 내세우는 근거로 기독교인들에게 경전의 원본이 없으며 수많은 언어로 마구 번역된 것이 그 증거라고 주장한다. 그래서 이슬람교도는 꾸란만이 알라의 최종 계시이며 완전한 계시라고 주장하고 꾸란을 절대적으로 따를 것을 주장하고 있다(수라 2:106, 33:10).

4) 그들은 선지자에 대한 신앙을 가진다.

꾸란은 전부 28명의 선지자들을 언급하고 있는데, 그들 중에 아담, 노아, 아브라함, 모세 등은 특별한 선지자로 여기고 있으며, 예수는 더욱 특별한 선지자로 여기며, 무함마드는 이들 선지자들 중에서 최고의 선지자로 가장 높은 위치에 있으며 모든 선지자를 대신한다고 주장한다.

5) 그들은 마지막 심판을 믿고 있다.

그들에게 있어서 심판 때에 일어나는 징조는 성경의 기록과 유사하게 나타난다. 알라가 직접 책을 펴놓고 심판을 하는데 선한 행위를 한 자는 낙원으로 가고 악한 행위를 한 자는 지옥으로 간다고 주장한다(수라 39:69-75). 무슬림은 천국을 가고, 그 중 죄를 지은 자들은 지옥으로 갔다가 천국으로 가며, 자기의 행위대로 심판 받으며, 선행이 악행보다 무거우면 상을, 그 반대면 벌을 받는다고 주장한다. 그들의 낙원과 지옥관은 매우 현실적인 감각의 세계이다. 이슬람의 구원은 심판 때에만 확인이 되어진다고 한다. 인간은 본래 선하게 창조되었고 자유의지가 있다고 주장한다(수라 38:72). 이슬람의 구원을 확보하기 위해 이슬람 공동체인 움마의 역할을 중요시 여기며 꾸란에 의해 살아가는 샤리아를 강조하게 된다.

6) 그들은 신이 정한 명령으로서 운명(Qadar)을 믿고 있다.

이 카다르 사상은 알라가 선과 악을 포함해서 모든 것을 영원부터 계획하고 모든 것을 알라의 뜻대로 이끌어간다는 것이다. 어떤 일도 알라의 예지와 그의 신적 작정 밖에서 일어나는 일은 없다고 주장하며(수라 54:49), 인간의 운명도 전적으로 알라의 작정 가운데서 이루어지며 인간은 오직 알라의 뜻을 순종할 수밖에 없는데, 이것이 무슬림들에게 숙명론을 형성하게 된다. 그래서 이슬람교도들은 꾸란만이 알라의 최종 계시이며 완전한 계시라고 주장하고, 꾸란을 절대적으로 따를 것을 주장한다(수라 2:106, 33:10).

7. 이슬람의 6 가지 행위의 기둥들

1) 신앙고백(Shahida)

샤히다는 "증언하다"라는 법정적인 용어로 "알라 이외에는 다른 신이 없으며 무함마드만이 알라의 선지자"라는 신앙고백을 매일 입으로 고백함을 원칙으로 한다. 샤히다는 이슬람의 모든 행동 중 기본이며 어릴 때부터 늙어 죽을 때까지 하루에도 몇 번씩 이 증언을 고백한다. 이 신앙고백을 한 사람은 정식으로 무슬림으로 인정되며 알라에게 전적으로 복종해야 한다고 주장한다. 이러한 샤히다는 이슬람의 기본행위로서 이 선서를 확실히 하기 위한 다음에 나오는 네 가지 기본적 의무 행위들(기도, 구제금, 금식, 성지순례)이 뒤따라온다.

2) 기도(Salat)

살라트는 "머리를 숙여 절하다"라는 의미가 담겨 있는데 기도를 뜻한다. 이것은 하루에 다섯 번 드리는 정규적인 기도의식으로 메카를 향하여 방향을 정하고 기도한다. 기도시간은 하루 다섯 번, 일출, 정오, 오후, 일몰, 밤 잠자기 전에 하는 기도는 개인적으로 해도 무방하지만, 되도록 단체로 하는 것을 권장하며, 특히 금요일에는 반드시 무슬림들이 함께 모스크에 가서 기도를 드려야 한다고 주장한다. 예배 전에 손, 발, 얼굴을 씻으며 메카를 향하며 기도하며, 모스크에 들어갈 때, 반드시 신발을 벗는 것은 꾸란 수라 20:13의 "실로 나는 너의 주님이라 너희는 신을 벗으라"는 명령을 실천하기 때문이다. 무슬림에게 있어서 기도하는 것은 알라와 개인적인 대화라기보다 알라에 대한 복종에서 나오는 의식적인 행위로 나타난다.

그들이 모스크에서 메카를 향해 기도할 때 알라의 땅이 그들의 땅이 되며 기도하는 순간 이슬람교도들은 모두가 한 공동체임을 느끼게 된다. 무슬림은 기도하기 전에 반드시 씻는 세정식을 갖는데, 얼굴, 손에서 팔꿈치, 머리, 그리고 발에서 발목까지 닦으며, 금요일 모스크에 가서 기도할 때에는 몸을 다 씻고 간다.

이렇게 무슬림이 세정식을 하는 것은 영혼뿐만 아니라 육체도 항상 깨끗하게 해야 한다는 의미와 건강을 위한 의미도 가지고 있다. 이러한 살라트는 이슬람교도들에게 두 번째로 따라야 하는 필수적인 실천사항이다. 이들에게 살라트는 하루에 다섯 번 드리는 의무예배이며, 예배를 드리는 것은 신앙심을 실질적으로 보여주는 것이며, 믿는 자로 하여금 창조주와 끊임없이 접촉을 유지시킨다고 한다. 살라트를 행함으로써 얻어지는 은혜는 끝이 없으며, 오래 지속되고, 측정할 수 없도록 광대하다고 믿는다.

3) 구제금(Zakat)

모든 무슬림들은 기도의 준수와 함께 구제금을 내야하는데, 이것은 원래 무슬림 공동체에서 가난한 자에 대한 실천적인 선행이었다. 하지만 처음에는 개인의 자유의지로 내던 공물의 성격이 후기에는 점차 의무적인 규정으로 변질되었다.

> "실로 자카트는 가난한 자, 불쌍한 자, 거기에 종사하는 자, 그들의 마음이 위안을 받을 자, 노예, 채무자, 알라의 길에 있는 자, 그리고 여행자들을 위한 것이니 이는 알라로부터의 명령이라 알라는 아심과 지혜로 충만하시도다"(꾸란 9:60).

구제금의 양은 개인에 따라 다르지만 대체로 개인의 수익의 2.5%를 1년에 한번 희사해야 하는데, 이것은 무슬림의 연간 소득으로부터의 의무적 납세이다. 자카트라는 단어는 항상 죄로부터의 청결(순수)의 의미로서 사용되었는데, 헌금, 십일조, 친절, 세금의 의미까지 내포하며, 금전, 가축, 곡물 등이 해당되며, 이슬람 국가에서는 부의 소유자들은 모두 공공 기금에 납부하도록 하고 있다. 그러나 세금을 내지 못할 정도로 가난한 자이거나 구제금을 거두는 수집자, 노예, 빚진 자, 전쟁에 참여한 자 등은 제외된다. 그리고 기금은 국가에 의해 관리되며 가난한 사람들의 상황을 개선시키기 위해 국가나 사회단체가 사용하고 있다.

4) 금식(Saum)

이슬람 달력으로 매년 9월은 라마단 금식월인데, 이 라마단 금식은 이슬람을 세우는 다섯 기둥의 하나일 만큼 아주 중요하며 라마단기간에 단식을 실천한다. 무슬림은 라마단 달 동안 새벽부터 해지기까지 매일 먹는 것, 마시는 것, 담배 피우는 것과 부부생활을 자제하면서까지 엄격하게 지킨다. 그러나 해가 진 후에는 먹을 수 있다. 이 시간 동안에는 심지어 침을 삼켜도 안 되며 금식은 열 살이나 열두 살 때부터 시작하며 아프거나 여행 중인 사람은 금식에서 제외되지만 후에 반드시 그 기간만큼 금식함으로 보충해야 한다. 이슬람에선 라마단 금식월에는 천국문이 열리고 지옥문은 닫히며, 금식에 참여한 자는 용서받을 만한 과거의 모든 죄를 다 용서받는다고 가르친다.

5) 성지순례(Haji)

무슬림은 성지순례가 일생에 단 한번 메카로의 성지순례를 필수로 여기며, 이 기간에 죽는 자는 순교한 것으로 여긴다. 하지라는 말은 "알라의 집으로의 순례"를 뜻하며, 하나의 연간 행사로, 하지를 감당할 수 있는 여유가 있는 무슬림들에게 의무적이며, 적어도 일생에 한 번은 해야 한다. 하지는 이슬람 달력으로 열 두 번째 달에 사우디아라비아의 메카에 있는 알라의 집으로 가는 순례로서 각기 다른 인종, 국적으로부터 온 무슬림들이 하나님을 숭배하기 위해 모인다.

6) 성전(Jihad)

지하드는 무슬림으로서 군인이 될 만한 신체와 온전한 정신을 소유한 자라면 누구나 따라야 할 의무사항이다. 수니파에서는 지하드를 다섯 기둥에 넣지 않지만, 이슬람의 다른 분파인 카라지(Khariji)파에서는 지하드를 여섯 번째 기둥으로 여긴다.

지하드는 이슬람의 내적 투쟁을 의미하는데, 교육, 경제, 선교, 펜, 금전, 칼의 다양한 형태를 띤다. 불신자들에 대한 무력 투쟁도 이에 포함되는데, 꾸란(9:5)은 "(공격이 금지된)성스러운 달들이 지나면 너희가 발견하는 우상숭배자들을 살해하고, 그들을 포로로 잡고, 그들을 구금하라. 그리고 그들에 대비하기 위해 매복하라. 하지만 그들이 후회하고 예배를 올리고 자카트를 납부하면 그들의 길을 열어주라"고 명시하고 있다. 지하드는 불신자들에 대한 전쟁 동원의 수단인 동시에 종교적 의무의 이행으로 간주하며 과격한 지하드 중에 죽은 자는 순교자로 부른다.

8. 이슬람의 믿음의 중심

1) 경전(꾸란)

이슬람의 경전은 꾸란인데, 이것은 114개의 장으로 나누어져 있으며 신약성경 정도의 분량이다. 꾸란은 천사 가브리엘이 무함마드에게 계시한 내용으로 꾸란이라는 말은 "암송하라"는 단어에서 유래한 것으로 무함마드가 처음에 계시를 받은 해로부터 23년 동안 받은 내용이다. 꾸란의 내용은 대략 세 부분으로 나누어지는데, 첫째는 다가올 심판에 대한 경고이고, 둘째는 선지자들에 대한 이야기이며, 셋째는 무슬림의 삶에 대한 조항들로 많은 성경의 인물들이 등장하지만, 기독교 성경의 내용과 다른 것이 있어서 주의할 필요가 있다.

꾸란은 무함마드가 살아있을 때 만들어진 것이 아니며, 그의 사후 추종자들에 의해 만들어진 것으로 무함마드가 생전에 계시 받았던 내용들을 야자수 잎이나 하얀 돌에 썼던 것과 추종자들이 기억한 것들을 토대로 만들어졌다. 꾸란의 편찬은 무함마드의 대서인이었던 자이드(Zaid)의 책임 하에 이루어졌으며, 첫 사본은 무함마드 사후 20년에 편찬되었으며, 그 후 1세기 과정의 개정을 거쳐 현재 형태의 꾸란이 형성되었다.

무슬림은 꾸란을 "알라가 행한 기적"이라고 여기며 꾸란에 대해 깊은 존경심을 갖고 있으며, 그들은 손을 씻은 후에야 꾸란을 만지고 꾸란을 들 때에는 허리 아래로 들지 않는다. 그리고 늘 꾸란을 암송하고 전쟁에도 가지고 간다.

2) 전통(하디스)

꾸란의 해석이 어려울 때 무슬림이 의존하거나 인용하는 권위있는 자료는 하디스이다. 하디스는 일종의 언행록으로 무함마드 생전에 그가 말한 것과 행한 것을 주요 내용으로 하고 있다. 이슬람에선 하디스를 수니[규율]라고도 부르는데, 이슬람권 전체 무슬림 인구의 80%가 수니 무슬림이다. 꾸란에 이어 이슬람의 제 2의 경전으로 여겨진다. 여러 개의 하디스가 있지만, 여러 검증과정을 거쳐서 여섯 개의 하디스만이 9세기에 인정되었으며, 그 가운데 두 개의 하디스가 가장 권위 있는 것으로 여겨진다. 그 저자는 알 부카리(A.D 870)와 알 무슬림(A.D 870)이었으며, 이슬람의 시아파는 알리와 그의 추종자들에게서 나온 하디스를 신뢰했다.

3) 이슬람의 법(샤리아)

절대 유일신 알라에게 무조건 순종하는 것이 이슬람의 교리이다. 이슬람의 법은 이슬람공동체가 당연히 지켜야하는 의무체계인데, 이것을 샤리아라고 하며, 이 말의 의미는 "물 마시는 곳으로 이끄는 길"을 의미한다. 샤리아는 한 개인과 국가와의 관계뿐만 아니라 절대 신과 인간 양심과의 관계도 포함하고 있다.

초기 무슬림 학자들은 신학보다 법학을 연구했다. 그들은 꾸란과 하디스를 해석하여 새로운 이슬람의 법을 만들었다. 전통적인 이슬람의 법은 형법, 상거래법, 가족법, 상속법 등으로 나누어지는데, 그 외에도 올바른 순례 방법, 금지된 것과 허가된 것, 그리고 옳고 그름에 대한 판결 등이 있다. 몇 가지 경우를 살펴보면, 배교 행위와 노상강도는 사형하고, 절도는 손을 절단하며, 혼외정사의 당사자는 기혼일 경우 돌로 쳐 죽이나, 미혼일 경우 100대의 곤장을 맞게 된다.

부부관계에서 남편은 최대한 4명의 부인과 결혼할 수 있으나 동등하게 부양하고 대우할 책임이 있다. 예를 들면, 본처 자식에게 시계를 선물하면, 첩들의 자식들에게도 똑같이 시계를 선물해야 한다는 점이다. 부인은 가정문제나 사회문제에 있어서 남편에게 복종할 의무가 있으며, 또 남편이 이혼을 원할 경우에는 비교적 용이하지만, 아내가 원할 때는 그 반대이다.

이슬람권에서 이러한 법을 가르치기 위해 이슬람학교를 만들게 되었으며 이로써 이슬람의 각 교파마다 권위 있는 학교들이 세워지게 되었다. 샤리아 법도 바로 이런 연구의 산물로 나타난 것으로,

샤리아 법에는 다섯 개의 중요한 이슬람의 의무가 포함되어 있다. 공식적인 이슬람 국가는 샤리아를 엄격하게 적용하도록 되어 있다.

9. 이슬람의 종파들

무슬림은 이슬람은 하나이며 서로 나누어진 것이 아니라 교리만 조금 다르다고 주장하지만, 실제로 그 안에는 헤아릴 수조차 없는 수많은 종파들이 존재하며 또한 도저히 합칠 수 없는 종파들도 산재해 있다고 본다.[434]

이슬람의 종파 중에 주요 종파로 세 가지가 있는데, 수니파(Sunnis), 시아파(Shiites), 그리고 수피파(Sufis)로서, 시아파와 수피즘은 모두 수니파에서 분리되었다.

1) 수니파(Sunnis)

대다수의 이슬람은 수니파에 속하며, 거의 80%가 넘는 무슬림이 여기에 속하며, 그들은 무함마드와 그의 네 명의 후계자들의 가르침과 전통만을 따르는 자를 정통 이슬람으로 여긴다. 이들은 자신들만이 무함마드를 떠나지 않았기에 구원받을 때에 후한 점수를 받을 것으로 믿고 있다. 수니에도 네 개의 분파가 있는데 하나피(Hanafi), 말리키(Maliki), 샤피(Shafii), 한발리(Hanbali) 등이 있고, 그 성격상 종파라기보다 학파에 가깝다고 본다(유해석, 132).

2) 시아파(Shites)

시아파의 존재는 무함마드의 두 번째 후계자 오마르가 살해당한 후 후계자 선정 시에 무함마드의 양자 알리와 무함마드의 사위

---

[434] 유해석, 131.

오스만 사이에서 선택해야했는데, 오스만이 선택되었지만 살해당하고 후계자 자리를 놓고서 치열한 사투 끝에 오스만의 조카 무아위야를 후계자로 정하고 알리를 따르던 일부가 알리 진영에서 벗어나 이란으로 가서 시아파를 형성하게 되었다. 시아파는 무함마드의 직계 자손만이 무함마드의 후계자가 될 수 있다고 주장한다. 시아파의 주요 교리로 "알라는 영원하다," "꾸란은 창조되었다" 등이며 이들은 숙명보다는 자유의지를 강조하며, 또한 그들에게 이맘(Imam)은 어떤 오류도 없는 존재로 여긴다.

3) 수피파(Sufis)

수피파는 이슬람 신비주의를 말하는데, 이것은 이슬람이 전파과정에서 토속신앙과 접목하면서 나타난 것으로, 지적인 이슬람보다 신비주의와 금욕주의에 가까운 것으로 이슬람을 세계에 알리는데 일조한 것으로 나타난다. 경건한 수피들은 기독교 수도사들을 본으로 삼았는데, 특히 19세기 수피수도사들은 네스토리안 수도사를 모방하며 무슬림 성자들을 찬양하였다. 수피는 전세계적으로 이슬람을 알리는데 공헌하였는데, 인도네시아, 인도, 중앙아시아, 중앙아프리카에 영향을 주었으며, 인도 무슬림에게 큰 영향을 주어 1947년 파키스탄을 만들 수 있도록 한 것도 수피 이슬람이다.

10. 이슬람 풍속

1) 결혼제도(니카하)

대부분의 이슬람 법률학자들은 네 가지 즉 종교, 자유, 혈통, 직업에서 동등할 것을 요구하고 있다. 하지만, 동등함은 종교에 의해 성취될 수 있다고 믿기 때문에 비 이슬람과의 결혼도 인정한다.

중매쟁이가 신부 아버지에게 청하는 수순을 밟고, 결혼 전 신랑 측이 제시한 신부의 가격(마흐르: 주로 현금)을 신부 아버지가 수락하면 결혼이 성사된다. 여성은 지위나 신분이 미약하므로 여성들이 결혼 전의 마흐르에 사활을 건다. 이슬람 여성의 지위는 결혼 후 어머니가 됨으로써 비로소 인정되며, 여자나 자연적 인간의 권리보다 어머니라는 공동체안의 역할을 인정하는 것이다.

일부다처제는 쿠란에서 공식적으로 인정하는 제도이고, 남성우위사상 역시 공식적으로 인정하고 있으므로 이혼 또한 남성의 권리이다. 아내는 결혼지참금이나 복잡한 재산권 등의 문제 때문에 이혼할 수 없으며, 남편은 3번의 이혼의사 표시만 하면 이혼이 가능하기 때문에, 그래서 예상 외로 이슬람은 이혼이 많은 편이다.

2) 음식

무슬림은 돼지고기를 먹지 않는다. 그들은 돼지고기를 정결치 못한 것으로 여겨 지금까지도 먹는 것을 금하고 있다. 그들은 오른손으로만 음식을 먹고 돼지는 더러운 동물로 금기시한다. 이슬람은 신약을 변질된 성경으로 보기 때문에 신명기 14:8절의 말씀에 근거해 ("돼지는 발굽이 쪼개져 있고, 되새김질을 하지 않아, 너희에게 깨끗하지 않느니라. 돼지의 살을 먹지도 말 것이며, 그 죽은 고기는 만지지도 말라") 먹지 않는다.

이슬람 국가들이 분포한 서남아시아는 생태학적으로 더위에 약한 돼지사육에 적합한 곳이 아니고, 서남아시아에서는 돼지가 먹어치우는 사료를 충당하기도 힘들었을 것이며, 그 지방에서 돼지에게 꼭 필요한 그늘과 물을 구하기가 보통 힘든 일이 아니기 때문이다. 그래서 생태학적, 경제적 원리에 따라, 돼지를 치기보다 양, 염소, 소 등을 치는 것이 더 이익이었을 것으로 보인다.

이토록 생태학적, 경제적인 문제와 돼지고기의 맛이 너무나 좋았기에 너도나도 먹고 싶어하는 욕구가 결부되어 사회적인 문제를 야기시켰고, 이에 대한 대응책으로 공동체를 중시하는 종교인 이슬람의 조치가 필요했을 지도 모른다. 재미있는 것은 돼지사육이 가능한 나라에서는 이슬람 전파가 불가능했으며, 실제 세계적인 돼지 생산국의 하나인 중국본토에는 이슬람교의 침투가 불가능했으며, 그나마 침투한 지역은 중국 서부의 사막이나 반사막 지역에만 국한되어 있어, 지리적인 한계를 보이고 있다. 돼지사육이 이슬람의 전파를 막은 것이다.

3) 이슬람 사회와 문화

이슬람 사회는 종교와 문화의 다원성을 거부하기에 경직된 사회로 보이지만 무슬림의 일상 가운데 독특한 면이 자리잡고 있다. 이슬람의 장점으로 먼저 예의가 바르며 손님접대를 잘하며 가정이나 사회에서 질서가 분명하다는 점이다. 이러한 지역에서 선교사역을 하려면 그들보다 더욱 탁월한 그리스도인의 삶을 요구한다는 점을 기억할 필요가 있다. 그리고 이곳에서는 남녀유별이라는 엄한 법 때문에 남자 손님을 여자들이 직접 서비스를 할 수 없다. 음식도 일단 차려진 후에 남자들만 들어가서 식사를 한다.

이슬람 문화는 일종의 방어적 문화로서 서구화, 근대화, 세속화에 대해 지나치게 민감하게 대응한다. 그럼에도 불구하고 오늘날 이슬람 사회는 강력한 세속화의 물결에 접하고 있다. 이슬람을 위해 순교할 만큼의 열렬한 무슬림이 있는 반면에, 다수 청년들이 자신들의 종교적 풍습보다 세속에 더 매력을 느끼며, 술과 담배가 금지된 이슬람 사회 뒷골목에는 세속문화가 공공연하게 판을 치는 것도 이슬람 사회이다.

11. 이슬람 선교전략

미국과 이라크 전쟁으로 인하여 교계의 관심은 이슬람권 선교에 더 큰 비중을 두게 되었다. 그것은 그 동안 이슬람선교에 대해 오늘의 한국교회가 소홀히 했던 것은 사실이다. 그러나 21세기 한국선교는 차츰 이슬람권에 관심을 가지고 접근하게 되었다. 그 동안 한국교회가 이슬람선교에 대하여 멀게만 느껴졌던 까닭은 한국과 이슬람 국가들과의 지리적인 위치에 있다고 본다.

그리고 그 동안의 세계선교역사 속에서 이슬람권 선교는 많은 난관을 갖고 진행되어 왔다. 이제 한국교회는 세계선교현장에 미국다음으로 선교사를 파송하여 다양한 선교활동을 펼쳐오는 가운데, 과거보다 객관적인 선교전략과 연구가 이루어져 그 동안에 닫혀왔던 이슬람선교에도 많은 관심을 가지게 되었다.

얼마 전에 종전 처리된 이라크 전쟁으로 인해 일어날 이슬람권 선교의 어려움으로 많은 선교학자들의 주장이 분분하다. 요르단에서 신학교 교수로 활동하는 공일주 선교사는 아랍권 전역에서 일어나는 반미분위기와 함께, 아랍민족주의와 이슬람근본주의자들의 세 결집 현상이 맞물려 복잡하게 전개되고 있음을 전해주었다. 그리고 이라크와 요르단에 예수 그리스도를 믿는 아랍기독교인들의 고통 또한 커다란 어려움으로 나타나고 있다. 물론 서양출신 선교사들의 활동 또한 그렇게 쉽게 전개되리라고 볼 수 없다. 이러한 상황에서 효과적인 이슬람권의 선교는 어떻게 진행되어야 할 것인가?

필자는 먼저 이슬람권 선교는 이슬람교에 대한 바른 이해를 중심으로 진행되어야 한다고 본다. 아직도 현대 그리스도인이 보는 이슬람권은 매우 호전적이고 폭력적인 종교라는 편견으로 가득 차 있는 것은 사실이다. 즉 이슬람교는 9.11사태를 일으키고 팔레스타인 자살폭탄의 주인공들로 한 손에는 꾸란을, 한 손에는 칼을 들고 그 영역을 넓혀온 종교로 알고 있다. 그러나 이것은 사실 과거 역사를 볼 때, 매우 잘못된 이슬람교에 대한 자세임을 알 수 있다.

영국의 에딘버러 대학의 신학부교수 데이비드 커(Dr. David Kerr)는 총신대학교에서 행한 강연(Christianity and Islam: Clash of Civilization or Community of Faith)에서 우리 기독인이 인식하는 이슬람에 대한 이해가 제대로 정착해야함을 지적하기도 하였다. 그는 바른 이슬람의 이해를 하려면 이슬람권을 세 가지 부류로 나누어 바라 보아야함을 강조하였다.

경전을 중심으로 하는 정통 이슬람, 통속적인 이슬람, 그리고 과격한 이슬람원리주의 무슬림 등으로 나누어 볼 필요가 있는데, 그 이유는 현재 세계도처에서 지하드(성전)를 통해서 과격한 파괴를 일삼는 원리주의 이슬람분파는 단지 15% 미만에 불과하며, 나머지 무슬림들은 소위 평화를 추구하는 이슬람 교인들임을 이해할 필요가 있다고 지적하였다. 오히려 평화를 추구하는 이슬람 교인들은 지난 중세시대에 기독교가 행한 십자군운동과 같은 공격적인 기독교 선교에 대해 늘 의식하면서 서방선교사에 대해 적대감을 갖게 되었고, 그들의 의식 속에서 기독교가 호전적이고 공격적인(aggressive) 종교로 인지한다는 것이다. 우리가 알고 있는 이슬람과는 큰 차이가 있다는 사실에서, 우리는 이번 기회에 이슬람권 선교를 위해 많은 연구와 준비를 새롭게 해야 한다는 사실을 깨닫게 된다.

그러므로, 전쟁이 끝난 후에 전후 복구를 위한 전세계의 관심이 소위 강대국들의 국익추구와 연계되고 있는 상황에서 이슬람권 선교를 위한 기회로 유용하게 활용하는 전략이 절대적으로 필요하다. 곧 NGO를 통한 선교활동과 함께 일시적인 분위기에 들떠서가 아니라, 신중하게 준비하여 상한 심령들을 위로하는 구제와 섬김의 선교가 절실히다.

파키스탄 선교사였던 전재옥 교수는 현지의 상황을 잘 이해하고자 하는 자세를 가지고 이미 그 곳에서 사역하는 자들과 함께 진정으로 그곳에 절실히 필요한 것이 무엇인가 귀기울이는 자세가 필요하다고 주장하였다. 그리고 기존의 선교사들과 협력하는 선교가 무엇보다 중요하다고 주장하였다. 아랍인들은 일반적으로 좋은 관계가 이루어지기 전에는 섣불리 자신들의 마음을 열지 않는다. 그러므로 인내심을 갖고 이슬람권의 선교를 위하여 아랍권 언어와 신학적인 훈련으로 철저히 준비해야 할 것이다. 그리고 무엇보다도 기도로 무장된 성령 충만한 교회의 지원이 필요하다고 본다.

이슬람권 선교 역사를 살펴보면 중세기의 레이몬 럴(Ramond Lull)은 중세의 십자군 운동 이래 잃어버렸던 이슬람권 선교를 위해 합리적이고 철저한 준비를 통해 위대한 선교의 역사를 감당하였다. 기독교의 십자군 운동으로 실추된 이미지를 다시 세우고자 노력하는 그의 진지한 자세는 앞으로의 이슬람선교의 좋은 본을 준다고 본다. 그의 성공적인 이슬람선교의 원리로 스티븐 니일(Stephen Neill)은 세 가지로 제시하였다. 첫째는 철저한 언어와 문화에 대한 이해, 둘째는 이슬람교에 대한 기독교진리에 대한 분명한 변증학적인 노력, 셋째는 순교를 각오한 철저한 헌신으로 피와 땀을 흘리는 사역인데, 이것은 오늘 우리에게 매우 중요한 전략이 되고도 남는다고 본다.

마지막으로, 선교는 사람의 일이 아니고 하나님이 하시는 일이다. 하나님께서 우리가 만나는 무슬림의 마음을 열어주시기를 기도하는 것은 무엇보다 중요하다. 이슬람선교는 여러 가지로 단시간적인 안목이 아니라 장기적인 노력으로 인내를 가지고 접근할 필요가 있기 때문에, 우리는 지속적인 기도로 성령의 인도하심 가운데 감당하는 자세로 나아가야 한다고 믿는다.

요약하면, 이슬람에 대한 바른 이해가 필요하다. 본서의 이슬람에 대한 기본적인 지식이 필요하다. 그리고 레이몬 럴(Lamond Lull)의 방법에 따라 언어적 준비와 열정적인 헌신과 그리고 체계적인 복음진리의 제시가 중요하다. 아울러 현재 모든 이슬람 국가들이 헌법으로 개종을 금지하는 형국이기 때문에, 인내하면서 하나님의 도우심을 기다리는 자세가 매우 중요하다. 타문화권 선교보다도 이슬람권 선교 사역에 있어서 보다 신중하고 전략적인 선교 접근이 너무나 중요하다고 본다.

제15장
결론

　　21세기 세계복음화를 위한 선교신학은 하나님의 말씀인 성경을 통해서 건실하게 추구되어야 한다. 더구나 현대 선교신학계에는 포스트모더니즘과 종교다원주의의 사조에 의해서 더욱 혼동된 상황에서 성경에 나타난 복음의 분명한 메시지를 필요로 한다. 더구나 하나님 나라의 확장과 세계선교는 서로 긴밀한 연관관계를 갖는다. 성경중심적 개혁주의 신학의 전통은 선교신학에서 무엇보다 필요로 한다.

　　신구약 성경에 나타난 선교에 대한 진실은 그 어떤 과학적 지식과 경험적 전략을 초월한다. 현대선교신학계에 큰 공헌을 한 허버트 케인(Herbert Kane)은 성경진리에 충실한 선교 신학의 정립은 그 무엇보다 중요하다고 지적했다.

　　"교회와 선교사역과 선교사는 모두 하나님의 인도하심을 따라서 하며, 성경이 제시하고 있는 원리들에 따라 그 사명을 수행해 나아가야 하는 것이다. 선교학 이론에 대한 인류학이나 사회학의 공헌은 결코 과소평가될 수 없는 것이지만 이들이 하나님의 말씀에 대한 대체물이 되어서는 안 될 것이다. 우리가 만일 사회과학이 제시하고 있는 통찰력과 성경의 가르침 가운데 하나를 선택하여야 한다면 우리는 성경의 가르침에 절대적으로 따라가야 할 것이다."[435]

성경은 하나님의 구속사에 대한 계시요 하나님의 구원계획이며, 또한 실제적인 방법이 무엇이며 하나님의 선교전략을 보여주는 교과서이다(마 28:19-20; 행 1:8; 고전 2:1-4; 고후 4:4-5).

전통적으로 개혁주의 교회의 신학의 원리는 계시의존사색에서 나오는데, 선교신학 역시 하나님의 말씀 중심의 신학원리 속에서 온전한 선교학이 도출될 수 있다. 지금도 성경말씀을 가르치고 전파함은 교회의 머리되시는 예수 그리스도의 통치함의 구체적인 모습이다. 성경상에 나타난 위대한 주의 종들이나 교회역사에 나타난 선교사들은 한결같이 하나님의 말씀에 사로잡힌 상태에서 순종하고 성경계시에 신실한 경청자들이었다.

"너희가 길에서 우리에게 성경말씀을 풀어주실 때 마음이 뜨겁지 아니하더냐"(눅 24:23-30). 오늘도 우리는 성경에 사로잡힌바 된 사역자들로부터 위대한 선교의 사역을 기대할 수 있게 한다고 믿는다.

한국교회는 그 초창기부터 건전한 신학과 개혁주의 신학을 가진 선교사들에 의해 그 기초가 놓여지고, 평양신학교를 통하여 성경중심의 신학과 교회 사역, 그리고 선교사역을 수행하여 왔다. 오늘날 세계 어느 교회보다도 개혁주의 신학원리를 수호하면서 교회성장과 선교사역을 선도적으로 수행해 오고 있다.

앞으로의 한국교회의 선교 사역은 성경에 기초한 선교사역의

---

435) Herbert Kane, 『선교신학의 성서적 기초』, (이재범 역), (서울: 나단, 1994), 7-8.

원리에 충실함으로서 주님의 오심을 온전히 준비하는 데 큰 지속적인 역할을 하리라 확신한다. 지난 종교개혁의 지도자들은 한결같이 성경으로 돌아가자는 위대한 신앙유산을 우리에게 물려주었다. 앞으로 다가오는 시대에 위대한 선교사역을 감당하기 위해서 이 시대에서도 성경중심의 개혁주의 선교신학을 정립하여야 하리라.

Appendix

BIBLIOGRAPHY

BIBLIOGRAPHY

권오문. 2001. 『예수와 무하마드의 통곡』. 서울: 생각하는 백성.
김명혁. 1987. 『현대교회의 동향: 선교신학을 중심으로』. 서울: 성광문화사.
김성욱. 2010. 『21세기 기독교전문인 선교신학』. 서울: 이머징북스.
김성욱. 2019. 『하나님의 백성과 선교』. 서울: 기독교문서선교회.
김성태. 2008. 『현대 선교학 총론』. 서울: 이레서원.
김성태. 2000. 『선교와 문화』. 서울: 이레서원.
김의환 편저. 1990. 『복음주의 선교신학의 동향』. 서울: 생명의 말씀사.
김명혁. 1987. 『현대교회의 동향: 선교신학을 중심으로』. 서울: 성광문화사.
박형용. 1983. 『사도행전: 교회확장의 원리』. 서울: 성광문화사.
임영효. 1997. 『사도행전에서의 선교와 교회성장』. 부산: 고신대학교출판부.
유해석. 2009. 『우리곁에 다가온 이슬람』. 서울: 생명의 말씀사.
박형룡. 1978. 『변증학』. (박형룡저작전집 XI). 서울: 한국기독교교육연구원.
전호진. 1987. 『선교학』. 서울: 한국 개혁주의 신행협회.
전호진. 1984. 『한국교회와 선교』. 서울: 정음출판사.
임영효. 1997. 『사도행전에서의 선교와 교회성장』. 부산: 고신대학교출판부.
채은수. 1999. 『역사와 문화 속에 선교』. 서울: 총신대학교 출판부, 1999.
한상복. 이문웅. 김광억 공저. 1985. 『문화인류학개론』. 서울대학교 출판부.
Allen, Rolland. 1993. *Missionary Methods: St. Paul's or Ours?* Grand

Rapids: Eerdmans.

Allis, Oswald T. 1958. *God Spoke by Moses*. Nutely: Presbyterian and Reformed Pub.

Bavinck, J. H. 1960. *An Introduction to the Science of Missions*. Phillipsburg: Presbyterian and Reformed Printing Co.

Bavinck, J. H. 1966. *The Church Between Temple and Mosque: A Study of the Relationship Between the Christian Faith and Other Religions*. Grand Rapids: Eerdmans.

Berkhof, Louis. 1978. *Manual of Christian Doctrine*. Grand Rapids: Eerdmans.

Beza, Theodore. 1884. *The Life of John Calvin*. translated by H. Beveridge. Edinburgh.

Blauw, Johannes. 1960. *The Missionary Nature of the Church*. New York: McGraw Hill Book.

Boer, Harry R. 1961. *Pentecost and Missions*. Grand Rapids: Eerdmans.

Bosch, David. 1980. *Witness to the World: The Christian Mission in Theological Perspective*. Atlanta: John Knox Press.

Bosch, David J. 1991. *Transforming Mission: Paradigm Shifts in Theology of Mission*. Maryknoll: Orbis Books.

Bosch, David J. 1993. "Reflections on Biblical Models of Mission." In *Toward the 21st Century in Christian Mission*. eds. James M. Phillips and Robert T. Coote. Grand Rapids: Eerdmans. 175-192.

Bright, Bill. 1982. *Teacher's Manual for the Ten Basic Steps Toward Christian Maturity*. Arrowhead Springs, CA.

Calvin, John. 1975. *Commentary on the Book of Genesis*. Grand Rapids: Baker.

Calvin, John. 1830. *A Selected of the Most Celebrated Sermons of John Calvin*. New York: S & D. A. Forbes Printings.

Calvin, John. 1950. *The Mystery of Godliness and Other Selected Sermons*. Grand Rapids: Eerdmans.

Calvin, John. 1956. *Sermons on Isaiah's Prophecy of the Passion and*

Death of Christ. London: J. Clarke Co.

Calvin, John. 1977. *Institutes of the Christian Religion*. Philadelphia: Westminster.

Calhoun, David, B. 1981. "John Calvin: Missionary Hero or Missionary Failure?," *Covenant Seminary Review*. Vols. 5-7: 1(1979-81). St. Louis, Missouri, 16-33.

Clowney, Edmund P. 1979. *The Biblical Doctrine of the Church*. Nutely: Presbyterian and Reformed Publishing Co.

Clowney, Edmund P. 1995. *The Church*. Downers Grove: IVP.

Chung, Hyun-Kyung. 1991. "Come Holy Spirit, Renew the Whole Creation," *The National Council of Churches Review*. Vol. CXL, No. 6.

Clowney, Edmund P. 1967. "A Critique of the 'Political Gospel.'" *Christianity* Today. Vol. 11 April, 28th.

Carey, William. 1981. *An Enquiry into the Obligation of Christians to Use Means for the Conversion of the Heathens*. (London: Carey Kingdom Press, 1792) in *Perspectives on the World Christian Movement*, Ralph D. Winter and Steven C. Hawthorne, eds. Pasadena: William Carey Library.

Cole, Robert Alan. 1973. *Exodus: An Introduction and Commentary*. Downers Grove: InerVarsity Press.

Conn, Harvie M. 1982. "The Missionary Task of Theology: A Love or Hate Relationship." *Missiology*. Vol. 10, No.1.

Conn, Harvie M. 1976. *Training Membership for Missions*. RES Mission Conference.

Conn, Harvie M. 1982. *Evangelism: Doing Justice and Preaching Grace*, Phillipsburg: Presbyterian and Reformed Pub.

Conn, Harvie M. 1984. *Eternal Word and Changing Worlds*. Grand Rapids: Zondervan.

Conn, Harvie M. 1982. "The Missionary Task of Theology: A Love or Hate Relationship." *Missiology*. Vol. 10, No.1.

Cook, Harold. 1954. *An Introduction to Christian Missions*. Chicago:

Moody Press.

Coote, Robert T. and Stott, John, eds. 1980. *Down to Earth: The Papers of the Lausanne Consultation on Gospel and Culture*. Grand Rapids: Eerdmans.

De Ridder, R. R. 1971. *Discipling the Nations*. Grand Rapids: Eerdmans.

Diem, H. 1967. "Der Ort der Mission in der systematischen Theologie." *Evangelische Missions Magazin* 111.

Farley, Edward. 1983. *Theologia: The Fragmentation and Unity of Theological Education*. Philadelphia: Fortress.

Fretheim, Terence E. 1991. Exodus Louisvillle: John Knox Press.

Glasser, Arthur F. and McGavran Donald. 1983. *Contemporary Theology of Mission*. Grand Rapids: Baker Book House.

Green, Michael. 1991. *Evangelism in the Early Church*. Grand Rapids: Eerdmans.

Hoekstra, Harvey T. 1979. *The World Council of Churches and the Demise of Evangelism*. Wheaton: Tyndale.

Hockendijk, J. C. 1977. "The Call to Evangelism." *The Conciliar Evangelical Debate: The Crucial Documents 1964-1976*, ed. Donald

Hocking, William E. 1932. *Re-Thinking Missions: A Laymen's Inquiry after One Hundred Years*. New York: Harper & Brothers.

Douglas, Mary. 1970. *Natural Symbols*. New York: Random House.

Durkheim, Emile. 1938. *The Rules of Sociological Method*. New York: Free Press.

Eliot, T. S. 1940. *Christianity and Culture*. New York: Harcourt, Brace & Co.

Geisler, Norman L. 1976. *Christian Apologetics*. Grand Rapids: Baker.

Geertz, Clifford. 1972. "Religion as a Cultural System." in *Reader in Comparative Religion*. W.A. Lessa and E. Z. Vogt, eds. New York: Harper and Row, 168-169.

Glasser, Arthur F. 1972. *Lectures on Old Testament Theology of Mission*, (Unpublished). Pasadena: Fuller Theological Seminary.

Glasser, Arthur F. 2003. *The Story of God's Mission in the Bible: Announcing the Kingdom,* Grand Rapids: Baker.

Grunan, Stephen A. and Mayers, Marvin K. 1988. *Cultural Anthropology: A Christian Perspective.* Grand Rapids: Zondervan.

Hedlund, Roger. 1991. *The Mission of the Church in the World: A Biblical Theology.* Grand Rapids: Baker Book House.

Hesselgrave, David. 1988. *Today's Choices for Tomorrow's Mission: An Evangelical Perspective on Trends and Issues in Mission.* Grand Rapids: Zondervan.

Hesselgrave, David J. 1978. *Communicating Christ Cross-Culturally.* Grand Rapids: Zondervan.

Hesselgrave, David J. 1980. *Planting Churches Cross-Culturally: A Guide for Home and Foreign Missions.* Grand Rapids: Baker.

Hick, John. 1973. *God and the Universe of Faiths.* New York: St. Martin's Press.

Hiebert, Paul G. 1978. "Missions and Anthropology: A Hate/Love Relationship." *Missiology.* Vol. 6, 165-80.

Hiebert, Paul G. 1983. *Cultural Anthropology.* Grand Rapids: Baker.

Hiebert, Paul G. 1991. *Anthropological Insights for Missionaries.* Grand Rapids: Baker

Hiebert, Paul G. 1995. *Anthropological Reflection on Missiological Issues.* Grand Rapids: Baker.

Hoekendijk, J. C. 1967. *The Church Inside Out.* London: SCM Press.

Hodge, A. A. 1977. *Outline of Theology.* Grand Rapids: Zondervan.

Hughes, Philip E. 1973. "John Calvin: Director of Missions," *The Heritage of John Calvin.* ed. John H. Bratt. Grand Rapids: Eerdmans.

Hesselgrave, David. 1988. *Today's Choices for Tomorrow's Mission: An Evangelical Perspective on Trends and Issues in Mission.* Grand Rapids: Zondervan.

Johnston, Arthur. 1983. *The Battle for World Evangelism.* Wheaton:

Tyndale.

Johnston, Patrick. 2000. *The Church is Bigger than You think*. Pasadena: William Carey Library.

Kirk, J. Andrew. 2000. *What is Mission?: Theological Exploration*. Minneapolis: Fortress Press.

Kaiser, Walter Jr. 1981. "Israel's Missionary Call." *Perspective on the World Christian Movement*, eds. Ralph D. Winter, Steven C. Hawthorne. Pasadena: William Carey Library.

Kaiser, Walter Jr. 1990. "Exodus." *The Exopositor's Bible Commentary*. ed. Frank Gabelein. Grand Rapids: Zondervan.

Kane, J. Herbert. 1976. *Christian Mission in Biblical Perspective*. Grand Rapids: Baker Book House.

Kane, J. Herbert. 1978. *A Concise History of the Christian World Mission: A Panoramic View of Missions from Pentecost to the Present*. Grand Rapids: Baker.

Kim, Seong-Uck. 1995. A Missiological Study of the Laity from Contemporary Protestant Perspective. Doctoral Dissertation. Reformed Theological Seminary.

Kung, Hans. 1967. *The Church*. London: Burns & Oates.

Kuiper, R. B. 1961. *God Centered Evangelism*. Edinburgh: The Banner of Truth Trust.

Kistemaker, Simon. 1982. *Calvinism: History-Principles-Perspectives*. 『칼빈주의』. 김정훈 역. 서울: 성광문화사.

Kraft, Charles. 1984. *Christianity in Culture*. Maryknoll: Orbis

Kromminga, Carl. 1964. *Communication of Gospel through Neighboring*. Free University.

Latourette, K. S. 1939. *A History of the Expansion of Christianity*. New York: Harper & Brothers.

Ladd, George Eldon 1981. "The Gospel of the Kingdom." In *Perspectives on the World Christian Movement*. eds. Ralph D. Winter and Steven

C. Hawthorne. Pasadena: William Carey Library, 1981, 51-69.

Larkin, William외. 2002. *Mission in the Old & New Testaments: An Evangelical Approach*. 『성경의 선교신학』. 김성욱-홍용표 공역. 이레서원.

Larkin, William J. Jr. 1988. *Culture and Biblical Hermeneutics*. Grand Rapids: Baker.

Long, Paul B. 1986. *The Man in the Leather Hat and Other Stories*. Grand Rapids: Baker.

Luzbetak, Louis J. 1993. *The Church and Cultures*. Maryknoll: Orbis.

Malinowski, B. "Kula: The Circulating Exchanges of Valuables in the Archipelagos of Eastern New Guinea" in *Man*. Vol. 20, 97-105.

Malinowski, B. "The Group and the Individual in Functional Analysis." in American Journal of Sociology. Vol. 44, 938-964.

Martin-Achard, R. 1962. *A Light to the Nations*. Naperyille: A. R. Allenson Pub.

McGavran, Donald. 1990. *Understanding Church Growth*. Grand Rapids: Eerdmans.

McNeill, John. 1975. *The History and Character of Calvinism*. Oxford University.

Medeiros, Elias dos Santos. 1992. Missiology as an Academic Discipline in Theological Education. Doctoral Dissertation Reformed Theological Seminary.

Minear, Paul. 1960. *Images of the Church in the New Testament*. Philadelphia: Westminster Press.

Moreau, A. Scott. Gary R. Corwin and Gary B. McGee. 2004. *Introducing World Missions: A Biblical, Historical and Practical Survey*. Grand Rapids: Baker. 『21세기현대선교학총론』. 김성욱역. 크리스찬출판사.

Mott, John R. 1889. "The Student Missionary Uprising." *Missionary Review of the World* 12. (November).

Mott, John R. 1932. *Liberating the Lay Forces of Christianity*. New York: The Macmillan Company.

Neill, Stephen. 1986. *A History of Christian Missions*. London: Penguin Books.

Neill, Steven. 1975. "The Nature of Salvation." *The Churchman*. Vol., 89, No., 3.

Nida, Eugine. 1954. Customs and Culture: *Anthropology for Christian Mission*. New York: Harper and Brothers.

Nida, Eugene A. 1990. *Message and Mission: The Communication of the Christian Faith*. Pasadena: William Carey Library.

Knitter, Paul F. 1985. *No Other Name?: A Critical Survey of Christian Attitudes toward the World Religions*. Maryknoll: Orbis Books.

Norton, H. Wilbert and James F. Engel. 1975. *What's Gone Wrong With the Harvest?: A Communication Strategy for The Church and World Evangelism*. Grand Rapids: Zondervan.

McGrath, Alister E. 1993. *Intellectuals Don't Need God: Building Bridges to Faith Through Apologetics*. Grand Rapids: Zondervan.

McCurry Don. 2008. 『무슬림은 무엇을 믿는가?: 무슬림의 세계관』. 서울: 도서출판 예수전도단.

Netland, Harold and Edward Rommen, eds. 1995. *Christianity and the Religions*. Pasadena: William Carey Library.

Newbigin, Lesslie. 1986. *Foolishness to the Greeks*. Grand Rapids: Eerdmans.

Newbigin, Lesslie. 1991. *The Gospel in the Pluralist Society*. Grand Rapids: Eerdmans.

Panikkar, Raimundo. 1981. *The Unknown Christ of Hinduism*. Maryknoll: Orbis.

Richardson, Alan. 1947. *Christian Apologetics*. London: SCM Press.

Potter, Philip. 1973. "Christ's Mission and Ours in Today's World." in *Bangkok Assembly*.

Palmer, Edwin H. 1992. *Five Points of Calvinism*. Grand Rapids: Baker.

Peters, George W. 1972. *A Biblical Theology of Missions*. Chicago: Moody Press, 『선교성경신학』. 김성욱 역. 크리스찬출판사.

Payne, J. Barton. 1973. *A Theology of the Old Testament*. Grand Rapids: Zondervan.

Radicliff-Brown, A. R. "Functionalism: A Protest." in *American Anthropologists*. Vol. 51, 320-323.

Radicliff-Brown, A. R. "The Mother's Brother in South Africa." in *South African Journal of Science*. Vol. 21, 542-555.

Reid, W. Stanford. 1983. "Calvin's Geneva: A Missionary Centre", The Reformed Theological Review. Vol. XLII: No. 3, 65-74.

Renwick, A. M.. 1980. *The Story of the Church*, 『간추린 교회사』. 서울: 생명의 말씀사.

Robertson, Palmer. 1990. Covenants of Christ, 『계약신학과 그리스도』. 김의원 역. 서울: 기독교문서선교회.

Rowley, H. H. *The Missionary Message of the Old Testament*. London: The Carey Kingsgate Press, 1955.

Schleiermacher, F. D. 1985. *Kurze Darstellung des theologischen Studiums zum Beruf einleitender Vorlesungen*. Hildesheim: Olms.

Schmidt, Wilhelm. 1933. *High Gods in North America*. Oxford: Clarendon Press.

Schreiter, Robert J. 1991. Anthropology and Faith: Challenges to Missiology."*Missiology: An International Review*. Vol. 19, No.3, (July).

Samartha, Stanley. 1981. "The Lordship of Jesus and Religious Pluralism" Gerald Anderson and Thomas Stransky, eds. *Christ's Lordship and Religious Pluralism*. Maryknoll: Orbis Books, 1981.

Shenk, Wilbert R. 1990. "North American Evangelical Mission Since 1945: A Bibliographic Survey." In *Earthen Vessels: American Evangelicals and Foreign Missions, 1880-1980*. eds., Joel A. Carpenter and Wilbert R. Shenk. Grand Rapids: Eerdmans.

Spitz, Lewis W. 1983. *The Reformation*. 『종교개혁사』. 서영일 역. 서울: 기독교문서선교회.

Sproul, R. C. and John Gerstner, Arthur Lindsley. 1984. *Classical Apologetics: A Rational Defense of the Christian Faith and a Critique of Presuppositional Apologetics*. Grand Rapids: Zondervan.

Stott, John. 1982. *One People*. Downers Grove: InterVarsity Press.

Stott, John. 1975. *Christian Mission in the Modern World*. London: Falcon.

Stott, John R. W. 1981. "The Bible in World Evangelicalization." In *Perspectives on the World Christian Movement*. eds. Ralph D. Winter and Steven C. Hawthorne. Pasadena: William Carey Library, 3-9.

Stott, John R. W. 1981. "The Living God is a Missionary God." In *Perspectives on the World Christian Movement*. eds. Ralph D. Winter and Steven C. Hawthorne. Pasadena: William Carey Library, 10-18.

Strong, A. H. 1907. *Systematic Theology*. The Griffith & Rowland.

Swartley, Keith E. 2008. 『인카운터 이슬람』. 정옥배 역. 서울: 도서출판 예수전도단.

Tippet, Alan. 1987. *Missiology*. Pasadena: William Carey Library.

Tillich, Paul. 1948. *Theology of Culture*. London: Oxford Univ. Press.

Tucker, Ruth A. 1990. *From Jerusalem to Irian Jaya*. 『선교사열전』. 박해근 역. 서울: 크리스챤 다이제스트사.

Turner, Victor. 1969. *The Ritual Process: Structure and Anti-Structure*. Chicago: Aldine.

Verkuyl, Johannes. 1981. "The Biblical Foundation for the Worldwide Mission Mandate." In *Perspectives on the World Christian Movement*. eds. Ralph D. Winter and Steven C. Hawthorne. Pasadena: William Carey Library, 35-50.

Verkuyl, J. 1975. *Contemporary Missiology:* An Introduction. Grand Rapids:Eerdmans. 『현대선교신학개론』. 최정만 역. 서울: 기독교문서선교회.

Van Engen, Charles. 1981. *The Growth of the True Church: An Analysis of the Ecclesiology of Church Growth Theory*. Amsterdam: Rodopi.

Van Engen, Charles. 1991. *God's Missionary People*. Grand Rapids: Baker Book House.

VanGemeren, Willem. 1995. *Interpreting Prophetic Words*. 『예언서 연구』 김의원 역. 서울: 엠마오출판사.

Van Til, Cornelius. 1955. *The Defense of Faith*. Nutely: Presbyterian and Reformed Pub.

Walls, Andrew W. 1989. "Missiology in Contemporary Theological Education: A Factual Survey." *Mission Studies* 12.

Warneck, Gustav. 1901. *Outline of a History of Protestant Mission*. George Roberson. ed. translated by J. Mitchell and C. Macleroy. Edinburgh: Morrison & Gibbs.

Warneck, Gustav. 1887. *Evangelisch Missionlehre* I. Gothe: Friedrich Andreas Perthes.

Warneck, G. 1903. *Evangelische Missionslehre*. 3 Abt. Gotha: Friedrich Andreas Perthes.

WCC. 1968. *Drafts for Sections: Uppsala '68* Geneva: International Review of Missions

WCC. 1938. *The World Missions of the Church: Findings and Recommendations of the International Missionary Council*. Tambaram, Madras, India. December 12th to 29th.

Westmann, Claus. 1969. Isaiah 40-66: *A Commentary*. London: SCM.

Wittgenstein, T. 1980. *Culture and Value*. Chicago: University of Chicago Press.

Wright, Christopher J. H. 2010. *The Mission of God's People*, Grand Rapids: Zondervan.

Wright, Christopher J. H. 2006. *Mission of God*, London: InterVarsity Press.

Zwemer, Samuel. 1959. "Calvinism and Missionary Enterprise". *Theology Today* VII. 206-216.